親が参画する保育をつくる

国際比較調査をふまえて

池本美香［編著］

勁草書房

はしがき

池本美香

　日本は人口の高齢化が急速に進んでおり，65歳以上人口の割合はすでに25.1％（2013年10月1日現在）と世界で最も高く，2060年には40％に達すると予測されている．こうした超高齢社会において，経済活力や社会保障制度を維持するためには，女性が支え手となることが期待される．政府は女性の就業率向上を目指し，「女性の活躍」を成長戦略の中核と位置付け，その一環として，保育所の待機児童解消に力を入れている．保育所の待機児童は全国で約2万3千人（2013年4月時点）にのぼる．

　保育制度はこれまで，「保育に欠ける」一部の子どもに対する福祉政策として議論される傾向にあったが，税・社会保障一体改革の1つとして，保育は年金，医療，介護と並ぶ国の重要な政策課題として議論されるようになっている．2012年8月には，戦後最大の保育制度改革ともいわれる子ども・子育て関連3法が成立した．子ども・子育て支援新制度は，2015年度より本格施行が予定されており，消費税増税による財源の確保や認可保育所への株式会社の参入促進などにより，保育の量的拡大は一定程度進むものと考えられる．しかし，一方で保育士不足が指摘されており，財源の制約の下で保育の質の改善をどう図るかの検討も十分に行われていない．

　日本では，保育の質の改善として，職員配置基準，保育士の処遇，保育室の面積や園庭の有無などが注目される傾向にあるが，先進諸外国では，質の改善を図る上で，親の参画も重要な手法の1つとみなされている．日本ではほとんど注目されていないが，親が施設の運営に参画することで，保育の質が高まるという考え方が見られる．

はしがき

　第1に，親が幼児教育・保育施設の運営に意見をいう場として，親をメンバーに含む運営委員会の設置が義務化されている国がある．保育の質に最も関心が高く，また保育の現状について多くの情報をもっている親が，施設に対して意見やアイディアを出す場を設けることで，保育の質向上を図る取り組みである．

　第2に，多くの国において，親が所有し自ら運営する幼児教育・保育施設が一定割合存在する．親運営の施設は，施設不足を背景に設置されたものもあるが，親が施設の運営に積極的に関与する方法が，保育の質を高め，親の満足度も高めるとみられており，政府が積極的に支援する動きがある．

　こうした保育の質改善の観点から，親の参画，とりわけ施設の運営への親の参画が重視されているという海外の動向は，これまで日本にほとんど紹介されていない．

　日本でも，幼児教育・保育施設の多くにPTAや父母会などの親の組織があり，活発に活動しているところもあり，それらはまさに子どもの環境を改善するために活動している．しかし，いずれも親が施設の運営に対して意見やアイディアを出し，保育者や施設運営者と協議し，親の意向を運営に反映させることを目的としたものではない．あくまで任意団体であり，施設運営について親が意見をいえる法的に保障された場とはなっていない．また，日本にも過去には保育所や幼稚園の不足を背景に，親が設置・運営する施設が多くみられたが，これらは公的に施設が整備されたことにより，今ではほとんど残っていない．保育の質の観点から，親が運営する施設が注目されることは少なく，統計上施設数を確認することもできない．

　子どもにとっての保育の質を高め，また利用者である親の満足度を高める上で，日本でも親をもっと幼児教育・保育施設の運営に参画させるべきではないのか．本書はそうした問題意識から，先進諸外国の幼児教育・保育施設における親の参画の現状と，親の参画をめぐる政策の動きについて取りまとめたものである．子ども・子育て支援新制度のスタートにあたり，行政関係者，幼児教育・保育関係者はもちろん，新制度の利用者である親に，親の参画が保育の質を高める可能性があることを知ってほしいという思いで，本書は企画された．

　今後，公的な財源の制約が一層厳しくなる見通しであり，保育士不足も深刻

はしがき

化するなかで，保育の質をあきらめることなく，親や子どもの満足度を高める方法として，親の参画には大きな可能性がある．親一人ひとりにできることは限られているが，幼稚園，保育所を利用する親の数は，園児数・在所児数から考えて，おそらく400万人近くに上る．この400万人の親の力を集めれば，保育の量的拡充および質の改善という差し迫った課題に対して，大きな力となるのではないだろうか．どうしたら親の力を，幼児教育・保育施設の充実に生かすことができるのか，そのための制度や具体的な工夫などを探ってみたいと思う．

目　次

親が参画する保育をつくる
国際比較調査をふまえて

目 次

はしがき

池本美香

序　章　日本の幼児教育・保育制度における親の参画の現状 ……… 1

池本美香

　1　本書の概要　1
　2　日本の幼児教育・保育施設における親の会　5
　3　日本における親が運営する幼児教育・保育施設　12
　4　調査対象国の幼児教育・保育制度の概要　14

第Ⅰ部　幼児教育・保育施設における親の会

第1章　ノルウェー：家庭と保育園の協同 …………………………… 23

上掛利博

　1　社会と家庭での「男女の性別役割」の解消　23
　2　親が所有する保育園　24
　3　保育園における親の参加　27
　4　保育園親委員会（FUB）と保育の質　32
　5　日本への示唆　36

第2章　デンマーク：自主性と制度による親の参画 ………………… 39

永井暁子

　1　幼児教育・保育制度における親の参画の現状　39
　2　親評議会　43
　3　親の日常的な参画　47

　　　　　　　　　　　　　　　　　　　　　　　　　　　　　目　次

　　4　日本への示唆　48

第3章　オランダ：制度化された親参加 …………………………………52
　　　　　　　　　　　　　　　　　　　　　　　　　　　　　太田和敬
　　1　親の参加の現状　52
　　2　親の会　56
　　3　親参加に対する政策的変化　59
　　4　日本への示唆　63

第4章　イギリス：新しい公共管理としての親参加 ……………………66
　　　　　　　　　　　　　　　　　　　　　　　　　　　　　池本美香
　　1　幼児教育・保育における親の参画の現状　66
　　2　幼児教育・保育施設における親の会　71
　　3　親が設置・運営する幼児教育・保育施設　74
　　4　日本への示唆　77

　　　第Ⅱ部　親が運営する保育施設

第5章　フランス：親参画にみる社会的連帯のあり方……………………83
　　　　　　　　　　　　　　　　　　　　　　　　　　　　　木下裕美子
　　1　幼児教育・保育制度における親の参画の現状　83
　　2　親が運営する保育施設：親保育所　88
　　3　日本への示唆　93

目　次

第6章　スウェーデン：親子と保育者の「共同生産」……………98
浅野由子

1　幼児教育・保育制度の歴史的概観と親の参画　98
2　親所有の保育施設　103
3　日本への示唆　109

第7章　韓国：親の参画を通じた保育の民主化の模索………113
韓松花

1　幼児教育・保育制度における親の参画の現状　113
2　親協同保育：「保育の民主化」の模索　117
3　日本への示唆　123

第8章　イタリア：親を地域で支える社会的協同組合…………129
近本聡子

1　保育と親の参画の現状　129
2　保育政策と施設：親所有の協同組合を中心に　133
3　親所有の協同組合保育所はコミュニティ活性化の要　139

第Ⅲ部　親が運営する幼児教育施設

第9章　ドイツ：保育における質保証と「親の参画」……………145
佐久間裕之

1　幼児教育・保育制度における「親の参画」の現状　145
2　「森の幼稚園」にみる「親の参画」　149
3　日本への示唆　156

目　次

第10章　ニュージーランド：親も学ぶ幼児教育施設 …………… 161
　　　　　　　　　　　　　　　　　　　　　　　　　　　　佐藤純子
　1　幼児教育・保育における親の参画の現状　161
　2　親が所有する幼児教育施設：プレイセンター　164
　3　親が施設運営に参画する教師先導型の教育・保育施設　170
　4　日本への示唆　173

第11章　カナダ：保育の品質保証のための親の参画 …………… 177
　　　　　　　　　　　　　　　　　　　　　　　　　　　　池本美香
　1　幼児教育・保育における親の参画の現状　177
　2　親が設置・運営する幼児教育・保育施設　181
　3　日本への示唆　188

第12章　アメリカ：親と子と保育者が共に学ぶ保育 …………… 191
　　　　　　　　　　　　　　　　　　　　　　　　　　　　池本美香
　1　幼児教育・保育における親の参画の現状　191
　2　親が設置・運営する幼児教育・保育施設　196
　3　日本への示唆　200

終　章　日本の幼児教育・保育制度に親の参画をどう生かすか：
　　　　　保育の消費者から共同生産者へ
　　　　　　　　　　………………………………………………… 203
　　　　　　　　　　　　　　　　　　　　　　　　　　　　池本美香
　1　調査対象国における親の参画の現状　203
　2　親の参画が政策上重視される社会的背景　208

目次

3　幼児教育・保育の共同生産に向けて　215

あとがき ……………………………………………………………………… 225
　　　　　　　　　　　　　　　　　　　　　　　　　池本美香

序　章

日本の幼児教育・保育制度における親の参画の現状

池本美香

1　本書の概要

1.1　本書のねらい：なぜ今「親の参画」なのか

　本書のねらいは，先進諸外国の幼児教育・保育施設における親の参画の現状を把握し，日本において親の参画を政策課題である保育の量的拡充および質の改善に生かしていく方策を探ることにある．

　まず保育の量的拡充については，実現する方法として，日本では保育所運営への株式会社参入が議論されてきた．2000年には認可保育所の設置主体制限が撤廃され，自治体と社会福祉法人以外に，株式会社等も認可保育所を運営できることとなった．ただし，その後も自治体によっては株式会社の参入が制限されていたことから，2012年8月に成立した子ども・子育て関連3法では，自治体に株式会社の参入を規制しないことを求め，2015年度から本格的にスタートする子ども・子育て支援新制度では，株式会社の保育所の増加が見込まれる．2013年5月には，厚生労働省が全国の自治体に対して，2015年4月を待たずに，要件を満たした株式会社等の認可申請を拒否しないよう通知も出している．

　先進諸外国においても，日本同様，株式会社の保育所が増える傾向がみられる[1]が，同時に，親たちが所有し運営している幼児教育・保育施設が広くみられる．過去には日本でも，保育所や幼稚園が不足していた時代に，親が自ら施設を設置・運営するケースが多くみられた．今後の保育の量的拡充に当たっ

て，日本でも親たちが自分たちで施設を運営する方式は活用できないのだろうか．海外ではなぜ，親が自ら保育所や幼児教育施設を運営することができるのか．本書では，その実態や制度等を把握することで，日本において，親が運営する施設の可能性について検討したい．

次に保育の質の向上については，日本では保育室の面積基準や保育者の資格，保育者の配置基準など，外形的な基準が主に議論される傾向にある．例えば，国際的に広く用いられている第三者評価の保育環境評価スケール（ECERS/ECERS-R）では，保育者と子どものかかわりを観察して評価し，「保育者が子どもに応答をしなかったり，関わろうとしなかったりする」「保育者は子どもといることが楽しそうである」などが評価項目になっている（秋田・佐川 2012）．これらは，保育者の資格や保育室の面積といった外形的基準で必ずしも決まるものではない[2]．そのほか，保育所へのアクセスのしやすさ，子どもの体調やアレルギーへの対応，食事の内容，衛生面，安全面，言葉使い，行事の内容，設備・備品なども利用者の視点からみて極めて重要であるが，こうした子どもや親の側からみた保育の質は，大きな議論となっていない．

OECDでは，幼児教育・保育の充実は，社会に様々なメリットをもたらすが，そのメリットが得られるかどうかは，保育の質に左右されるという問題意識を背景に，保育の質に関して様々な議論が行われている．2012年の報告書では，保育の質を高める上で重要となる政策課題として，①質に関する目標設定と規則，②カリキュラムや望ましい基準などの策定，③保育者の資格，研修，労働環境の改善，④家族や地域の参画，⑤統計，調査，監査の充実，の5つが挙げられている（OECD 2012b:9）．

このように，保育の質を高める手法はいろいろあるが，OECDの報告書では，日本はこの5つの手法のうち，③に重点が置かれる傾向があると指摘している（OECD 2012a:9）．確かに，子ども・子育て支援新制度の「質の改善」に挙げられた項目をみると，職員給与の改善，研修の充実など，保育者の労働環境に関する項目が多い[3]．そして，日本において，保育の質との関連でほとんど話題になっていないのが，④の家族や地域の参画である．

OECD（2012a:12）は，親や地域住民は，同じ目標に向かう「パートナー」とみなすべきだとしている（OECD 2012b:12）．日本では，親は保育サービス

の利用者,支援の対象とみなされ,よって保育の質は保育者によって決まると考えられる傾向があるが,OECDは親をパートナーと位置付けることで,親の力を保育の質の改善に役立てる可能性があることを指摘している[4].親の参画(family-school partnership, parental involvement, family involvement, parental engagementなど)と地域の参画には6つのタイプがあり,子どもに焦点を当てたものとして,①子どもの発達等に関する親と園のコミュニケーション,②親が子どもにふさわしい家庭環境を整えることに向けた支援,③家庭教育の充実に向けた親への情報提供があり,施設の運営にかかわるものとして,④親や地域住民の様々なボランティア(イベントの計画や手伝い,寄付集め,外出の補助,施設の修繕,保育補助,特技を生かした支援など),⑤運営の決定に親や地域住民が参画するための親の会などの設置,⑥地域の資源やサービスの保育への活用,が挙げられている(OECD 2012b:219).

また,親の参画に関する政策としては,OECDは各国の手法を図表序-1のように整理している.親の参画には,施設に対して保育参観など,親の参加の機会を与えることを義務化するレベルから,より親の参画が進んだかたちとして,親の意向を運営に反映させるための運営委員会の設置や,親が自ら施設を運営し保育を提供することなどが含まれる.

そこで本書では,日本において,親の参画により保育の質の改善を目指す動きが政策上ほとんど注目されていない現状をふまえ,先進諸外国における幼児教育・保育施設における親の参画をめぐる政策動向を把握したいと考えた.特に,日本ではほとんど注目されていない「意思決定過程における親の参画」と「親による保育の提供」の2つに重点を置いて調査を行った.

今後,日本では保育の量的な拡大と質の維持・向上をどう両立させるかが大きな課題である.そのための手法として,「親の参画」にどのような可能性があるのかを,海外の取り組みをふまえて検討するのが,本書の目的である.

1.2 本書の調査方法

12ヵ国を対象に,文献調査を中心に,一部現地調査も加えて,幼児教育・保育施設における親の参画の現状について調査を行った.調査対象国(担当者)は,デンマーク(永井暁子),ノルウェー(上掛利博),オランダ(太田和敬),

序　章　日本の幼児教育・保育制度における親の参画の現状

図表序-1　幼児教育・保育施設における親の参画を進める手法

親の参画を義務化	親の権利として保障	政策文書に記載	意思決定過程における親の参画	親による保育の提供
オーストラリア，ベルギー，チェコ共和国，エストニア，フィンランド，ドイツ，日本（幼稚園のみ），オランダ（保育所のみ），ニュージーランド，ポーランド，ポルトガル（幼稚園のみ），カナダ・プリンスエドワードアイランド州，スロバキア共和国，スロベニア，スペイン，スウェーデン，トルコ	チェコ共和国，ノルウェー，ポーランド，カナダ・プリンスエドワードアイランド州，スロベニア，スペイン，スウェーデン	ニュージーランド，ノルウェー，スロバキア共和国	オーストラリア，ベルギー，カナダ，ブリティッシュコロンビア州，チェコ共和国，デンマーク，エストニア，フィンランド，ドイツ，アイルランド，日本，カナダ・マニトバ州，メキシコ，オランダ，ニュージーランド，ノルウェー，ポーランド，ポルトガル，カナダ・プリンスエドワードアイランド州，スロバキア共和国，スロベニア，スペイン，スウェーデン，トルコ	ベルギー，ドイツ，カナダ・マニトバ州，オランダ，ニュージーランド，ノルウェー，ポーランド，スロバキア共和国，スウェーデン

注：参画の義務化とは，施設に対して，親や地域住民が参画する機会の提供を義務付ける，もしくは参画を受け入れることを義務付けること．
資料：OECD（2012b）Table.4.2

ドイツ（佐久間裕之），フランス（木下裕美子），スウェーデン（浅野由子），韓国（韓松花），イタリア（近本聡子），ニュージーランド（佐藤純子），イギリス，カナダ，アメリカ（以上3ヵ国池本美香）である．対象国は，幼児教育・保育施設に親の意向を反映させる仕組みが確認できた国，および親が運営する幼児教育・保育施設の存在が確認できた国から選定した．

　調査内容としては大きく2つあり，①幼児教育・保育施設における親の会の設置状況と，②親が運営する幼児教育・保育施設の状況，に関する政策の動き，現場の実態である．そのほか，親の参画に関連する動向として，日常的な親と保育者のコミュニケーションや，幼児教育・保育行政に対して親の意向を反映させる仕組みなど，日本と異なる特徴的な取り組みについても，適宜取り上げている．

　なお，本書は，公益財団法人生協総合研究所の助成を受けて実現したものである．

1.3 本書の構成

本書では，親の参画に関する各国の現状を紹介するとともに，わが国においても待機児童対策および保育の質向上の観点から，親の参画を促進する政策について検討する必要性を提示したい．

序章では，日本の幼児教育・保育制度における親の参画の現状を整理し，第Ⅰ部では親の会など親の意向が施設運営に反映される仕組みのある国として，ノルウェー，デンマーク，オランダ，イギリスの政策を紹介する．第Ⅱ部では親が運営する保育施設について，フランス，スウェーデン，韓国，イタリア，第Ⅲ部では親が運営する幼児教育施設について，ドイツ，ニュージーランド，カナダ，アメリカの動向を紹介する．終章では，諸外国の動向をふまえ，日本の幼児教育・保育制度に親の参画をどう生かすかについて論じる．

2　日本の幼児教育・保育施設における親の会

日本の幼児教育・保育制度における親の参画について考えるに当たって，まず幼稚園・保育所の親がメンバーとなっている会の設置の現状をみておきたい．

2.1　幼稚園における親の会

幼稚園では，多くの園にPTAが置かれている．PTAとは，Parent-Teacher-Associationの頭文字をとったもので，「父母と先生の会」などと呼ばれることもある．戦後の日本の教育の民主的改革を進めるために来日した米国の教育使節団がPTAの結成を奨励し，当時の文部省が普及を行ってきた．1954年3月に文部省が出した『小学校「父母と先生の会」(PTA)参考規約』では，PTAの目的を「父母と教員とが協力して，家庭と学校と社会における児童・青少年の幸福な成長をはかること」(第3条)とする一方で，「学校の人事その他管理には干渉しない」(第5条4)となっている．PTAは，法律により設置や参加が義務付けられているものではなく，親と教職員で自主的に構成され，両者が対等の立場で活動する社会教育関係団体の1つであり，親の意向を学校運営に反映するための組織ではない．

1986年に設立された全日本私立幼稚園PTA連合会の加盟園数は7,700園[5]

となっており，私立幼稚園（2013年度8,177）のPTA設置率は94％と高い．一方，1963年設立の全国国公立幼稚園PTA連絡協議会の加入園数は2,831園[6]であり，国公立幼稚園（2013年度4,866）のPTA設置率は58％である．ただし，こうした団体に加入せずに活動しているPTAもあるといわれ，正確な活動の実態を把握することはできない．

なお，PTAの全国団体である公益社団法人日本PTA全国協議会は，会員数約1千万人の巨大組織であるが，これは小学校以上のPTAが組織化されているもので，幼稚園PTAはこれには参加していない．PTAに関しては，任意団体でありながら，学校入学と同時に自動的に会員となって，会費が徴収されることの違法性や，共働きの増加などに伴い役員決めが難しくなっている現状などが伝えられている[7]．

2.2　保育所における親の会

一方，保育所においては，父母会や保護者会などと呼ばれる親の組織があり，設置率は88.4％（全国社会福祉協議会 2008:71）となっている．父母会（保護者会）も法律に基づく制度ではなく，自主的に組織されるものであるが，PTA同様，入園と同時に会員となるところが一般的である．父母会（保護者会）に関しては，市区町村レベルで連絡会が組織されており（保護者会連絡会，父母連など），市区町村レベルの組織は都道府県レベルの団体（東京都保育問題協議会など）に加盟し，都道府県レベルの団体は全国レベルの団体である全国保育団体連絡会（全保連）に加盟するというケースが多い．全保連は，47都道府県の地方組織と，全国学童保育連絡協議会などの12の保育団体が加盟している．

普光院によれば，1970年代には財政にまだ余裕があったことから，父母会と職員労組が一体化した要求運動が盛んに行われて，行政から様々な成果を勝ち取っていったが，次第に行政改革が厳しくなり，自治体としては運動が邪魔になっていったという（普光院 2013:34）．そして，2000年ごろには自治体が父母会活動を制限する動きが顕在化する．品川区では，要求運動を行う父母の会の活動に対し，会合などの園舎使用禁止，電話連絡網の廃止，父母の会の行事への手伝いを拒否するなど，父母の会の活動が制限され，2001年度の予算には公立保育園内に仮称「保育園PTA」をつくる予算が計上された[8]．要求運

動を行う父母会（保護者会）の活動を制限し，別途幼稚園にあるPTAのように，要求ではなく，事業や意見交換，親睦を図る会の設置を促し，新しい保育園PTAには園舎の使用も認めるというものである[9]．

父母会の活動を自治体が制限する動きは，品川区に限られたことではなく，他の自治体でも父母会便りの園内での配布が制限される例などを耳にする．2000年にはこうした保育所における父母会の問題に対して，保坂展人氏から国会で質問[10]が出されたが，そのなかでも「認可私立保育所や公立保育所において，保護者会や父母会などの結成を制限したり，その活動を妨害するような事例が存在する」と指摘されている．親としては，子どもの環境改善を願って，父母会の活動に熱心に取り組んでいるだけなのだが，それがいつのまにか労働組合と一体化した要求運動とみなされ，行政が父母会の活動を奨励するどころか，むしろ制限する実態があったことがうかがえる．

先の国会での質問は，父母会などの結成の制限や，その活動を妨害するような事例があることと，神奈川県大和市の託児施設で虐待によるものと疑われる死亡事件が発生し，これらの施設で親相互の情報交換や連携があれば，事件が防げた可能性があるとして，「児童と保護者の権利擁護と児童福祉施設の健全な運用に資する」という観点から，保育所における父母会（保護者会）についての政府の見解を求めたものである．1997年に当時の厚生省保育課長が「保育所に対してものを言いづらいというお母さん方，保護者の声もある訳でございまして，例えば保護者会の設置を奨励するというようなことも検討いたしたいと思っております」と述べていたとあるが，質問に対する政府の答弁書では，「保育所における保護者会，父母会等については，一般的には児童の保護者が独自に結成するものであり，その性格及び活動の態様もそれぞれ異なると考えられることから，<u>保護者会等の存在が児童の権利擁護又は保育所の健全な運営に資するか否かについて，一概に判断することは困難であると考えている</u>（下線は引用者）．」とし，厚生省において保護者会等の結成や，保育所において保護者会等が行う文書の配布，会議等の活動に対して便宜を図るか否かについて，指導を行う予定や通知を発出する予定はないとしていた．

2.3 親の参画に向けた新しい動き

このように，幼稚園ではPTA，保育所では父母会（保護者会）が広く設置されているが，幼稚園のPTAは「学校の人事その他管理には干渉しない」というルールの下での活動であり，保育所の父母会も，運動をする父母会の活動が制限され，品川区が別途保育園PTAの設置を促進するなど，いずれも幼稚園や保育所の運営に親の意向を反映するための組織とはなっていない．

結城は，日本では親の教育権という概念が政策上ほとんど検討されておらず，学校教育において，親が運営に関して発言する権利が制度上保障されていないとするが，幼稚園や保育所についても，全く同様のことが指摘できる（結城 2013）．結城は，「ほんらい始原的な教育権者であるはずの親は，民法上はともかく，学校法制上はもっぱら義務だけを課せられ（憲法26条2項・教育基本法10条1項など），実定法上（国内法），親に対する教育上の権利保障状況は一切存在してはいない．日本国憲法の誕生によって「義務としての教育」から「権利としての教育」へ教育法制構造は決定的な転換を遂げたはずであるが，こと「学校法制における親の位置」に関しては――近年，政策動向と制度現実に変化の兆しが見られ始めてはいるが――，依然として，「義務としての教育」が存続していると言っても差支えない」のであって，「親はその権利や自由を大幅に制限されて公教育運営からも阻害され……，法制上はほとんど何等の権利も持たない客体＝学校教育のアウトサイダーに堕している，というのが法制現実である」と指摘している（結城 2009:239-240）．さらに最近では「モンスター・ペアレント」という言葉が広く使われ，保育所や幼稚園の運営について気になることを発言したいという親の気持ちに，ブレーキをかけるような動きもある．

しかし，結城が指摘するように，変化の兆しはいくつかみられる．以下，幼児教育・保育制度における親の参画，なかでも施設運営への親の意向の反映をめぐる新しい動きを確認しておきたい．

①保育所保育指針改定による保護者支援の明確化

2008年の保育所保育指針の改定では，4つの要点の1つに「保護者支援」が挙げられた．保育所における保護者への支援を，保育士の業務として明記するとともに，独立した章「保護者に対する支援」を設け，保育所に入所する子ど

もの保護者に対する支援及び地域における子育て支援について，保育指針で定められた．もともと児童福祉法第18条の4では，保育士の定義として，「児童の保育及び児童の保護者に対する保育に関する指導を行うことを業とする者（下線は引用者）」とされていたが，2008年の保育指針の改定で，保育士の重要な役割として，親の支援や指導が強調されたかたちである．

　新たな保育指針では，保護者との密接な連携のもとで保育を行うこと，保護者の苦情などに対し，その解決を図るように努めることなどが盛り込まれたほか，保育所保育指針解説書では，保育所に入所している子どもの保護者に対する支援の内容として，①日々のコミュニケーション，②保護者が参加する行事（保護者懇談会，個人面談，家庭訪問，保育参観，保育参加，その他親子遠足や運動会などの行事），③保護者の自主的活動の支援，④相談・助言を挙げ，②では「保護者の希望を取り入れたりすることも望まれる」としており，③では「保護者会，その他の保護者の自主的活動についても，保護者同士の交流を促し，子育てを支え合う視点からの支援が行われることが望まれる」としている．先に紹介した政府の2000年の国会での答弁では，保育所における保護者会の結成について指導や通知を行う予定はないとしていたが，2008年の改定では，保育指針がこれまでの局長通知から厚生労働大臣による告示となり，そのなかで保護者会活動の支援について言及されたことは，大きな変化といえよう．

　ただし，保育指針では，育児不安等が見られる親に対する個別支援や，親の仕事と子育ての両立等への支援も重視されており，親同士の交流や，施設運営への親の意向反映については，大きな議論となっておらず，施設レベルで十分な対応ができている状況ではない．ベネッセ教育総合研究所によれば，保育者にとって特に必要だと思う研修内容として，私立幼稚園，公営保育所，私営保育所が第1位に挙げているのは，「園の保護者への子育て支援」であり（ベネッセ教育総合研究所 2014:106），保育指針で保護者支援が求められたものの，そのための研修が十分には行われていないものと考えられる．保護者支援の例として示された項目の実施率をみても，「個人面談」は幼稚園では9割程度だが，保育所では7割程度にとどまっており，「家庭訪問」は国公立幼稚園では75.7％と高いが，私営保育所では14.5％にすぎない．保育参観や保育士体験の実施率も30％前後とあまり高くなく，特に私立幼稚園は13.7％と低くなって

いる（ベネッセ教育総合研究所 2014:67）．

②保育所設置主体制限の撤廃に伴う運営委員会の設置義務化

施設運営への親の意向反映に向けた取り組みとしては，2000年に認可保育所の設置主体制限が撤廃された際に，認可保育所の運営が認められることとなった株式会社等，自治体・社会福祉法人以外の者が認可保育所を設置する場合に，利用者の親も参加する運営委員会の設置が義務付けられたことがある．運営委員会の設置が義務付けられた経緯については不明だが，おそらく質に不安があるために，株式会社等の施設のみに，親が発言できる委員会が置かれることになったものと推測される．同様の運営委員会の設置は，東京都認証保育所や横浜保育室などにも求められている．

ただし，実態として，保育所の9割以上を占める公立・社会福祉法人立の施設には，運営委員会の設置義務はない．社会福祉法人については，評議員会を置くこととなっており，評議員会には利用者の代表が加わることが望ましいとされているが，必須とはなっていない．加えて，保育所を経営する事業のみを行う法人については，そもそも評議員会の設置が求められていない．また，公立保育所では，評議員会のような組織も想定されていない．施設運営への親の意向反映の仕組みは，公立や社会福祉法人立の保育所よりも，株式会社等の認可・認証等の保育所の方が担保されている状況にある．

③学校運営協議会制度（コミュニティ・スクール）

幼稚園については，2004年に改正された「地方教育行政の組織及び運営に関する法律」に基づいて，学校運営協議会制度（コミュニティ・スクール）が始まり，公立幼稚園においては学校運営協議会を置くことができるようになった．学校運営協議会は，親や地域住民によって構成され，学校運営の基本方針を承認したり，教育活動などについて意見陳述ができるもので，親や地域住民の意向を運営に反映させる仕組みである．

ただし，学校運営協議会が置かれている幼稚園は，全体の0.5％にすぎない．また，学校運営協議会のメンバーの決定についても，教育委員会が親のメンバーを任命するという仕組みであり，親は学校運営協議会の委員の選出に関与

できない．これでは，親のメンバーが真に親の意向を反映しているという保障がない．

なお，私立幼稚園については，私立学校法の規定により，学校法人には評議員会の設置が必須となっているが，評議員の選任にあたって，親をメンバーに加えることは求められていない．

④都道府県や全国の保育運動と距離を置く父母会の登場

2000 年頃に議論となった保育所の父母会活動に対する制限などを背景に，父母会や父母会団体が，全国的に組織されている父母会団体（保問協など）を退会し，都道府県や全国レベルの保育運動には同調しない方針を明確化する動きがみられる．

例えば，1985 年ごろに発足した浦安市の父母会連絡会は，2006 年に，それまで加盟していた千葉県保育問題協議会を退会し，そのホームページで「千葉県内や全国の保育運動には同調しない方針を決めました．『自分たちで考え，自分たちで進む』ことを心がけて活動を続けています．」（http://www.urayasuhoiku.com/　2014 年 4 月 29 日最終閲覧）と謳っている．また，品川区保育園父母の会連絡会のホームページでも，「父母連は政党とは，まったく関係のない，任意団体です．」「特定の政党や政治団体とは一切関係ない団体です．会員のみなさん，その他の方々に対しても，思想，信条の自由を侵すことは絶対にありません．」と強調されている（http://www.fuboren.com/about/　2014 年 4 月 29 日最終閲覧）．

このように保育運動と距離を置くことで，自治体により父母会活動が制限されることもなくなり，自治体との関係が改善される可能性がある．例えば，世田谷区では，「世田谷区保育園父母の会連絡会」が 2006 年に「世田谷保育親の会」に名称変更し，いわゆる署名運動などに力を入れるのではなく，年 2 回，区の担当課との懇談会を開催し，その議事録をホームページで公表するなど，自治体との対話を重視している．保育指針改定の影響も大きいものと思われるが，世田谷区の認可保育所側も，父母会の役員会・総会等の場所の提供，父母会の運営に関する相談対応，父母会の手紙の配布，父母会用掲示板の設置，園と父母会の会合の開催など，父母会の活動を支援する取り組みがみられる[11]．

⑤子ども・子育て会議の設置

2015年度より本格施行が予定されている子ども・子育て支援新制度では，自治体に子ども・子育て支援事業計画の策定を求め，計画策定に当たって子育て支援や子育て当事者の意向を反映するための組織として，子ども・子育て会議の設置を求めている．自治体の幼児教育・保育政策の検討に当たって，事業者や親の意見を聞く組織が設けられたことは画期的なことであり，設置が義務付けられていないにもかかわらず，ほぼすべての自治体で設置されている状況があり，利用者である親の意向を反映する場ができたことは評価できる．

ただし，子ども・子育て会議の範囲は，幼稚園や保育所を利用していない子どもを対象とするひろば事業や，学童保育など幅広く，またメンバー構成について，事業者側と利用者側の比率などに定めがないため，多様な施設の事業者をメンバーに加えると，利用者側のメンバーの比率が低くなり，子ども・子育て会議のみで，幼稚園・保育所のあり方に関する親の意向を，自治体の施策に十分に反映させることは難しいものと思われる．

3　日本における親が運営する幼児教育・保育施設

次に，親の参画が最も進んだかたちとして，親たちが自ら運営する幼児教育・保育施設の現状についてみてみたい．

1950年代，60年代には，保育所不足や幼稚園不足を背景に，共同保育所や幼児教室といった名前で，親たちが運営する施設が多くつくられたが，「場所の確保，保育者の雇用，保育料の高騰などあまりに厳しい状況であることで，公立保育所要求運動，認可外の認可化運動へ」とつながっていったとされる（普光院 2013:32）．現在も，共同保育所と名乗る施設がみられ，認可保育所や自治体の認証を受けているところもあるが，少なくとも国レベルの統計で，親が運営している幼稚園や保育所の数を把握することはできない．また，共同保育所といっても，親主体なのか，職員主体なのかについても，実態が把握できない．比較的よく知られている共同保育所をみると，アトム共同保育園（大阪府泉南郡）は親主体で設立されたものだが，ごたごた荘（東京都練馬区）は保育者が理想とする保育を実現したいという思いから設立されている．

保育所づくり運動の時期には，親が出資して設置した施設が公的な補助を得るためには，社会福祉法人か学校法人になる必要があり，一般の親がそのハードルを越えることは極めて困難であった．このため，一部には，社会福祉法人やNPO法人格を取得した上で，補助を受けて存続している施設もあるが，多くは公立保育所の設置を求め，設置されれば親運営の施設は消滅していくという経過をたどったものと思われる．

　1950年代，60年代のように，保育所不足に対して，親が自ら出資して保育所を作る方法もあると考えられるが，待機児童対策としてもっぱら議論されているのは，株式会社の参入促進であり，親が運営する保育所は話題にもなっていない．2013年以降，杉並区などいくつかの自治体では，待機児童を抱える親が自治体に異議申し立てをする動きがみられたが，待機児童となった親たちが自ら保育所を立ち上げるという方法は，親の側にも，行政の側にも，もはや全く想定されていないというのが日本の現状といえる．子ども・子育て支援新制度の議論でも，株式会社の参入促進が最大の論点となる一方で，親が運営主体となる方法については，全く光が当たらなかった．

　これは，過去の保育所づくり運動があまりに大変だったことに加えて，政治色を問われる時期があったこととも無関係ではないように思われる．親たちの運動は，ただ保育園が必要であるというところで結びついていて，政治的にいろいろな考えの人がいたにもかかわらず，政治的な運動だと疑われることがあったとされる（普光院 2013:33）．これは，前述の父母会についても，親の側には全くそのつもりがないのに，政治的な運動だと誤解されたことと同様である．

　現在は，保育所の設置主体制限が撤廃され，親がNPOを立ち上げるなどして，公的な補助を受けて，自ら施設を設置・運営することは可能であるが，男女雇用機会均等法などを経て，延長保育の利用割合が高まるなど，親の労働時間は以前と比べて長くなっていることから，親が自ら保育所を設置して運営するということは，想像しにくい状況になっている．

　一方，幼稚園については，制度上，学校法人立でなければ公的な補助が得られず，学校法人の設立には一定の財産が求められることから，親が幼稚園を設立することは困難である．加えて，少子化により子どもの数が減り，既存の幼

稚園の定員には余裕がある．2003年から2013年の10年間に，幼稚園の数は14,174から13,043へ1千ヵ所以上減少しており，園児数も176万人から160万人に16万人減っている．幼稚園が不足していた時代には，行政の支援を受けて無認可の幼稚園（幼児教室）として親が運営するケースがあったが，当時から私立幼稚園に営業妨害などと指摘されることがあったとされ，公立の幼稚園にも定員に空きがあり，私立幼稚園が園児確保に苦労しているなかで，行政が無認可の幼稚園に新たに補助を出すことは現状考えにくい．1970年代に行政から土地と建物を無償で借り受けて設置された親運営の幼稚園（幼児教室）が，建物の老朽化で閉園する動きなども報じられている[12]．

　このほかに，親が運営する幼児教育施設としては，母親同士で当番を決めて預けあい，公園など野外で遊ぶ自主保育活動がある．自主保育は，小学校就学前までの子どもを対象としており，幼稚園の代替としての機能があるが，制度上の位置づけがあるものではなく，行政の補助も原則としてない．元森（2003）によれば，自主保育は1970年代半ばに始まった活動とされ，施設の不足ではなく，都市環境や管理教育からの「子どもの解放」や，母親の孤立を解消し，母親に自由な時間を与えるという「女性の解放」の観点から立ち上がったものとされる．自主保育の団体としては，主に東京近郊で活動している自主保育グループのネットワークとしてしんぽれん（新しい保育を考える会）があるが，一時期は12，3はあった世田谷区内のしんぽれん加盟グループが，2002年12月には5グループに減少するなど，活動の継続が困難になっている．しんぽれん加盟のグループ総数も，2002年12月時点では15グループであったとされるが，2012年度は10グループに減っている．自主保育活動の担い手である専業主婦の割合が低下し，子どもの数も少なくなっているため，一定の人数を集めることが難しくなっていることに加え，自主保育が始まった1970年代と比べれば，幼稚園でも管理教育は少なくなり，一時預かりを行う保育所が増えるなど，あえて自主保育に参加しなければならない理由がなくなりつつある．

4　調査対象国の幼児教育・保育制度の概要

　次章から，各国の幼児教育・保育制度における親の参画の状況についてみて

いく前に，各国の幼児教育・保育に関連する社会状況や制度の違いについて簡単に触れておきたい．

まず，働き方の違いとして，週50時間以上働く人の割合をみると，日本は31.7％であるのに対して，オランダでは0.7％と大きな差がみられる（図表序-2）．韓国は日本と並んで労働時間が長く，次いでニュージーランド，イギリス，アメリカ，フランスでも比較的労働時間が長くなっている．

合計特殊出生率も，韓国の1.30からニュージーランドの2.06まで幅がある（図表序-3）．韓国のほか，ドイツ，日本，イタリア，カナダは，OECD平均の1.7を下回っている．

次に，幼児教育・保育施設の利用状況をみると，3歳未満の利用率はドイツの18％からデンマークの66％まで，50％ポイント近くの差がある（図表序-4）．ドイツのほかにOECD平均の30％を下回っているのは，カナダ，日本，イタリアである．3～5歳の利用率は，フランスの100％を筆頭に，多くの国で9割を超えているが，アメリカ，カナダ，オランダではOECD平均の77％を下回っている．

幼児教育・保育への公的投資の対GDP比を見ると，カナダが0.17％で最も低く，そのほかアメリカ，日本，ドイツ，イタリアもOECD平均の0.7％を下回っている（図表序-5）．一方，デンマーク，スウェーデン，ノルウェー，イギリス，フランス，ニュージーランドは1％を超えている．フランスでは，3歳以上は公立の保育学校に通うため，保育料は無料であり，スウェーデン，イギリス，ニュージーランド，韓国では，2000年以降に幼児教育が無償化されている．

そのほか，制度的な違いをみると，まず義務教育開始年齢が国により異なっている．調査対象国のうち，オランダとイギリスは義務教育開始年齢が5歳と早く，その他の国は日本同様，6歳となっている．

幼児教育・保育施設の所管省庁も国によって異なっている．日本では3歳未満は厚生労働省，3歳以上は厚生労働省の保育所と文部科学省の幼稚園と2つの省庁がかかわっている．日本と同じように，3歳以上で学校教育系統の施設と社会福祉系統の施設に分かれているのは，韓国とアメリカである．そのほか

序　章　日本の幼児教育・保育制度における親の参画の現状

図表序-2　週50時間以上働いている雇用者の割合

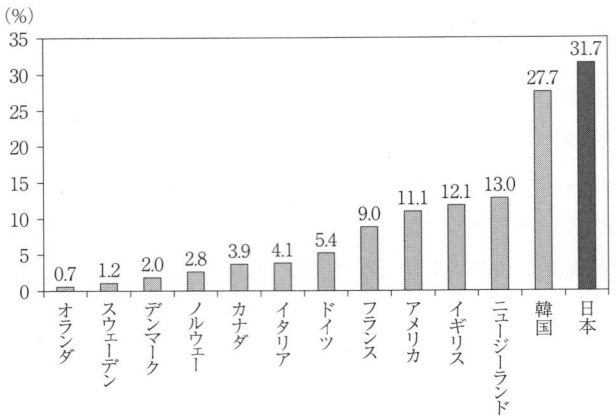

注：2011年.
資料：OECD Better Life Index

図表序-3　合計特殊出生率

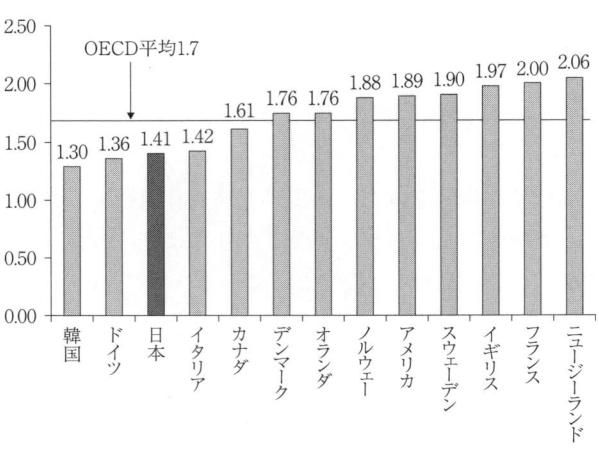

注：2011年．日本，韓国は2012年．
資料：OECD Family Database Data Chart SF2.1.A

序　章　日本の幼児教育・保育制度における親の参画の現状

図表序-4　幼児教育・保育施設の利用率

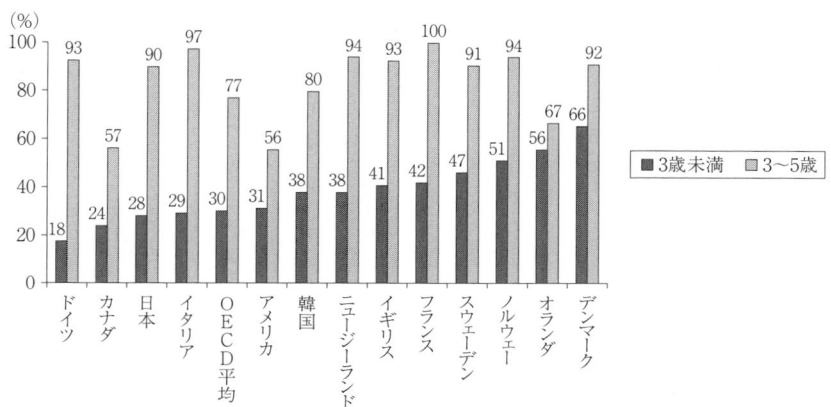

注：2008年．アメリカは2005年．カナダは2006年．
資料：OECD Family Database Table FP3.2.A

図表序-5　幼児教育・保育への公的投資の対GDP比

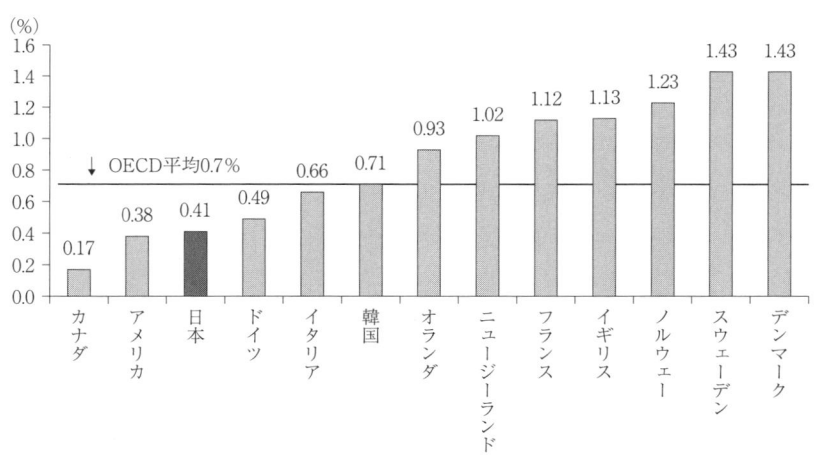

注：2009年．
資料：OECD Family Database Chart PF3.1

で最も多いのは，0歳からの施設をすべて学校担当省庁が所管している国で，デンマーク，ノルウェー，スウェーデン，イギリス，ニュージーランドである．フランス，イタリア，オランダは，3歳までの施設・サービスは社会福祉，健康，家族等を担当する省庁が所管し，3歳以上を学校担当省庁が所管するかたちである．カナダ，ドイツは州によって，学校担当省庁の所管範囲が異なっている．

幼児教育・保育施設の運営主体については，適宜，各国の章で言及されているが，公立の占める割合が高い国としては，スウェーデン，デンマーク，フランス，イタリアが挙げられ，ノルウェーは施設数で私立が公立を若干上回る程度である．そのほかは私立が公立を大きく上回り，特にニュージーランドは国立の通信制保育学校以外に公立はなく，アメリカ，イギリスでも公立はごくわずかで，これらの国では株式会社がチェーン展開する保育施設も普及している．ドイツ，オランダは非営利団体が中心であり，韓国は民間・家庭が中心である．

注
1) 諸外国における保育分野への株式会社参入については，拙稿「幼児教育・保育分野への株式会社参入を考える」日本総研『JRIレビュー』2013 Vol.4, No.5 で論じた．
2) 東京都福祉保健局「平成24年度指導検査報告書」によれば，立ち入り調査を受けた施設のうち，問題点を指摘された施設の割合は，認可保育所でも55％に上り，構造・設備等に危険な箇所がある，保育士が適正に配置されていない，調乳担当者の健康チェックが実施されていないなどの指摘がみられる．認可保育所で男性保育士が園児に対する強制わいせつの疑いで逮捕されたとの報道もある．
3) 内閣府子ども・子育て会議基準検討部会2014年3月12日配布資料「子ども・子育て支援新制度における『量的拡充』と『質の改善』について」による．
4) アメリカでは，親をパートナーと位置付け，家族が参画する保育の実現を目指すテキスト（Janis Keyser, 2006, From Parents to Partners: Building a Family-Centered Early Childhood Program, NAEYC）も発行されている．
5) http://www.youchienmama.com/（2014年4月28日最終閲覧）．
6) http://www4.ocn.ne.jp/~zenyop/index.html（2014年4月28日最終閲覧）．
7) 川端裕人・木村草太「入会なんて聞いてない──父親たちの語るPTA（前編）」（2013年8月1日），「大きな慣性に逆らって？父親たちの語るPTA

（後編）」（2014 年 4 月 7 日）『α -Synodos』，「必要？不要？ PTA」『AERA』（2014 年 4 月 7 日）など．
8) 予算計上の理由を区は，「現行の父母の会が，上部団体である父母連や保問協など交渉や運動を規約に掲げ活動する団体の統制のもとで，毎年労働組合とほぼ同内容の予算，人員配置，工事内容など様々な行政への要求，目的達成をめざす活動体へと転化し，その活動がもはや保育内容や指導方法など，本来の園児の健全育成の求めとはほど遠い存在となり，いわゆる幼稚園や学校 PTA とは違った活動内容が多年にわたり主張されるなど，時代にそぐわない状態が生まれ，議会や保護者，関係者などから強い批判が出てきているため」としている．
9) 以上，品川区の保育園 PTA については，日本共産党品川区議団ホームページ（http://www.jcp-shinagawa.com/report/08/20010421_01.htm 2014 年 4 月 29 日最終閲覧）の情報などにもとづく．
10)「保育所の保護者会（父母会）の育成と尊重に関する質問主意書」第 150 回国会 2000 年 11 月 20 日提出（http://www.shugiin.go.jp/internet/itdb_shitsumon.nsf/html/shitsumon/a150038.htm 2014 年 4 月 29 日最終閲覧）．
11) 世田谷保育親の会『世田谷区内認可保育園および父母の会アンケート調査結果報告書』（2011 年 1 月 31 日）による．
12) 朝日新聞デジタル 2013 年 4 月 6 日「さよなら泥んこ園 埼玉の幼児教室，37 年の歴史に幕」

参考文献

秋田喜代美・佐川早季子（2012）「保育の質に関する縦断研究の展望」東京大学大学院教育学研究科紀要第 51 巻
ベネッセ教育総合研究所（2014）『第 2 回幼児教育・保育についての基本調査報告書』（2013 年度報告書 Vol.1）
普光院亜紀（2013）「保育所と親の関係性の変遷──「保育所づくり運動」から「意義申立て活動」まで」（講演録）生協総合研究所『生協総研レポート』No.73
元森絵里子（2004）「『自主保育』の意味と現在──しんぽれん調査報告」東京大学大学院総合文化研究科『相関社会科学』第 13 号
OECD（2012a）Quality Matters in Early Childhood Education and Care: Japan
OECD（2012b）Starting Strong Ⅲ :A Quality Toolbox for Early Childhood Education and Care
結城忠（2009）「親の教育権と公教育運営への参加」『教育の自治・分権と学校法制』東信堂：235-287
結城忠（2013）「親の教育権と公教育運営への参加」（講演録）生協総合研究所『生協総研レポート』No.73

序　章　日本の幼児教育・保育制度における親の参画の現状

　全国社会福祉協議会保育問題協議会（2008）『全国の保育所実態調査実態調査報告書』

第 I 部

幼児教育・教育施設における親の会

第 1 章

ノルウェー：家庭と保育園の協同

上掛利博

1　社会と家庭での「男女の性別役割」の解消

　リレハンメル冬季オリンピックがあった1994年の暮れに『僕の妻は大臣です』（NHK衛星）が放送された．8ヵ月と3歳の2人娘の子育て中で3ヵ月の育児休暇を取ったノルウェーの児童家庭大臣グレーテ・ベルゲ（39歳）と，8ヵ月の父親の育休（パパクォータ）を取ったペール・リツラー（40歳）夫妻を取り上げ，ノルウェーでは家庭や子育てに国家が責任を分担すべきとされていること，男女平等は女性の社会参加や経済自立だけでは進まないので，男性が家事育児を分担するよう働きかけることが政策の柱であることが紹介された．
　ノルウェーは1970年代の北海油田の開発で経済が発展し，労働力不足から女性の社会進出が求められ，それまで女性が家庭で担ってきた保育や介護の役割は自治体が提供する「社会サービス」に代わった．その際に「女性が仕事に進出する権利」を掲げて，男女の同一労働同一賃金と家事育児への男性の参加を求めた結果，1970年に40％だった女性の就労率（M字型カーブ）は1993年には80％（逆U字型カーブ）へと変化した．注目されるべきは，現状のままの社会を前提とした男女の機会均等ではなく，社会そのものの変革を目標とする"新しい女性運動"だったことである．1981年に初の女性首相グロ・ハーレム・ブルントラント（労働党）が就任，1986年の第2次内閣では女性大臣が4割を超えるなど，政治の世界に女性が進出した結果，政策の優先順位が変えられ，保育所の整備[1]，労働時間の短縮[2]，両親育児休暇の長期化などを通じて

「家庭における男女の役割分担」を変えてきたのである.

このようにして女性の社会的地位を高めたノルウェーは,教育・保育・福祉の政策を発展させ,「女性も男性も人間的な暮らしができる社会」を目指した.その象徴が,1993年に両親の育児休暇のうちの最低4週間は父親が取らなくてはならないことを定めた「パパクォータ（Fedrekvote）」の制度であった.その後,6週,10週,12週にまで徐々に延長,2000年には取得率は90％を超え,ほとんどの父親が育児を経験するようになっている（2013年7月からは14週間に；給与の100％給付で49週間,80％給付で59週間の育休のうち）.しかし,1998年にキリスト教民主党・中央党・自由党の連立政権のもとで,女性が働いて子どもを保育園に預ける場合と,家庭で子どもの面倒をみる場合を公平にするためとして,1歳児と2歳児を保育施設に預けない親へ現金を給付する「在宅保育手当（Kontantstoette）」（最高月額3,657クローネ,2013年9月の1クローネ＝16.6円で約60,700円）が創設されたが,母親が家庭で育児という伝統的な家族像を推奨する点で,これまでの労働党政権による女性の社会進出推進とは異なる政策も実施されてきた.しかし,2000年には70％台前半だった現金支給利用率は下がり続け,2010年以降は20％台後半にまで激減している（Norwegian Labour and Welfare Organization:NAV,ノルウェー社会保障機構）.

2　親が所有する保育園

2.1　保育制度の概要

ノルウェーの保育園は,「一般保育園」（園舎と園庭をもつ一般的な認可保育園）のほかに,「特化保育園」（特定の園舎をもたない野外・自然保育園,認可）,「家庭保育園」（一般家庭が保育場所,認可）,「オープン保育園」（保育場所は不定で地域有志などが運営,登録は不要だが親の付き添いが必要,認可）の4タイプに分かれている.家庭保育園に通う子どもは減少し全体の2.2％であり,96.2％は一般保育園に通っている.

保育園に通う子どもの数は286,153人で（2012年）,前年から3,416人増,過去5年では36,338人（12.7％）増加している.利用率では,1～5歳児の90.1％が利用しているが（過去5年で5.8％増）,1～2歳児は80.2％（同10.9％

増),3〜5歳児は96.6%（同2.2%増）と,1〜2歳児の伸びが著しい．なお,2009年からノルウェーでは,1歳以上のすべての子どもに保育園に通う権利が認められている．

1日当たりの利用は,6〜9時間が6%,9〜10時間が61%,10時間以上が31%である．ノルウェーの保育園の開所時間は4時間から18時間まで幅がある．保育園は,土・日,祝祭日,公休日,クリスマスイブ,大晦日を除いて開園される．保育時間は各保育園のオーナーが決定するが,週41時間以上の場合は「フルタイム（終日）保育園」とみなされ,公的支援を100%受けることができ,フルタイム保育園としての保育料徴収が認められる．

職員（保育園教員含む）1人当たりの子ども数は6.2人（2歳以下の場合,子ども1人を2人で計算），保育園教員1人当たりの子どもの数は9.4人であるが,2歳以下をダブルカウントしなければ,職員1人当たり3.1人,保育園教員1人当たり3.8人である．

なお,ノルウェー語,サーメ語,スウェーデン語,デンマーク語,英語以外の外国語を母語とする親をもつ園児の数は34,363人（全園児の12%）で,前年から約13%の増えており,特に1〜2歳児に顕著である．このことは,少数言語話者の子どもが同じように保育園を利用していることを意味し,利用する保育時間にも違いはみられない．さらに,保育園に通う子どものうち15,000人（全園児の5.2%）に機能障害または特別なニーズがあり,保育園オーナーには器具や職員などの追加予算が必要となる．2012年は,8,400人（全園児の2.9%）がこの追加予算の対象となった．機能障害のある子どもが少なくとも1人いる保育園は全体の56%である．

2.2 親が所有する保育園

保育園数は6,397施設（2010年）で,前年度から72施設減少（そのうち60施設は家庭保育園），過去5年では225施設減少している．新しく設立された保育園の大半は私立で,新設123施設のうち70%が私立である．

公立保育園の割合は47%,私立保育園の割合は53%である．公立のほとんどは市立で,県立／国立の保育園は1%未満となっている．私立保育園数3,533施設では,個人所有が1,040施設と最も多いが,2番目に多いのが親所有の

754施設（保育園の11.8％，私立保育園の21.3％）となっている．次いで，企業所有が624施設，その他の所有が644施設，教会団体による保育園が258施設，教育／理念団体が173施設，主婦クラブ／衛生協会が40施設である．親所有，教会団体，主婦クラブの保育園が減り，企業やその他組織の保育園が増加する傾向にある．

なお，事業形態では，企業保育園624施設のうち，479施設は株式会社として組織されている．個人所有の保育園1,040施設では769施設が個人事業，221施設が株式会社として組織されている（NOU 2012:1 Til barnas beste）．

親所有の保育園は，数としては多いが，施設数は減少傾向にあり，新しく親保育園が作られているという動きはみられない．市民が目の前の必要性に対処するために自ら設置したものが，評判がよい，経営がうまく行っているなどの理由から，以前に設立された親保育園が今も継続しているという状況である．

親所有の保育園の1つニッテダール市のスタバン保育園では，入園する際に1人2,500クローネ（約41,500円）の「預託金」（AndelまたはDepositum）を預けるが，これは卒園する際には全額もどってくる．ちなみに，親が払う保育料は1ヵ月2,330クローネ（約38,700円）で，年に11ヵ月分を支払う．なお，ニッテダール市（人口22,000人）には，27の保育園があり，公立5ヵ所，私立22ヵ所で，私立の内訳は，親所有が7ヵ所，企業が8ヵ所，個人所有が7ヵ所（うち1ヵ所は3月〜6月のみの自然保育園）である．このように，地域のニーズや条件に適するような多様な開設形態が認められていることも，ノルウェーの保育施設の特徴である（トールビョンセン 1999:303）．

2.3 公的補助金と行政の監査

親保育園は，他の私立保育園と同じように公的な補助金を受け，監査の対象となっている．保育園部門に対する国の支出は，413億クローネ（約6,860億円）で，公立229億クローネ，私立184億クローネであり，コミューネ歳出にしめる保育費の割合は14.5％となっている．公立保育園の収入内訳は，コミューネからの補助金84％，親の支払う保育料収入14％で，私立保育園の場合は，コミューネからの補助金が78％，保育料収入が17％である．

市立保育園の定員1人当たりのコストは約17,000クローネ（約28万円）で，

私立保育園よりも高くなっている（差は2007年10%で，2011年は6%に縮んだ）．コストの差は主に人件費で，市立保育園は私立よりも職員の手配が手厚く給与もやや高い．なお，私立保育園への公的補助金の平均額は，2003年のフルタイム保育の定員1人当たり55,000クローネ（約91万円）から，2011年には86,500クローネ（約144万円）まで大きく伸びている（8年間で55%増）．

また，市立保育園のオーナーとしてのコミューネの役割と，保育行政の管轄当局（認可／監査機構）としてのコミューネの役割が，きちんと分けられてきている．2010年には，全体の79%に当たるコミューネで，オーナーと監査機構の両方の業務が同じ1つの部署で行われていたが，2012年には47%まで下がった．コミューネは，保育園に対する監査義務を担い（保育園法16条），監査の目的は，保育園が保育園法に従って運営され，きちんと業務管理されているようにすることである．コミューネの監査は以前より増えており，2012年には，全体の58%の保育園が過去12ヵ月間に監査を受けている（43%は現地監査）．監査の結果，52%のコミューネが改善命令を出し，3%は閉鎖命令も出している．私立保育園の63%，市立保育園の53%，家庭的保育園の70%が改善命令を受けた．

3 保育園における親の参加

3.1 保育園法の規定

ノルウェーの保育園法は，保育園の目的について「家庭との緊密な協働と理解の下，子どもたちの思いやりのある対応と遊びのニーズを満たし，バランスの取れた発達の基盤となるような教育と人間形成を行う」とし，最初に"保育園と家庭との協働"を掲げている．そして，「人間の価値や自然に対する敬意といったキリスト教および人道主義の遺産と伝統のなかの基盤的価値観」，「精神の自由や隣人愛，許し，平等と連帯といった様々な宗教や人生哲学のなかで表現される価値観」，「人権思想に基づく価値観」の上に，保育園はその基礎をおくとされている（第1条1項）．ただし，私立保育園は，基盤的価値観をキリスト教と人道主義に求めなくてもよい．

子どもについては，創造の喜びや驚き，探究心を示すことが認められ，子ど

も自身が自分自身と仲間の世話，自然の面倒を見られるようにし，基本的な知識と技術力を伸ばし，年齢や条件に合わせて協力できる権利を有するとされている（第1条2項）．保育園については，「信用と敬意をもって子どもに向き合い，子ども時代の独特の価値観を受け入れる」，「子どもが遊びと学びの楽しさと喜びを感じられるよう貢献し，共同体と友情のための挑戦的かつ安心な場所を提供する」，「民主主義と平等を実践し，あらゆる形の差別に立ち向かう」ことが明示されている（第1条3項）．

次に，保育の内容に関して第2条で，保育園は，①「教育学的な保育事業を行う」，②「子どもに遊びや，一生残る意味深い経験や活動の機会を与える」，③「子どもの年齢や身体機能レベル，性別，サーミ人の子どもの言葉や文化を含めた，社会的および民族的，文化的背景を考慮に入れる」，④「価値観と文化を伝え，子どもが自分自身の文化を作りあげられるよう場所を提供し，どの子どもも喜びを体験し，社会的，文化的な共同体のなかで自分をコントロールする経験を得られるよう務める」，⑤「子どもの好奇心や創造性，知識欲を支え，本人の関心や知識，技術を起点に子どもに挑戦させる」，⑥「健康増進と予防的機能を備え，社会的差異をなくすよう務める」と規定している．そして，教育省が「保育園のためのガイドライン」を定め，保育園のオーナーは「地域の状況に合わせて指針を適用」できること，各保育園の協働委員会は「保育園に関する指針を基に，教育事業の年次計画を定める」とされている．

「保育園法」に定められた保育園の目的や，それを受けて定められた「保育園のためのガイドライン」の内容が，行政はもとより，保育園の管理者，教職員，両親，子どもたちまで，関係者みんなに周知され実践されていることは，ノルウェーの保育にかんして何よりも特徴的なことである．

3.2 「親の会」と「協働委員会」

子どもの家庭との協働を確実なものにするため，保育園法第4条は，各保育園に「親の会」と「協働委員会」の設置を定めている[3]．保育園のオーナーは，重要案件が親の会と協働委員会に提示されるよう取り計らわなければならない．

まず，「親の会」（Foredreraadet）は，「子ども全員の親／保護者で構成され，親の共通の関心事を取り上げて，保育園と親グループの協働によって良好な保

育園環境を作り出せるよう務める」(第4条) とされている．なお，親の支払う保育料金の上限が国によって定められれば，この上限を超える額の保育料金を承認できるのは，親の会だけである．

　ニッテダール市のスタバン保育園（親所有）の「親の会」では，73人の子どもの親が全員（片親が他国籍12人，両親が他国籍1人を含む）参加して，食べ物を持ち寄って行う「サマー・パーティー」や春と秋にイベントを行っている．オスロ市のコルソスバッケン保育園（親所有）では，76人の園児の親が全員参加する総会，「サマーフェスト」「5月17日憲法記念日の行進」「ルシア祭」などの催しのほか，年に2回の掃除を実施している．また，別の親所有保育園の親の会では，新しい建物を建てる計画がありプレハブ園舎になっていたので，工事を早く始めるよう市役所にプレッシャーをかけたり，保育園の人材確保の問題も解決しようとしたりしている．親の会の会費は無料で，ニュースはメールで月に1～2回送られてくる（世話人の場合，週に1～2度のやりとりも）．

　次に，「協働委員会」(Samarbeidsutvalget：SU) は，「アドバイザーおよびつなぎ役，取りまとめ役の機能をもつ機関である．親と職員を等しく代表できるよう，協働委員会は同数の親／保護者および保育園の職員によって構成される．保育園のオーナーも協働委員会に加わることができるが，親および職員の代表者それぞれの数を上回ってはならない」(第4条) とされている．

　スタバン保育園の「協働委員会」は，建物2か所で各々1～2歳，3～6歳グループという4つの部署から選ばれた4人の親と4人の職員の計8人で構成され，年4～5回集まって教育方針などを話し合っている．コルソスバッケン保育園の協働委員会は，評議会の代表2人（1人は設立にかかわった元親の園長），職員の代表2人，親の代表2人の計6人で構成され，年に6回集まって，小さい子どもに園に慣れてもらう方法，安全対策，いじめ対策，必要な物資などについて話し合っている．なお，「評議会」(Styret) とは，経営に責任をもつオーナーの組織として，私立保育園に設置が求められている．スタバン保育園では親4人で構成され，園長は入っていない．コルソスバッケン保育園では，親7人と園長の8人で構成されている．

3.3　家庭との理解と協働

　保育園ガイドラインは,「保育園は,家庭との緊密な協働と理解の下で…教育と人間形成を行う」(保育園法第1条)の,「理解」と「協働」という2つの概念について,保育園と親とのやり取りの様々な面にかかわるとしている. すなわち,「理解の下」とは,子どもに関する互いの責任と課題に対して敬意と認識を双方がもつことを意味し,「協働の下」とは,情報と正当な理由が交換される定期的なやり取りのことを意味すると規定する. そして,子どもが楽しく過ごしているかどうか,成長の具合,保育園での教育事業などに関する質問を取り上げ,子ども集団のなかで1人の子どもに対して配慮が必要となった時に生まれかねないジレンマに対し,協働することによって,必要とされる相互理解を築く可能性がもたらされるとしている. 職員は,親が優先するものに対する敬意,子どもの権利を大切にすること,そして保育園に課せられている基本的な共通の価値観を大切にすることの間でうまくバランスをとれるよう務めなければならないと述べている(ガイドライン1.6「子どもの家庭との協働」).

　さらに,保育園ガイドラインは,家庭と保育園の間の日常的な協働は,互いに対する率直さと信頼の上に築かねばならないとして,「中には批判が含まれていようとも,子どもと保育園に関して親が気にしていることを取り上げてもよいのだということを,親が信じられるようにしておかなければならない」と述べている. そうして職員には,保育事業に関する必要な情報と正当な理由を親に伝え,「親に協力してもらえるよう誘う責任」があること,親は,自分の子どもが敬意をもってみてもらっており,子どもにとってよい集団に仲間入りできていると安心できなくてはならないので,保育園は,「個々の親としての,また集団としての親の期待と希望に対して敏感でなくてはならない」としている. したがって,「親の会」と「協働委員会」では,定期的に保育園の基盤的価値観の実践について取り上げるべきとされている.

　また,保育園には,「小さな子どもをもつ親と子どもの出会いの場」,また「文化の場」としての大切な課題があるとし,少数言語を母語とする親を交えた集まりで,親が内容を理解し,親自身の言葉を理解してもらえるようにするため保育園は特別な責任を負っていること,親が子育てに関する疑問に対して助けや指導を必要とする時,困難な事情を抱える子どもと家族に対応する際に

外部の支援や指導をみつける方が正しい場合は，コミューネの各種支援機関に関する情報を親に伝えなくてはならないとされている（ガイドライン 1.6）．

3.4 子どもの協力の権利

ノルウェーでは親だけでなく，子どもが協力する権利について，「子どもは，年齢や条件に合わせて協力できる権利を有する」（保育園法，第1条2項）と定められている．さらに詳しく第3条で，「保育園の子どもは，保育園での日々の活動に対して，自分の意見を述べる権利を有する．子どもは，保育園の活動を計画し，評価する際に積極的にかかわる権利を等しく有する．子どもの視点は，その年齢と成熟度にあわせて重要視しなければならない」と規定されている．

子どもの協力の権利に関して，教育庁の保育園ガイドラインは，①「子どもは繋がりと一体感を経験し，自己決定し，自らの意図の表現が許されていることを教えられていなければならない．子どもがほかの人の立場になったり，ほかの人を思いやったりすることをサポートしなくてはならない」，②「子どもが不思議に思ったり，質問したりできるようサポートしなくてはならない．自分の考えや意見を表現するよう積極的に励ましたり，子どもの表現を受け止めたりしなければならない」，③「保育園は，多様な子どもの多様な視点のために場所を準備し，子どもの意図と子どもが経験している世界に対して敬意を示さなければならない．子どもが自由に表現できる権利を大切にし，保育園での活動内容を進める上で，そこに子どもの協力を統合させていかなければならない」，④「子どもが協力する権利を行使するには，子どもに耳を傾け，話し合うための時間と場所が必要となる．子どもの協力に時間と場所を準備できるよう，教育事業を組織し計画しなければならない．このようにすることで，保育園での生活に対して影響力をもてるという刺激を子どもに与えることができる．子どもには，グループ全体を見守ってくれる，明確で責任のある大人がいてくれることを感じさせなければならない」と具体的に述べている（1.5「子どもの協力」）．

こうした子どもの権利の背景には，1981年，子どもオンブズマン事務所の設置によって子ども自身が彼らの権利をより自覚したという重要な成果があり，

問題に直面した子どもたちに困難な状況ではどのようにして力を借りればよいかという知識と方法を教えることになったという歴史も存在している（トールビョンセン 1999:307）.

4　保育園親委員会（FUB）と保育の質

4.1　FUB の役割

ノルウェーでは，「親の会」や「協働委員会」への参加を通じて，親には，保育園の活動への協力の機会を保障されているが，これを実質化するのがノルウェー保育園親委員（FUB：Foreldreutvalget for barnehager）である.

2010 年 8 月から活動を開始した FUB は，保育園に通う子どもをもつ親による，親のための独立機関である．また FUB は，教育・研究省の「家庭と保育園の協働」に関する諮問機関でもあり，親に情報やアドバイスを提供することで保育園への親の関わりと影響を高めようとしている．FUB は，「家庭と保育園の協働によって，保育園に通う子どもすべてが可能な限り最良の保育を受けられるようにする」ことを第一義にして活動している.

2012 年に，FUB は次の 5 つの目標を掲げている[4]．

　　目標①：教育・研究省とその下の教育庁からの重要案件に答申を行い，連絡協議会に参加するほか，保育園と家庭の協働に関する参考資料を完成させて対象グループに届け，関係当局，保育園職員，園児の親，保育園教員志望の学生に講演会を開催している．FUB が重点的に取り組んできた事案は，「保育園でのいじめ問題」「職員数」「サーミの子ども」「保育園職員の資格問題」「保育園での安全な遊び」であり，よく講演するテーマは，「家庭と保育園の協働の意味」「保育園でのいじめ」「保育園で一番小さな子どもたち」「多様化する親たち」「コミュニケーション」などである.

　　目標②：情報提供やアドバイスを通して，保育園と家庭の協働に関する保育園の職員や親（特に代表として信任された親），およびコミューネの能力を引き上げるようにする．すなわち，コミューネや県長官との話し合いに参加するほか，親や保育園職員，コミューネのための情報バンク，資料バンクと

なるFUBのホームページの充実をはかっている.

目標③：親のもつ背景にかかわらず,親が熱心に保育園と家庭の協働にかかわるように働きかける.具体的には,ホームページの多言語化（英語,サーミ語）や,情報・資料を多言語（英語,ソマリア語,アラビア語,ウルドゥー語,ポーランド語）に翻訳している.

目標④：地方自治体連合,教職員組合,労働組合,子どもオンブード,ユニセフ,交通安全協会などと連絡を取りあい,定期的なミーティングを開く.

目標⑤：教職員組合,青少年・家庭庁のほかユニセフなどとの定期的なミーティングに参加し,就学前教育のための枠組み計画,いじめに関するマニフェスト,言語マッピング（ことばの獲得状況のチェック），サーミ議会,保育園の無料開放,保育園の日,保育職員の確保などに関する作業部会や諮問グループに加わる.家庭と保育園の協働についての参考資料作成のような実際の専門的なワークショップに招待する.

FUBのメンバーは7人で（地域選出の親4人のほか,サーメの親,マイノリティーの親,障がい児の親），保育園に通う子どもがいることが選ばれる条件である.リーダーのレーナ・イェンセンは,左派社会党の国会議員を2期つとめ,現在はオスロ市の政策アドバイザー.2児の母（1人が保育園児），一番の関心事は「保育園の質」である.副リーダーのエーギル・ダールは,ベルゲン出身,中学校教員,保守党で3児の父（2人が保育園児），一番の関心事は,「子どもは子どもでいさせること」「保育園に男性職員を増やすこと」「野外活動と遊び」である.ほかに,オスロ在住でマイノリティ（2000年に移民）の7児の母（アドバイザー,3人が保育園児），スタバンゲル在住で重度障がいがある子をもつ3児の母（弁護士），トロンハイム在住で3人の娘の父（土木技師,2人が保育園児），アルタ在住で「子どもがサーミ語とサーミ文化を学ぶ権利」に関心をもつ2児の父（コンサルタント,1人が保育園児），オストレ・トーテン在住で「様々な事案で親の声を聴くことが大切」「男性と女性の両方が同じように代表になることを目標とすべき」という2児の父（会社事務長）である（女性3人,男性4人）.

また,FUBには保育分野で幅広い経験をもつ保育部門専門アドバイザー（就

学前教育の教員資格をもち，フルタイム勤務）が2人いて，親や保育園を支援している．

　国レベルの独立した親の会としてFUBは，保育園に関して特に親の視点から多くの考えを述べている．そのテーマは，最長の保育時間，夏期休園，年齢でクラスを分けない保育園，保育園に入園できる権利，保育園における安全，保育園の職員数，保育園主導の遠足・お出かけ，など多岐にわたっている．さらに，FUBカンファレンスを毎年開催しているが，2011年のテーマは「保育園の親会議」，2012年は「保育園に対する親の貢献」であり，地域でのFUB設立を目指すなかでいかに保育園の質に影響を与えることができるか，コミューネの担当者も議論に参加した．2013年のテーマは「楽しく過ごすこと」で，子どもが保育園で過ごす時間の内容と質に焦点を当てている．

4.2 「保育の質」と親の協力

　教育省の国会報告41号（2008／2009年）「保育園の質」は，家庭と保育園の協働について，次のように述べている．保育園に初めて通う場合，子どもにとっても親にとってもなんらかの努力が必要となる．子どもには新しい世界が開かれ，そこで面白いことと多少の困難の両方を経験する．親は子どもに対する責任を見知らぬ職員や施設に委ねる．保育園と親の間には日常的なやり取りがあり，そこで対話や双方向の情報交換が可能である．保育園はオープンさをもって親に向き合い，個々の子どもが楽しく過ごし成長していけるよう，緊密な協働を図れるように取り計らわなくてはならない，と．また，子どもの養育に主な責任を負うのは親であり（児童法30条），保育園は家庭の補完的環境であるのだから，「様々な形の家庭に対する理解と敬意を示さなければならない」としている．

　ノルウェーでは，10人中9人の親が，保育園の職員との協働，向き合い方に満足していると答えている[5]．その理由としては，86％の保育園が「親との面談を少なくとも年に2回」もち，80％が「保護者会を少なくとも年に2回」開き，80％が「協働委員会との会合を少なくとも年に2回」行っているなど，親と保育園の間で正式なやり取りの場をもっている保育園が多いからである．これは公立保育園の方が私立よりも肯定的で，規模の大きな保育園に比べて小

規模保育園では協働委員会との会合を開くところが少ないが，定期的な面談や保護者会については，大規模と小規模の間でほとんど差はみられない．

また，あらゆる種類の保育園で，利用者のアンケート調査が実施されるようになってきており，2008年には90％近くの保育園で実施されている（毎年実施しているのが42％，隔年または3年ごとに実施しているのが39％）．アンケートの結果，親にとっての最優先事項は「子どもがほかの子どもと一緒に遊べる」ことであり，親はまた「社交能力」や「安全」，「ケア」も重要視している．

しかし，保育園の保育内容や活動計画に親がどの程度参加しているかの質問では，4人中3人の親は「いくらか，またはしっかりと参加している」と報告したが，しかし，親の調査では10人中7人が「自分はほとんど参加していないか，参加していない」と答えている．

また，親の半分強は保育園への協力をこれ以上求められたくないと考えているが，44％の親はもっと協力したいと望んでいる．なお，私立保育園の86％近くの親が保育サービスへの影響に満足していると回答しているが，公立保育園では，満足していると答えた親は78％であった．そして，私立保育園の親の42％は保育園事業にもっと協力したいと答え，公立保育園の親では46％であった．この違いについては，私立保育園の親の方が保育園の所有者寄りであると説明できるかもしれないとの指摘がされている[6]．

質の高い，平等な保育園サービスを提供するには，保育園と家庭の間で良好かつ十分な協働があることが前提となる．子どもが小さいほど，職員に日常的なやり取りや，子どもが心地よく過ごしているか，何を体験したかについて話す時間があることが，子どもと親の両方にとって大切になる．保育園では，社会的背景や性，宗教，民族，障がいの度合いの異なる子どもや親，職員が出会うし，また待機児童がほぼゼロになることで，保育園は社会の多様性を大きく映し出すことになる．したがって，家庭と保育園の間で良好な協働をもてるようにしなければならない．親には保育園に「協力する権利」があり，保育園の指導部には，親が保育園の内容の計画および評価に積極的に参加できるよう取り計らう責任がある．教育省は，保育園にもっと協力したいと望んでいる親が多いことに着目している（「国会報告」41号）．

保育園法は，コミューネレベルの親委員会（foreldreutvalg）の設置を求めて

いないが，地域の保育園親委員会の設立を決めたコミューネがいくつかあり，地域の保育政策拡充の際の諮問機関としての役割を果たしていることから，教育省は，コミューネの親委員会は，親と保育園の協働を強化する作業のなかで価値のある貢献ができると考え，コミューネが保育園親委員会の設置に取り組むことを望んでいる（「国会報告」41号）．

5　日本への示唆

　以上みてきたように，ノルウェーの特徴は，地域のニーズや条件に適するような多様な保育園の開設形態が認められていることや，1歳以上のすべての子どもに保育園へ通う権利を認め，少数言語話者の子どもや障がいを有する子どもへの対応も保育園が積極的に行っていることである．
　また，基本法である「保育園法」に定められた保育園の目的や，それを受けて定められた「保育園の内容と課題に関する指針」（ガイドライン）の内容が，行政の担当者はもちろんのこと，保育園の理事や管理者だけでなく，教職員スタッフ，両親，子どもたちまで，関係者に広く知られ実践されていることは，保育政策の土台として重要である．
　ノルウェーの保育園法は，「家庭との密接な協働と理解」をうたい，子どもの家庭との協働を確実なものにするため，各保育園に「親の会」と「協働委員会」の設置を義務づけ，保育園のオーナーは，重要案件が親の会と協働委員会に提示されるようしなければならないと定めている．保育園と家庭との協働の実質化こそが，保育の質の向上に密接に関連すると理解されているからである．
　そうしてノルウェーは，2010年に保育園に通う子どもをもつ親の全国委員会であるFUBを設立し，家庭と保育園の協働によって保育園に通うすべての子どもが可能な限り最良の保育を受けられるように，当事者である親の立場からの問題提起や取り組みを発展させ，さらにはコミューネレベルでの保育園親委員会の設立もはじまっている．
　「保育園と家庭の協同」を中軸においたノルウェーの保育政策の展開は，日本で参考にされるべき理念と内容をもっていると言うことができよう．

付記：本章で使用したノルウェー語文献の翻訳は，大阪大学外国語学部非常勤講師の朝田千恵さんの協力をえました．

注
1) ノルウェーは1981年の法律で「子どもオンブズマン（Barneombudet）」事務所を設置して，子どもの利益の代弁者を務めてきたが，1989年の子どもオンブズマン公開公聴会で，公的保育は訓練された職員と予算の両面で不十分な状態にあることをあきらかにした．ノルウェーの子どもが公的保育による支援を受けやすくなっているのは，子どもオンブズマン活動の功績であるとされている（トールビョンセン 1999:306）．
2) ノルウェー女性の社会進出と政治参加が進んだ結果，1971年〜90年の20年間に，収入を得る時間を女性は52分増やし，男性は59分減らしたが，家事時間を女性は63分減らし（家電製品の普及が進んだことも一因），男性は23分増やした結果，余暇と教育のための「自由時間」を女性は76分増やし，男性も67分増やしている（上掛 2005:63）．
3) 1995年の保育所法第2章第4条において，すでに「親の会と協働委員会」の設置について規定されていた．
4) FUB：Foreldreutvalget for barnehager（保育園の親の会）ホームページ http://www.fubhg.no/om-fub.176557.no.html（2013年8月5日最終閲覧）
5) 調査会社（TNS Gallup）の2008年調査による．
6) 注5）に同じ．

参考文献
上掛利博（2005）「ノルウェーの豊かな暮らし〜人間の幸福と"時間の男女平等"」『エクセレントノルウェー・イコール』Vol.2, 紀伊國屋書店
上掛利博（2007）「ノルウェー」『エンサイクロペディア社会福祉学』中央法規出版
Kunnskapsdepartementet（2012）Rammeplan for barnehagens innhold og oppgaver（教育省「保育園ガイドライン」）
Kunnskapsdepartementet（2013）Norske barnehager i tall 2013（教育省「統計に見るノルウェーの保育園2013」）
Kunnskapsdepartementet St.meld. nr. 41（2008-2009）Kvalitet i barnehagen 5. Samarbeid mellom hjem og barnehagen（教育省『国会報告41号（2008/2009年）』「保育園の質」5. 家庭と保育園の協働）
Lov om barnehager（barnehageloven 2005.0617）（保育園法）
NOU 2012:1 Til barnas beste（政府委員会報告2012年1号「子どもの最善を目指して」）
Statistisk sentralbyraa（2012）Barnehager 2012（統計局「保育園2012」）

トールビョンセン，アンネ（1999）（清水民子訳）「子どもと福祉」仲村優一・一番ヶ瀬康子代表（西澤秀夫・真弓美果・上掛利博編）『世界の福祉⑥デンマーク・ノルウェー』旬報社

第2章
デンマーク：自主性と制度による親の参画

永井暁子

1 幼児教育・保育制度における親の参画の現状

　女性の就業率73.1％（OECD Employment Outlook 2010）が示すように，ほとんどの女性が就労しているデンマークにおいて，デイ・ケア（以降，保育）施設（dagtilbud）は重要な存在である．しかし，女性が就業することが当然となり，待機児童の問題が過去のものとなって久しいこの国で，保育に関する議論の多くは，仕事と家庭の両立ではなく，子どもにとってよりよい教育という観点からなされているようだ．まずはデンマークの幼児・教育施設の概要について述べよう．

1.1 保育施設
　デンマークの保育[1]の所轄省庁は児童・教育省であり，6ヵ月以上の子どもが利用できる．①6ヵ月から2歳11ヵ月までの子どもが通う保育園（Vuggestue），②2歳11ヵ月から6歳までの子どもが通う幼稚園（Børnehave），③6ヵ月から6歳の子どもが通う統合保育施設（Integrerede institutioner），④6ヵ月〜2歳11ヵ月までの子どもが利用する保育ママならびに保育ママの施設（Dagpleje），⑤学童保育（SFO）などからなる．統合保育施設は，子どもが多いデンマークではきょうだいの送迎が一ヵ所ですむため人気が高く，近年，増加の傾向がある．
　これらを経営のタイプで大まかに分類すると，自治体（公立），営利組織な

どによる私立，非営利組織による私立となる．私立（プライベート／営利組織）とは，自治体から財政支援を受けたものが自治体の監督のもとに経営されるケースである．営利組織とされてはいるが，自分の子どもを育てる場合もここに含まれる．私立（プライベート／営利組織）では，保護者の支払う保育料は自由に決められ，経営者は利益を得ることができる．私立（インデペンデント／非営利組織）施設とは，主に組合や協会などの組織であり，利益を得ることはできない．保護者の支払う保育料は，自治体と同じ額と決められている．ただし，自治体の経済状況により保護者負担は自治体間でかなり異なっている．また，保育ママ[2]を利用した場合，保育施設に比べて利用料はかなり低い．

デンマーク統計局によれば，2012年時点で保育サービスの利用者数は328,462人，自分の子を育てているものの家を除いた施設数は4,243である（図表2-1）．施設数でみると，公立の占める割合は71.8％，私立（プライベート／営利組織）10.5％，私立（インデペンデント／非営利組織）17.7％，利用者数でみると，公立の占める割合は79.3％，私立（プライベート／営利組織）4.8％，私立（インデペンデント／非営利組織）15.9％である．

私立保育施設（インデペンデント／非営利組織）には，宗教団体によるもの，インターナショナル・スクール，親が経営する親協同組合による保育施設等がある．いずれの私立の保育施設も公立保育施設と同様に自治体から財政援助を受けている．

親が経営する保育施設は，ムスリムの保育施設などエスニシティの違いによるもの，シュタイナーなど特定の教育理念によるものなど，多様な背景がある．また，特定の地域での子どもの減少に対応し，最近では自治体が既存の保育施設の閉鎖を検討しているような場合，その地域に保育施設を残すために親たちが自主的に親協同組合をつくり，保育施設の運営を担い，保育施設を継続させる事例が話題にのぼっている．例えばオーフスでは347の保育施設（afdelinger）のうち，30の親協同組合による保育施設が存在する．また，親が運営する保育施設は，上記のように組合として法人化したものはインデペンデントとしてカウントされている一方，親が子どもを連れて集まるプレイグループを設立したり，養育費をもらい自分の子を養育する例にみられる法人化していない小規模なものはプライベートの施設としてカウントされている．

デンマーク統計局の数値より2007年から2012年の施設数の推移をみると，保育園は361から259へ，幼稚園は2084から1457へ減少しているのに対し，統合型保育施設は2205から2522と増加している．この変化は施設の大型化をあらわしている．

　前記の入所・入園月齢・年齢はおおよその目安にすぎない．例えば，6歳になった8月から多くのこどもは小学0年生といわれる小学校の準備学年に進学する．しかし4歳半から0年生に就学することは可能であり，親は子どもの様子をみて，いつ小学校に進学すべきかを決定することができる．タイミングを遅らせることも，早めることも可能である．むしろ子どもがいつ小学校に進むかは，子どもの養育責任者であり子どもを最も理解している親が決めるべきことと考えられている．

　6ヵ月以上の子どもの保育は保障されているが，保育所の利用は任意である．そのため，保育は有料となっている．複数の保育施設のなかから子どもを通わせたい保育施設を選んだ場合は，入園に多少時間がかかることもある．しかし保育施設を選ばなければ，申請してから入園までさほど時間は要しない．また申請した幼稚園に空きがない場合は，通っていた保育園に数ヵ月の間，空きが出るまで通い続けるというようなこともある．

　このような保育施設では，主にペダゴー（pædagog：社会生活指導員）中心にスタッフが配置されている．ペダゴーは大学で3年半の専門教育を受けた後に取得できる資格である．0〜2歳児についてはスタッフ1人に対し子ども3.3人，3〜5歳児についてはスタッフ1人に対して子ども7.2人である．

　各保育施設（保育園・幼稚園・統合型保育施設）は，5つ程度の同種の施設（afdelinger）から成る保育施設グループ（dagtilbud）に所属し，予算の配分や責任者の配置，スタッフの雇用などは，この保育施設グループ単位で行われている．開園時間はおおよそ6:30〜17:00（金曜は16:00もしくは16:30）であり，土日・祝日，クリスマスと1月1日は閉園している．デンマーク社会では7月が夏期休暇のシーズンでクリスマスから年末にかけてと同様，保育施設に登園する子どもも少ない．29週と30週（7月の第3週，第4週）は，保育施設グループ（dagtilbud）のなかの1つの保育施設（afdelinger）が合同で保育にあたっている．

第Ⅰ部　幼児教育・教育施設における親の会

図表 2-1　保育施設数，利用者数，スタッフ数（2012 年）

	施設等数	利用者数	スタッフ数
保育ママ[注1]	..	51357	15587
公立	..	51275	..
私立（プライベート／営利組織など）	..	82	..
私立（インデペンデント／非営利組織）	..	0	..
保育園	259	10238	3727
公立	147	6663	..
私立（プライベート／営利組織など）	42	724	..
私立（インデペンデント／非営利組織）	70	2851	..
幼稚園	1457	67202	13368
公立	937	47996	..
私立（プライベート／営利組織など）	209	5642	..
私立（インデペンデント／非営利組織）	311	13564	..
統合型保育施設	2522	198690	40049
公立	1961	154522	..
私立（プライベート／営利組織など）	191	8363	..
私立（インデペンデント／非営利組織）	370	35805	..
プレイグループ[注2]	4	83	8
公立	1	5	..
私立（プライベート／営利組織など）	3	78	..
私立（インデペンデント／非営利組織）	0	0	..
私的なプレイグループ	1	15	
私立（プライベート／営利組織など）	1	15	
自分の子の養育[注3]	795	877	..
私立（プライベート／営利組織など）	795	877	..
計[注4]	4243	328462	72739
	(100.0)	(100.0)	
公立	3046	260461	
	(71.8)	(79.3)	
私立（プライベート／営利組織など）	446	15781	
	(10.5)	(4.8)	
私立（インデペンデント／非営利組織）	751	52220	
	(17.7)	(15.9)	

注1：保育ママが自身の子どもも含めて保育する場合は，給与を受け取る一方で自身の子の利用料を支払う．
注2：親が子どもを連れて集う会．出産後に自治体が地域・子の月齢を考慮して母親5名程度を組み合わせて作られるマザー・グループはここには含まれない．
注3：育児休業中ではなくほかに仕事がなく，自治体から養育費を受け取りながら自分の子どもを育てている場合で，利用者とは自分の子どもを指す．したがって養育費をもらって自分の子を育てている場合は私立とみなされる．
注4：施設数計は「自分の子の養育」を除いて計算．
資料：デンマーク統計局　ただし注は筆者による

第 2 章　デンマーク：自主性と制度による親の参画

　デンマークでは公立の保育施設には親評議会（forældreråd）の設置が義務付けられている．当初は 1998 年の社会サービス法（lov om social service）により義務付けられ，現在は 2007 年の保育施設法（dagtilbudsloven）のもとで義務付けられている．親評議会のような法律にも裏付けられた「決定」にかかわる親の参画がある一方で，親の務めとして保育施設の運営に協力しなければならないとされている．親評議会については次節で詳述する．

2　親評議会

　本節ではデンマーク第二の都市オーフスの例をもとに，公立の保育施設における親の参画について解説する[3]．1 つの保育施設は同一地区の複数の，典型的には 4 ～ 8 つの施設（園）からなる（図表2-2）．保育施設は保育施設協議会（Dagtilbudsbestyrelsense）によって運営され，それぞれの園（dagtilbudsafdeling）には親評議会がある．国の"Day Care Act"（§14）によって公立園においては親評議会の設置が，私立園においても親の意見を反映する規定・仕組みを定めることが義務付けられている．親評議会には親とスタッフが参加することが決められているが，評議会の構成，それらの役割（コンピテンシー）については，オーフスの保育施設協議会と親評議会に関する条例（styrelsesvedtægt）において定められている．

　小学校の新学期が始まる 8 月に，保育施設でも新しい子どもが多く入園するため，親の代表（親評議会のメンバー）選挙は 9 月頃に行われる．各園で 5 人の代表をおいており，代表は 2 年任期で，毎年の選挙で任期のきれる 2 人ないし 3 人の代表を入れ替えている．代表が会議に出られない場合を考え，1 年任期の代表代理も 2 人選出される．選出方法は概ね立候補によって決まる．

　親評議会は少なくとも年に 4 回は会合をもたねばならない．親評議会は，保育施設や学校を民主的に運営するための礎石として社会的に位置づけられている．親評議会はそれぞれの園で選挙により選出された親の代表とスタッフの代表からなる．スタッフ代表についても欠席の際の代理がきめられる．園長（教員のリーダー）は投票なしでそのメンバーとなることができるが，親評議会においては議題の作成なども含め事務的な役割として存在している．

第Ⅰ部　幼児教育・教育施設における親の会

図表 2-2　デンマークの保育施設における施設協議会と親評議会

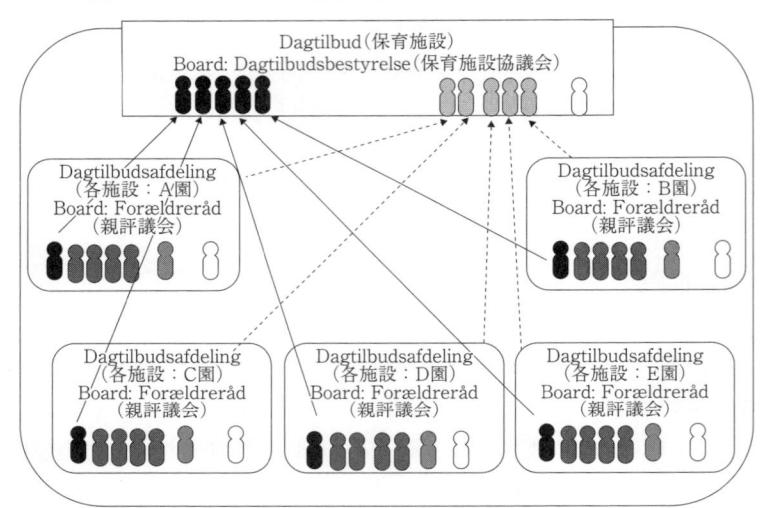

■：親評議員代表、■：親評議員、■：スタッフ代表、■：スタッフ代表、◎：園長もしくは施設長

資料：オーフス市役所へのヒアリングをもとに筆者作成

　親評議会の権限と役割（コンピテンシーとタスク）は，カリキュラム構成やカリキュラムに要するアクティビティ費用・消耗品などの予算の決定，会議やイベントの決定であり，保育施設協議会のパートナーとして協議会に意見することが期待されている．また，日常の園運営におけるスタッフとの協力，カリキュラムや組織のための議論，調整の手助けなどその役割は多岐にわたる．

　例えば親評議会のある会合では，1年のスケジュールとアクティビティ案，園の予算（カリキュラムに要するアクティビティ費用・消耗品などの予算），7月（夏期）の開園時間の変更という当該園に限定された事項の議論に加え，翌日の保育施設協議会の議事次第に沿い協議会への意見の集約がなされている．

　保育施設協議会の会議は，それぞれの園の親評議会の議論を経た上で開催される．各園の親代表のうちの1人が保育施設協議会のメンバーとなる．各園の代表者は10月1日までに選出されなければならない．また，親評議会におけるスタッフ代表とは必ずしも同一ではないスタッフ代表も選ばれる．加えて保育施設長が議題の作成なども含め事務的な役割として存在している[4]．

協議会の権限と役割（コンピテンシーとタスク）は，保育方針（教育）の策定，予算（使用方針の確認，執行する予算の確保，予算使用に関する会計承認），責任者やその他のスタッフの雇用，自治体の担当部署のリーダーとの会合やその場での提言，市議会のガイドラインに沿い保育時間（開園・閉園時刻）・閉園日・業務時間外の保育施設の利用の決定，環境アセスメント，食べ物に関するルールの決定である．協議会は各園の境界を越えて，親，スタッフ，管理者の協調に努めなければならない．

親評議会は基本的には当該園の運営に，保育施設協議会は当該保育施設の運営に寄与するものである．保育施設を超えた連携について調べたところ，親評議会の全国組織はないが，自治体レベルでは親評議会メンバーの連携がみられる．例えばオーフスでは私的な組織ではあるが「親の会（Forældrenævnet，今後ÅFO:Århus Forældreorganisation に名称変更予定）」が存在し，協議会ごとにこの「親の会」の有料メンバーになるかどうかを決めることが出来る．オーフスでは現在（2013年6月），3分の2がメンバーとなっている．

「親の会」では，情報提供（例えば現在議論されている学校改革についての説明会の実施）とともに，所轄官庁への保育施設の管轄官庁に対して意見を述べることができる．また，「親の会」はそれぞれの園の親評議会の会議にメンバーを派遣し，様々な情報を提供し，あるいは情報を互いに交換している．保育，幼児教育，学校教育などの所轄官庁である児童若者（Børn og Unge）部のリーダー（市議会選挙による選出[5]）は，保育施設協議会のリーダーに加え，この「親の会」メンバーとも定期的に会議を行っている．

ここまで親の代表者が保育施設の運営にどのようにかかわっているのかを説明してきた．次に，代表ではない一般の親たちが間接的・直接的にどのように保育施設の運営に参画しているのかを説明する．園において親が集まる会議は，おおよそ年に数回である（図表2-3）．一般の親の集いは，通常，平日のおおよそ19時から21時，子どもと食事をとった後に開催される．子どもは20時前に寝るため，一方の親か祖父母，シッター等が子どもをみていることになる．統計的な数字はないが，集う機会があった場合，参加率は一般に高く8割程度の親が常に参加しているようである．

最初の会議は親代表の選出であり，それ以降の会議では親代表からの親評議

第Ⅰ部　幼児教育・教育施設における親の会

図表 2-3　保育施設における親の会議（エンゴーデン幼稚園）

資料：筆者撮影

会，保育施設協議会での議事内容の説明が簡単になされる程度である．親評議会や「親の会」で配布された一連の資料は，紙で配布されると同時に，ウェブ上からも閲覧することができる[6]．

　親評議会は，会議開催にかかわらず，園児の親からひろく意見を求める．例えば，親は園で会った際や電話などで親代表に意見や疑問点を伝えることは一般的になされており，また，親評議会はお迎えの時間に合わせたお茶の会を園内で行うなど，形式ばった会議ではなく日常生活のなかで意見を交換することが多い．これは親代表に対してだけではなく，園のスタッフに対しても同様で日ごろのコミュニケーションが最も重視される．

　また，特殊な問題については直接投票が行われることもある．例えば2010年の給食導入の可否に対する「お弁当投票」[7]がある．これまでお弁当[8]を持参する慣習にあったデンマークで，政府は全ての子どもに栄養価のある温かい食事を提供するため給食を導入しようと，調理場を全保育施設に設置したが，給食に関する費用は全て親負担となったこともあいまって，親からは反対の意

見が示された．反対の理由は，給食費の負担，親が考える健康的な食事[9]の提供などが挙げられた．この問題はメディアを含めて大きな議論となり，最終的に各園で決定することとなり，園ごとに全ての親による投票が行われた．現在，オーフス内でも園によって給食かお弁当かは異なっている．また，このような全国規模の問題にかかわらず，各園で何かを決める時，しばしば親全員による投票が行われる．

3 親の日常的な参画

デンマークにおける親の参画は，自分たちが選出した代表者が会議に参加し，あるいは直接投票によって保育施設における決定の権利をもつばかりではない．日常の園生活に常に親はかかわりをもつ．発表会などに親が行くことは日本と同様だが，一般に保育参観のような日常生活をみるための会はない．親はスタッフとともに子どもを保育する立場にあるので，園にはいつ行ってもかまわないとされている．

さらに，年に1回行われる園の補修作業日「働く日（Arbejdsdag）」は，土曜日もしくは日曜日に大多数の親が参加し行われるものである．補修工事の内容は，園庭の掃除・改造，砂の入れ替え，ペンキ塗り，草取り，大きな木や枝の伐採などである．その他に11月末には子どもたちの部屋に飾るクリスマスの飾りつけをするために，親と子どもたちが夕方から作業をしたり，食事を持ち寄る夕食会があるなど，保育者，他の親たちと共同で作業をする機会が多い．

園を辞める先生がいれば，親代表が声をかけてお迎えの時間にあわせてお茶会を開いたり，親代表の呼びかけで話し合いの後，卒園児の親たちが，園におもちゃをプレゼントしたり，卒園児やその他の園児のためにアイスクリームやポップコーンを保育時間内にふるまうこともある．このような例は日本でも似たものがあるだろう．先にも述べたが，デンマークで特徴的だと思うのは，園の外で親たちが「お茶をする」のではなく，親評議員の呼びかけにより園内で「お茶をする」機会が多いことである．おおよその時間が決められているだけで，例えば15時～16時とアナウンスされ，その時間内にお迎えに来た順に参加し，適当な時間にそれぞれが帰っていく．その間，スタッフや親代表，ほか

の親たちと子どもたちが遊んでいる姿をみながら会話し議論していくのである.

　デンマークで特徴的だと思われた別の例は，誕生会と日ごろの訪問である．子どもが誕生日を迎えると，親は園に食べ物をもっていって誕生会を開く，あるいは平日の保育時間内に同じクラスの子どもを自宅に招いて誕生会を開くことが慣習となっている．自宅に招く場合，先生が園児たちを誕生日の園児の家に引率し，誕生会が終わると園に連れ帰る．祝う子どもも祝われる子どもどちらにとっても，このような誕生会は格別楽しいものであるようだ．集合住宅の密集している地域と郊外とでは，園内誕生会が多いか自宅誕生会が多いかは異なるが，いずれにしても家族や友人と行う誕生会のほかに，親は園の誕生会を喜んでひらくのである．

　日常の訪問も頻繁である．子ども同士が降園後遊びに行きたいというと，早く迎えに来た方の親がもう一方の親に電話をかけ一緒に自宅へ連れ帰る．もう一方の親は，子どもたちが遊んでいる家に迎えに行き帰宅する．これは15時すぎに，あるいは16時前に親が迎えに行くことが多いデンマークでの働き方と関係深い．当初，延長保育を解消するための仕組みかと考えたが，遊んでいる子どもを親が友人宅へ迎えに行く時間は園の閉園時間とさほど違いはなく，延長保育の代替ではないことは明らかである．保育施設へのヒアリングによれば，保育施設では友情，友人関係を作ることが最も重要なことであり，このような訪問もその一環としてあるとのことである．現在の親世代が子どもの時にはこのような習慣がすでにあったとされており，デンマークの社会に深く根付いているものであろう．

4　日本への示唆

　園児の頃からこのように家を行き来する習慣は，ママ・グループの導入の成功にも影響を及ぼしているかもしれない．ママ・グループは子どもが誕生した母親が5人程度でグループとなり，親睦を深めるというものである（野村 2010）．このような取り組みは日本でも見受けられ，例えば三鷹市の助産師会が行っている「遊びましょうの会」は赤ちゃんと親のスキンシップを第1の目的としているが，月齢や地域などが近い親たちを同じ班に組み合わせることに

より，親同士の交流を深め，孤立した育児を防ぐことに貢献している．日本でみられる取り組みは任意で参加するものであるのに対し，デンマークのママ・グループでは，出産後に比較的家の近い5人程度の母親たちが自動的に組み入れられる．ヒアリングによるとこのグループは週に1回程度会うように指導され，最初は公的な場所で，次第に公的な場所よりも近いそれぞれの自宅に集まるようになる．ほとんどの親はこのグループに参加し，このグループで非常に強い母親同士の絆をつくっている．

　前述した卒園祝い，誕生会，園の補修をする「働く日」，日常の活動や保育方針に関する議論や決定など多岐にわたる親の参画は，親は保育の重要な資源であるとするデンマークの特徴のあらわれである．それを可能にしているのは，コミュニケーション，友情を重視する園時代からの教育にあるだろう．それにもとづく社会は共同市民社会といえ，まちづくりの基盤となるものである（小池・西 2007）．オーフス児童若者部のクリスチャン・ウォルツ（Kristian Würtz）氏とヘニング・モルス（Henning Mols）氏によると，社会システムや伝統が地域コミュニティを作ることに貢献し，社会的・経済的バリアを超えた知識やかかわりがコミュニティを作り上げ，また，生活する私たちがコミュニティに所属している実感を育てるものである．

　保育施設における親の参画，育児を孤立させない取り組み，まちづくり，これらは異なった取り組みではなく共同市民社会の創造という1つの軸をもっている．日本における取り組みも個別の対処ではなく，理念をもった取り組みとならなければ表面的な対処に終わってしまうに違いない．

注
1）保育に関する法令は"Day Care Act"（§14）にまとめられている．
2）保育ママはペダゴーのような資格は必要ないが，自治体による研修を受ける必要がある．日常的に保育ママは他の保育ママとグループで保育することも多く，複数の保育ママが子どもたちを遊ばせている光景は日常的にみられる．また，保育ママたちが集まって公共の施設を使うことができる．グループで保育する場合は，保育ママが休暇や急病の時に普段から活動を共にしている保育ママに担当している子どもを預けることもある．また自治体がそのような場合に備えて代理の保育ママを準備している．
3）オーフス児童若者部へのヒアリングは2013年6月28日に行った．オーフス

に関する情報はこの時点のものである．このヒアリングに際し，当該部局のリーダーのクリスチャン・ウォルツ（Kristian Würtz）氏にお世話になった．とくに事務官のヘニング・モルス（Henning Mols）氏はヒアリング以降も疑問点などに対し何度も説明いただいた．エンゴーデン幼稚園（Børnehaven Enggården）の園長をはじめとしたスタッフ，保護者の皆さんにも，ここに感謝の意を表したい．デンマーク第3の都市オーデンセについては，佐藤（2013）に詳しい．

4）評議会における園長，施設長の役割は，議題の作成と会議の運営にあるが，実質的にどれだけ親の意見を取り入れる会議とするために尽力するかは園長や施設長のパーソナリティに依存している面もないとは言えない．しかし，親が意見を言い，スタッフとともに子どもの保育にあたる機会は必ず開かれている．

5）デンマークの都市部の自治体の行政各部門のトップは選挙で選ばれた議員のなかから決定される．日本語の文献としては佐近（2006）に詳しい．

6）例えばオーフスの場合は共通で使用できるイントラネットが設けられており，親は各保育施設のサイトに入り保育施設のスケジュール，連絡先の修正，アクティビティの参加の有無に関する回答，子どもの写真の印刷等を行うことができる．

7）ヒアリングの際にある親から出た言葉であり，新聞などで用いられる周知された言葉ではない．

8）お弁当はオープンサンドと人参がランチボックスに入っているような簡素なものが多い．多い場合は4食持参することもある．軽食（7時頃から登園している場合8時前），昼食（11時），おやつ（14時），おやつ（16時）である．通常は3食：軽食（8時前），昼食（11時），おやつ（14時）か，2食：昼食（11時），おやつ（14時）である．

9）有機栽培の食材，手作りのパンを持たせたいと考える親など．

参考文献

Aarhus Kommune Børn og Unge（2013）"Organisering af dagtilbudsbestyrelser og forældreråd i Aarhus Kommune"

OECD（2007）Starting strong II : early childhood education and care.（http://www.oecd.org/edu/school/startingstrongiiearlychildhoodeducationandcare.htm　2013年5月31日最終閲覧）

小池直人・西英子（2007）『福祉国家デンマークのまちづくり──共同市民の生活空間』かもがわ出版

佐藤桃子（2013）「保育サービスにおける共同生産の可能性──デンマークの保護者委員会の事例から」『生協総研レポート』第73号：45-54

野村武夫（2010）『「生活大国」デンマークの福祉政策──ウェルビーイングが育

つ条件』ミネルヴァ書房
佐近靖博（2006）「デンマークにおける国と地方の役割分担」財務省総合政策研究所『主要諸外国における国と地方財政役割の状況――北欧諸国編（3分冊の3）』：593-671（http://www.mof.go.jp/pri/research/conference/zk079/zk079_09.pdf　2013年9月15日最終閲覧）

第３章

オランダ：制度化された親参加

太田和敬

1　親の参加の現状

　オランダの保育システムにおける親参加は，異なった方向をもった２つの大きな流れを含んでいる．元来多様な勢力の妥協で政策を決めてきたオランダ社会では，異質性の存在は珍しいことではないが，この２つの潮流は，対立する背景をもっており，保育の世界だけではなく，大きくオランダ社会を変えていく可能性がある．第１の方向は，オランダ社会の伝統的な協調主義的なものであり，親参加を拡大し，保育にかかわる関係者の協同性に依拠して，保育をより満足なものにしていこうという福祉政策の現れである．それに対して，第２の方向は，親や保育士の質的向上を個別に図り，査察を強化する新自由主義的政策である．そこで重視されるのは保育施設の競争であり，親の参加や協同ではない．

　まず，子育てにおけるオランダ人の特徴をみておこう．オランダ人は極めて自立的精神が高いといわれており，それは，他の先進国ではみられない「自宅出産」の多さと，子どもが小さい時には，保育施設ではなく，親自身の手で育てる意識が強いことに現れている．21世紀初頭で30％が自宅での出産を行っており，現在でも10％も残っている．パートタイム労働（正規労働と基本的労働条件は変わらない）が多く，ワークシェアリングが受け入れられた背景の１つは，このような子育て意識があったからである．保育施設を利用する場合でも，週５日全日の形態を利用する例は多くなく，週２日程度の午前か午後，プ

第3章　オランダ：制度化された親参加

レイグループ（peuterspeelzaal）の利用が多いことにもそれは現れている．育児への父親のかかわりも少なくないから，このような状況を，単に保守的な男女分業論と考えるのは適切ではないように思われる．

親の参加のもっとも普通の形態は日々のコンタクトにある．

親が保育に何らかの形で参加することの大きな理由は，子どもをよりよく育てることであろう．保育施設・教育施設に子どもを委ねる時，日常的に行なわれる親の参加意識は，日々の送り迎えの際に，保育士や教師と会話をすることに現れる．また施設の側もそれを奨励している．オランダでは，保育施設はもちろん，基礎学校でも低学年では，親が毎日送り迎えをする[1]．親子のふれあいの場であると同時に，保育や教育，そして子どもについて，保育士や教師と話し合う場でもある．多くの親にとって，保育施設や学校の運営自体にはあまり関心がなく，我が子のことを保育士や教師から聞きたい，要望を直接伝えたいのが本音だろう．そのような時間がほぼ確実にとられていることが，親の参加のもっとも日常的かつ基礎的な形態ともいえる．

シンバ保育園（Simba）の教育政策のページには次のような記述がある[2]．

　みなさんが，子どもを連れて，朝来園したら，コーヒーの用意がしてあります．ご希望なら，教育職員と談話をしたり，もっと詳しい話をすることもできます．お子さんの新しい友達の情報交換をすることもできます．保育の終わりには，グループのボードで，お子さんがいつ眠り，何を飲んだり食べたりしたかを知ることができます．お子さんがどのように過ごされたか，教育職員とあらゆることについて話すことができます[3]．

第2に，保育施設における親委員会（oudercommisie）と学校（オランダでは4歳から入学が可能）における参加協議会の設置である．親委員会は施設運営者・職員・親，参加協議会は学校・親・生徒（中等学校）の代表で構成され，法的に設置が義務づけられており，もっとも基本的な親参加の制度といえる．（詳しくは次節で述べる．）

第3に苦情申し立ての制度である．参加協議会や親委員会での討議によって合意が形成されない場合に，苦情申し立ての制度がある．国に苦情処理委員会

が設置され，その委員会には，生徒あるいは親の代表（ただし苦情申し立てをした生徒・親の所属する学校以外から選出）が入ることになっている．保育施設や学校との相談なしに，いきなり苦情処理委員会に持ち込む事例もあるが，それは生産的ではなく，処理委員会から保育施設や学校の参加協議会で十分論議するように指示されることもある．

2012年の国の苦情処理の報告書（Onderwijsqeschillen 2012）では，2011年は153件，2012年は173年の苦情を受け付けた．しかし，回答に至ったのは，前年の84に対して55と少なくなった．それは処理方法が変わり，親と学校がコンタクトをまだとっていない場合には，仲介するようになったからであるとしている．

報告書に保育に関する苦情は2件報告されているが，ともに継続時間制（continurooster）（3節で説明）に関してである．1つは，継続時間制に移行したのに，昼休み保育の保育料をとられているのはおかしいという親の苦情であり，これは認められている．ほかは，このシステムの導入について混乱があり，導入の告知から実施までの期間が短すぎるという苦情である．確かに，混乱しているなかでは準備が不十分である場合もあったろうが，告知からの期間は6ヵ月あり，不十分であったとはいえないと認定された．

いずれにせよ，2つの苦情とも就学している4歳以上の子どもにかかわることであり，4歳以下の子どもの保育について，苦情処理委員会に持ち込まれるケースは少ないようだ．それは基礎学校は，理念は多様であるとしても，学校の時間はほぼ同じだが，保育施設は，昼間全日，午前あるいは午後のみなど，形態や時間が多様なうえに，自分の要求に合う保育を選択できること，規模が小さいので，日常的な親と保育士の交流が密だからであろう．

第4に，親自身が交代で保育を行なう施設がある．「親参画保育所（Ouder-participatiecrèches）」で，現在はフォーマルな保育施設として位置づけられており，オランダ国内に6つの親参画保育所がある[4]．

歴史的にみても，親が働いているために育児ができない場合，近親に頼んだり（祖母保育），あるいは近所の人に頼んだりしたのが，保育所の始まりである．そして，交替で親が保育そのものに関わる場合もあり，それが現在でも制度的に容認されているわけである．

親参画保育所であるユトレヒトのオアセ（Oase）は，6週から4歳までの子どもを保育する．有給の職員はおらず，保育料が手頃で，質がよい．質は保育法が設定している条件，教育的施策計画，活動計画，子どもの応急措置，VOG（行動に関する宣誓），消防署の管理など満たしているとする[5]．

ここに預けるには，半日5時間を1単位とすると，週4単位預けるために，週1単位保育をすることが親に求められる．ほかに支払うべき保育料は1単位で15ユーロである．ホームページの記述を紹介しよう．

子どもたちのための協同の世話

オアセでは，ほかの親たちと一緒に活動する．そのために，迅速にほかの親や子どもとの絆ができる．保育所は，相互にいろいろな親によって指導される．親は自分の貢献をする．あなたは自分の得意な分野で活動ができ，学びあうことができる．親参画保育所は，単に学ぶだけではなく，子どもの遊び場であり，また，親が，しつけ，睡眠，罰，報酬，学校，水泳などについて，楽しく事実から学ぶ場である．

オアセは，地域内外のプロジェクト，組織，制度とすすんで協同している．

自発的であるが，義務がないことではない

ほかの親は，あなたがその日予定されている仕事について考慮している．例えば教育の仕事やほかのことができるように．親参画保育所は，相互の信頼と親が約束を果たすことで成立している．一緒にやろうという者は誰でも，最初試験期間があり，その後やっていく上で適切か親グループで決定する．

一緒にやっている親全員が，子どもの応急措置の資格をもっており，行動に関する誓いをしていなければならない．子ども・親の受け入れを決めるインテーク委員会がこの過程の間指導する．（http://www.kdv-oase.nl/?page-id=34　2013年8月31日最終閲覧）

しかし，親参画保育所は，第3節で述べるように，フォーマルな保育施設としては廃止されることになっている．

2　親の会

　オランダ社会は19世紀末から，柱社会という独特の社会システムを作り上げ，1960年代まで継続したとされる．柱社会とは，宗教的・社会的理念を軸とした生活圏が形成され，病院・学校・クラブ・組合・メディア・政党などに所属するなかで，同じ理念をもった人たちによる棲み分けが行なわれた社会を意味している．そのなかで，主に政党や労働組合の幹部の協議によって，オランダ社会の合意を形成していく体制ができあがったが，第二次大戦後民主主義的な感覚が定着するなかで，多くの組織や活動が一部のリーダーだけではなく，関係者が代表をだして協議する政治風土が生じた．更に1960年代末から70年代にかけての「青年の反乱」のあと，生徒や学生も学校運営の協議に参加するようになり，その実態にあわせて法制化されるようになった．

　1992年に最初の学校・親・生徒（中等学校）の代表が参加する参加協議会（medezeggenschapraad）の法律が成立し，一度の改訂を経て，2005年に「学校における参加法（Wet medezeggenschap op scholen）」が成立した．2005年に成立した「保育法（Wet kinderopvang en kwaliteitseisen peuterspeelzalen）」でも，親委員会の設置を義務づけ，学校でも保育施設でも，親の発言権が法的に確立したのである．中等学校以上では，生徒の代表も参加するが，基礎学校では，子どもは協議会に参加しないので，12歳までの保育・教育施設では，運営者，親と職員の間での協議となり，基本形態は共通である．

　保育法の親委員会の規定と，参加法の参加協議会の権限を図表3-1にまとめた．

　文部省のホームページでは，参加協議会について以下のように書かれている[6]．

　　各学校あるいは教育施設は，参加協議会，事業協議会，学生協議会をもたなければならない[7]．協議会を通して，親，生徒，職員は学校の政策に影響を及ぼすことができる．学校の計画や合併計画について，協同で決定することができる．

第3章　オランダ：制度化された親参加

図表3-1　参加協議会（学校）と親委員会（保育施設）の権限

参加協議会の権限 （学校）	**同意の権限について** ・学校教育目的の変更 ・教授計画・試験規則，学校の規則の制定・変更 ・学校規則の制定・変更 ・学校への親の支援活動の制定と変更 ・安全・健康・福祉に関する規則の制定と変更 ・職員規則の制定と変更 ・学校の移転や分校，他の学校との合併 **助言の権限について** ・財政政策の制定と変更 ・他の施設との長期的関係をもつ・破棄する・変更すること ・教育プロジェクトへの参加・停止・変更 ・学校の組織に関する政策の制定・変更 ・学校の創立・解散 ・学校運営の内部の仕事の分担についての制定・変更 ・生徒の入学・退学政策の制定・変更 ・休暇の規則 ・サービスセンターの設立 ・学校建築・設備に関すること ・視察者と視察組織の法的遵守項目の制定
親委員会の権限 （保育施設）	a　1.50条1項，1.56条1項が実行される方法 （1.50条1項で規定されていることは，子どもの年齢の分け方，そのグループの人数，保育専門家の資格要件と数で，1.56条1項は職員の責任分担である．） b　一般的状況での食事の問題と，教育，安全，健康の領域に関する一般的な性質と一般的な方針 c　開園時間 d　就学前教育を提供する際の子どもの必要からの遊戯活動と発達活動に関する方針 e　苦情の処理，そして苦情処理を任される人の任命に関する規則の制定と変更 f　保育料の変更

注：学校は「参加協議会法」，保育施設は「保育法」の規定をまとめた．

　　参加協議会は以下の権利をもっている．
・情報の権利：学校運営者は，参加協議会に，適宜，協議会がよく機能するために必要なすべての情報を与えなければならない．
・助言の権利：学校運営者は，参加協議会に，決定するための案を，助言を求めるために提示しなければならない．
・同意の権利：学校運営者が決定する案については，参加協議会が同意しな

けばならない．

　学校の参加協議会の強い権限に対して，保育施設の場合には，上記のことは，親委員会の助言を受けることになっているが，1.60条2項で，十分に合理的な理由がある場合には，その助言を受け入れないことができるとされている．

　では，実際に保育施設における親委員会の活動はどのようなものなのだろうか．サッセンハイムにあるトリアス保育園（Trias）は，全日保育所2園，学童保育所5園をもち，7つの親委員会があり，それぞれ2人の親代表が選出されている．扱っている項目は，保育の質と保育士の数，教育政策，食事の事項，遊びや発達の活動の政策，危険性調査，安全と健康，開園時間，苦情規則の制定と変更，保育料の改編である．

　では親委員会の重要なテーマである教育政策は具体的にどのような内容として把握されているか，シンバ保育園（全日保育2，学童保育3）では，重要な5原則として，親と教育責任を分担する，自信・自尊心・子どもへの尊敬，自律・自立，親密・安心・安全，子どもの発達・発達の問題の注目と情報交換が挙げられている．更に，子どものリズムと感情を十分に考慮し，食事や遊びの共同性，子どもが一人ひとり個性的であることを重視し，親との協同を挙げている[8]．

　こうした法的に決められた参加協議会（学校）あるいは親委員会（保育施設）のほかに，親の懇親会（ouderavond）が開かれる．親の懇親会は年数回夜に行なわれ，親全員が参加する唯一の集会である．保育施設や学校から現状の説明があり，課題について議論したり，更に相互交流することが目的である．

　しかし，保育施設の場合，学校の参加協議会がもっている権限のうち，重要な側面が欠けている．学校については，参加法10条により「a 学校の教育に関する目的の変更・b 教授計画，教育・試験規則そして保護計画などの学校計画の設定あるいは修正」で，参加協議会の同意が必要だが，「保育とプレイグループの質に関する法律7条」では，教育政策計画の文書による容易なアクセス，そして計画には以下の点を含む必要があることのみが，規定されている．

　　a　子どもの情緒的な安定が保護され，個人的・社会的能力の発達の可能性

が保証される方法，規範と価値が子どもに伝達される方法
　b　幹グループと基礎グループの方法，最大サイズと生活時間設計[9]
　c　子どもが幹グループと基礎グループの外で行う遊びの活動
　d　専門家が，他の成人によって活動の際に支えられる方法
　e　子どもが保育を受ける中で，新しい基礎グループと幹グループに対してなじむ方法

　OECDの報告書でも，「施設運営者は，文書による説明を提示するだけで，親の会の進言を聞き入れなくてもよくなった」と紹介している[10]．つまり親と施設運営者が協議して基本的事項を決めていくのではなく，施設側が決めた内容を親が選択する，親にとっての受動的な様式になっているのである．

3　親参加に対する政策的変化

　オランダの政府は，一貫して親の保育に対する参加を奨励し，活発にするような政策をとってきたように一見みえる．しかし，近年の動向はそれと逆行すると思われる例が少なくない．1980年代以降，経済的先進国では，様々な分野で民営化が進み，それまで公的な機関で経営されていた分野が，「市場の論理」によって民間企業に移管されたり，また民間営業が増大してきた．保育の分野もその例外ではなかった．しかし，オランダではこの動向が比較的ゆっくりと進み，直ぐに新自由主義政策が浸透したわけではなかった．
　オランダでは保育施設はいうまでもなく，義務教育学校も選択の自由が既に確固として存在し，機能していたが，それは新自由主義の競争的な「選択の自由」ではなく，「多様な価値」に基づく保育や教育からの選択だった．更に，低い土地による洪水の危機と常に闘う必要があり，そのために合理的思考に裏付けられた協調主義が強く根付いていた．しかし，1990年代になって民営化と市場競争的側面が導入され，次第に拡大してきたが，911以降，オランダ社会の大きな変容の中で，保育・教育の面で市場的な政策が勢いをましてきた．
　その第1の現れは保育手当の親支給とその後の減額である．
　労働力確保の観点から，保育を充実させるために，保育への補助金は次第に

増額されてきた．そして，それは保育施設に対してなされていた．しかし，この補助金政策はいくつかの点で 2005 年に大きく変更された．

　まず，国庫補助を親自身に渡すことに変更した．次に，保育費の負担を親・政府・雇用主の三者で分担することになった．しかし，この変更は政府にとって必ずしも好ましい結果とはならなかった．変更の趣旨は，親が保育施設を選択しやすくし，保育施設を競争させることによって，質の向上を図り，女性の就労を促すことにあった．確かに女性の就労率はあがったが，その多くはパートタイム労働であり，全日保育施設に預けてフルタイム労働をする女性は，今でも少ない．保育施設もプレイグループや保育ママの利用が増えたことは，「質向上」を目指した政府としては不本意な結果だった．2005 年から 2008 年にかけて，全日保育の 55％増に対して，保育ママの保育は 500％増であった．更に政府にとって深刻なことは，親自身が補助金をうけることになって，保育予算が膨大に膨れ上がってしまったことである．2008 年からその検討が始まり，2009 年に方針転換が行なわれる．法改正の提案を説明した文書では，さかんに保育手当の不正受給を批判している[11]．労働時間とかけはなれた保育時間で手当を余分にとっている親が少なくない，管理可能な補助金のあり方が必要だというのである．その結果，親への補助金は収入を基準に金額に差をつけ，一定以上の収入がある場合，補助金を 0 にする方向が公表されている．その結果，保育料を補填する補助金は全体として減額されることになった．図表 3-2 は，親が払うべき保育料への国庫補助の割合の 2012 年から 2013 年への変化を示している．

　この変更は，親の参加意識に影響を及ぼすと考えられる．保育施設や学校に直接補助がなされれば，金銭的感覚なしに，親同士向き合いやすくなると考えられる．補助を受けている親と受けていない親とでは，保育へのかかわり方の意識が異なるだろうから，親の共同性意識は今後弱まっていくことが危惧される．

　第 2 の変化は，親参画保育所の実際的削減と廃止の方向である．

　先に紹介したオアセのような親参画保育所は，2015 年で廃止されることが既に明確になっているが，既に廃止勧告が出されている施設もある．

　2013 年 3 月 29 日に，国会で，ヒネプュケ（hinnepykje）というプレイグルー

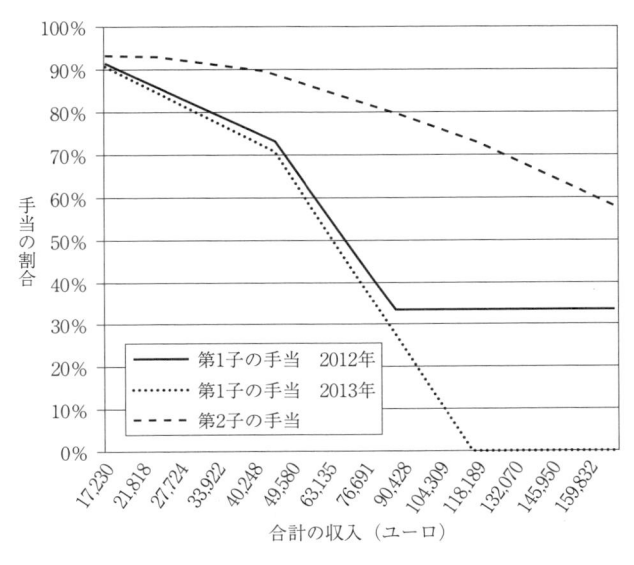

図表 3-2　2012 年と 2013 年以降の手当の割合

資料：Staatsblad van het Koninkrijk der Nederlanden 2012 p473

プが，ボランティアだけで保育をしていると報道されたことについて，質問がなされた．その回答は「保育施設は最低 1 人の有給スタッフを雇用しなければならず，その人件費は国庫補助を受け取ることができるのだから，有給スタッフを雇って存続させるか否かは，保育所や市役所が判断すべきである」というものだった．それに対して，ヒネプュケはホームページで次のような見解を示した[12]．

　スネークのヒネピュケは，スネークで 35 年間知られている．すべての法的条件を満たし，資格のあるボランティアをもち，すべての教育的条件を満たし，60 人もの子どもたちをしっかりした法的基準と教育的条件で，共に活動し，遊び，散歩するために教えているプレイグループである．それも補助金なしである．この保育所は，自身の土地をもち，資格をもったボランティアが活動することで，コストを逓減するために，適宜機会を利用している．そして，閉鎖の威嚇をうけている．

きっと，驚きで口が塞がらない思いでしょう．そんなことがどのようにして起きるのか．補助金もない，コストも低い，法的条件を満たしている，そして，教育に携わる資格をもったボランティアがいる．確かに，奇妙だ．しかし，資格のあるボランティアこそが問題なのだ．法は，ボランティアと資格のある専門家を区別する．ボランティアは，教育的条件をすべては満たす必要がなく，支払いをうけることなく，仕事を自発的意思により決められた枠のなかで行なう．ヒネピュケの専門家は，すべての求められる資格を有しているが，無給のボランティアとして仕事をしている．それが法にあわないということだ．専門家は有給でなければならない[13]．

政府の保育政策の基本が，責任ある事業所の経営と，専門的資格があり，かつ有給の職員が中心となって行う質の高い保育であり，事業主が不明確であったり，有給の専門職員のいない保育施設を，フォーマルな形から外し，補助金をカットする施策を進めているが，親が自発的に保育を交代で行なうことの意義を認め，存続を主張する政党もあり，政策変更の可能性も皆無ではない．

第3に，「継続時間制」の導入による親関与の減少である．

オランダでは，授業を行う時間帯のみが学校の管理責任にあり，昼休みや授業開始前，放課後は，学校が生徒の生活や安全に責任をもつことはなかった[14]．そのために，授業前，昼休み，放課後それぞれの保育が行なわれている．昼は原則的に帰宅して昼食を食べることになっているが，それができない子どもたちのために，親がボランティアで弁当を食べる子どもたちの世話をする習慣があり，それを組織化したものが昼休み保育（tussenschoolse opvang）である．それに対して，管理責任のない昼休みを廃止して，登校から下校まで，帰宅せず学校に留まり，全員学校の管理下で食事をする体制に移行してもよいことになった．それが継続時間制である．従来の時間割だと，例えば8:30〜11:45と13:15〜15:15だったのが，8:00〜14:00に変更されることになる．（学校の設定によって異なる）

メリットとして挙げられているのは
・親の送り迎えが1日4回から2回となり楽である．
・親は昼に子どもの世話以外のことが可能になる．

・急いで，帰宅再登校をしなくてよい．
・働く母親にとって都合がよい．
・子どもはクラスで一緒に食べるので楽しい．
・労働していない母親にとっても自由時間が増える．

それに対してデメリットは
・教師にとって事実上昼休みの時間がなくなる．
・子どもにとって，学校に留まって長くいることが負担となる．
・家での楽しい昼食ができなくなる．
・子どもの自由時間が増えると，放課後の学童保育（Buitenschoolse opvang BSO）の時間が長くなり，料金が高くなるので，働く親の負担が大きくなる．

　昼休みは，多くの場合ボランティアの親が子どもたちの面倒をみていたから，継続時間制の採用は親の参加を減少させることになる．
　継続時間制の採用は，参加協議会での事項になるが，それをふまえて学校がその選択をする．全体として継続時間帯の学校が増えているが，それは多くの親が歓迎しているからである．

4　日本への示唆

　オランダは多様性を含み，それを許容する社会であるが，また人権を守るために厳しい措置がとられる社会でもある．参加に直接関係してはいないが，保育をめぐる別の新しい動向も生まれている．まず，保育にかかわる2つの実験がある．1つは，難民申請者の子どもを保育する実験である．難民申請者は居住を制限され，一般市民の生活を送ることができないため，幼児が保育施設での保育を受けることができなかった．そのため申請が認められても，子どものオランダ語能力やオランダ的価値観の修得において著しい不利があった．そうした不利を回避するために，一部保育施設で受け入れる実験である．もう1つの実験は，2014年から開始される「教育と保育の統合」である．
　オランダでは，ピラミッドという0歳から7歳までの子どもを対象とした教

育と試験のプログラムが，CITO という試験機関によって普及活動が行われており，家庭・保育施設・学校で実践されている．試験による検証システムもある．安全な保育を実現するために，犯罪経歴を参照するデータベースの利用も 2013 年から新たな段階に入った．

親の参加に関しても，2 つの対立する方向性がある．こうした変化の激しいオランダの保育における親参加からみえてくるものはなにか．

一般的に保育は，働く母親の立場を守るために発想されることが多いが，更に女性を労働市場に参加させる目的で，拡大が政策的に進められる．しかし，オランダでは，この政策は政府の思惑ほどには進んでいない．それこそがオランダの保育参加について考えるべき課題だろう．子育てを基本的に親の仕事と考え，親の労働保障のために保育施設に委託しきるのではなく，親の労働と施設における保育，そして親自身が育児・保育にかかわることの間のバランスのとれたあり方を追求している人たちが少なくないことの意味である．また保育と教育の質的統合をめざす試みも注目に値する．保育における親の参加は，単に親の意思を反映させるためのものではなく，親自身が保育そのものにかかわることの手段でもあった．オランダ社会は決して一枚岩ではなく，親の参加をめぐっても対立した動向があり，否定的に考える人たちもいた．だからこそ，日本で何が必要なのかを考える素材を与えてくれるのではないだろうか．

注
1) オランダの義務教育は，5〜12 歳の基礎学校とそれ以降の中等学校（3 つの類型にわかれる）の 16 歳までである．基礎学校の最初の 2 年間は幼稚園教育に相当し，4 歳から適宜入学可能である．保育は 0〜4 歳の全日・半日，4 歳以上は就学するので，授業開始前・昼休み・放課後の種類がある．
2) モンスターやプルデイクに 5 つの保育施設をもつ．
3) http://www.kdvsimba.nl/pedagogisch_beleid.html．（2013 年 8 月 31 日最終閲覧）．
4) De Minister van Sociale Zaken end Werkgelegenheid 'Betreft Rapportage ouderparticapatiekinderdagverblijven'（2011 年 6 月 30 日）による．いずれもユトレヒトにある．
5) http://www.kdv-oase.nl/?page_id=34（2013 年 8 月 31 日最終閲覧）．
6) 正式名称は Ministerie van Onderwijs, Cultuur en Wetenschap（教育文化学問省）であるが，ここでは文部省と訳す．

7）事業協議会は運営者，学生協議会は学生・生徒による協議会である．学校における親協議会は必須とはされていない．
8）http://www.kdvsimba.nl/pedagogisch_beleid.html（2013年8月31日最終閲覧）．
9）幹グループは全日保育，基礎グループは学童保育でのグループのこと．
10）OECD（2006:444）
11）Wiziging van de Wet kinderopvang in verband met een herziening van he stelse van gastouderopvan 2009 p16
12）Beantwoording kamervragen over sluiting peuterspeelzales http://www.rijksoverheid.nl/onderwerpen/kinderopvang/documenten-en-publicaties/kamerstukken/2013/04/22/beantwoording-kamervragen-over-sluiting-peuterspeelzalen.html（2013年8月31日最終閲覧）．
13）http://www.grootsneek.nl/74844/gaat-hinnepykje-sneek-aan-starre-wetgeving-ten-onder/（2013年8月31日最終閲覧）．
14）ただし，現在では昼休みも含めて，学童保育が開かれることに対して，学校に責任を課している．

参考文献

松浦真理（2011）「オランダの幼児教育・保育におけるプレイグループの役割」『京都華頂大学・華頂短期大学紀要』56号

松浦真理（2012）「オランダ問題の内実——子育ての伝統と女性の就労促進」『白梅子ども学叢書』白梅子ども学研究所

水島治郎（2012）『反転する福祉国家 オランダモデルの光と影』岩波書店

OECD（2006）*Starting Strong II: Early Childhood Education and Care* =（2011）星三和子・首藤美香子・大和洋子・一見真理子訳『OECD保育白書——人生の始まりこそ力強く：乳幼児期の教育とケア（ECEC）の国際比較』明石書店

OECD（2012）*Stating Strong III: A Quality Toolbox for Early Childhood Education and Care*

Onderwijsgechillen（2012）Jaarverslag 2012 Landelijke Klachtencommissi Onderwijs

岡田正章・川野辺敏監修（1983）『世界の幼児教育6 オランダ・イタリア・スペイン』日本らいぶらり

白井常（1984）『世界の幼児教育/幼稚園・保育園・保育所シリーズ7 オランダ・スウェーデン』丸善メイツ

第4章

イギリス：新しい公共管理としての親参加

池本美香

1 幼児教育・保育における親の参画の現状

1.1 イギリスの幼児教育・保育政策の概要

　イギリスでは近年，主に子どもの貧困対策の観点から，母親の就業率向上が図られ，そのなかで保育所の整備が進められてきた．1990年代の10年間で，保育所の定員は10万人から30万人に3倍以上に増加したとされる．

　保育は，民間によって提供されない場合に限って，自治体が提供することになっているため，2011年には，フルタイムの施設（17,600ヵ所）のうち公立（maintained）は8％で，個人や株式会社などのビジネスとしての提供（private）が61％，教会・慈善団体・委員会などの非営利組織によるもの（Voluntary）が31％となっている（DfE 2013a）．一方，半日の施設（7,900ヵ所）では，公立が6％，ビジネスが34％，非営利が60％と非営利の割合が高い．

　イギリスも日本同様，以前は教育系のサービスと福祉系のサービスで政府の所管が分かれていたが，1998年に保育所の所管省庁を社会保障省から教育雇用省に移すことで所管が一元化された．2001年からは教育技能省，2007年からは子ども・学校・家族省，2010年からは教育省が所管している．

　教育機関として位置付けられたことにより，すべての幼児教育・保育施設は，学校と同じように，国の学校監査機関（Ofsted）の監査を受けることとなり，監査レポートがホームページで閲覧可能となっている．また，国レベルで職員の配置や面積などの基準が定められていることに加え，幼児教育・保育内容に

関しても，すべての施設に共通の指針（Statutory Framework for the Early Years Foundation Stage）が 2008 年に定められた．イギリスは義務教育開始が 5 歳と，日本より一年早いため，幼児教育・保育指針の対象年齢は 0〜4 歳である．

幼児教育・保育の問題としては，保育料が高いことが指摘されており，1997 年からは幼児教育の無償化も進められている．イングランドの 3, 4 歳児は週 15 時間，年間 38 週まで無償で幼児教育・保育を受けることができ，さらに低所得家庭などの一定の条件のもとで 2 歳児も無償化の対象となっている．

1.2 親の参加に関する政策レベルでの議論

このようにイギリスでは，保育の量的拡大を民間に頼るかたちで進める一方で，教育省での所管一元化や，すべての施設・サービスが目指すべき幼児教育・保育指針の策定，すべての施設に対する国レベルでの監査制度など，保育の質に対して，政府が高い関心を寄せている．これは，当初より，母親の就業率を上げること自体が保育の目的ではなく，母親の失業にともなう貧困が，子どもの成長・発達に大きなマイナスになるという考え方があり，保育が子どもの視点から考えられてきたという経緯がある．

政府は 2003 年に，「すべての子どもが大事」（Every Child Matters）という方針（グリーンペーパー）を発表し，2004 年には子ども法（Children Act 2004）が成立した．2004 年には今後 10 年間の保育計画（Choice for parents, the best start for children: A ten-year strategy for childcare）が発表され，幼児教育・保育に加えて，親や地域住民へのサービスも提供する子どもセンター（Children's Centre）を 2008 年までに 2,500 ヵ所，2010 年までに 3,500 ヵ所に増やす目標が掲げられた．2005 年には，子どもの権利の保護・促進に向け，行政を監視する役割をもつ独立機関（The Children's Commissioner for England），いわゆる子どもオンブズマンも設置されている．2007 年には「イングランドを，子どもたちが育つ上で，世界で最良の場所にする」ための 10 年にわたる「子ども計画」（the Children's Plan）が策定された．

こうした流れのなかで，親の参加に関しては，2007 年に「すべての親が大事」という方針が教育雇用省から発表されている（DfES 2007）．ここでは，親

の状況が，母親の就業の増加やひとり親家庭の急増など大きく変化していることをふまえた上で，親たちが子どもの成長発達に力を発揮できるようにするために，政府は何をすべきかが検討されている．このなかで，第1に，政府は親が教育者としての役割を発揮できるように，支援するという考え方，第2に，子どもに関するサービスに対して，親がより影響を及ぼすことができるようにする方針が示されている．

1.3 「教育者としての親」に対する支援

「すべての親が大事」では，親が教育者としての役割を発揮できるようにするための支援として，6〜9ヵ月，18ヵ月，3歳の子どもに本を送るブックスタートの予算を確保することや，父親が子どもの教育に力を発揮できるような方策の検討，幼児教育・保育施設が親の力を引き出すことができるようにするための研修などが取り上げられている．研修は，保育者が親と対等な協力関係が築けているか，施設内に親がゆっくり過ごせるような場所が確保されているか，家庭訪問を行っているかなど，保育者や自治体が振り返ることにより，親と保育者が効果的な協力関係を持てる文化を築いていくことが目指されている (Wheeler and Connor 2006)．

2008年に策定された幼児教育・保育指針（Statutory Framework for the Early Years Foundation Stage）の1.16では，子どもにとって親や家庭が非常に重要であり，保育者が親と情報を共有し，家庭での学びを促すために情報提供することの必要性などが挙げられており，2012年に改訂された指針でも，4つの理念の1つとして，保育者と親のパートナーシップ（partnership working between practitioners and with parents and/or carers）が挙げられている．

また，子どもセンターの運営基準（DfE 2013b）では，目的として，①子どもの発達と学校への準備，②親としての意欲向上と必要な技術の獲得，③子どもと家族の健康と人生の可能性を高めることを挙げており，教育者としての親に対する働きかけが重視されている．

2011年には，乳幼児のいる家庭をどのように支援するかに関する政府の方針を示す文書（DfE 2011）も出されており，そのなかで「母親と父親は子どもにとって最初の，そして最も重要な教育者である」（パラグラフ74）との観点

から，親が教育者としての力を発揮できるようにするための様々な支援策が挙げられている．

1.4　施設運営への親の参加

幼児教育・保育施設においては，施設運営に親の意向を反映させる組織の設置は，3～5歳を対象に自治体が設置する公立幼稚園（maintained nursery school）と子どもセンターには義務付けられているが，その他大半の施設には義務付けられていない．ただし，非営利の幼児教育・保育施設では，運営委員会や評議員に親が参加することが多いとされる[1]．公立幼稚園，子どもセンターにおける親の会については，第2節で詳述する．

1.5　親が所有・運営する幼児教育・保育施設

イギリスには親を中心とする委員会が運営している（committee run）非営利の幼児教育・保育施設が存在するが，その数については統計で把握することができない．イングランドでは，委員会によって運営される場合も，すべての施設は一定の基準を満たし，国の監査を受ける必要があるため，委員会のメンバーにはどのような法的な責任があるかなどについてまとめた資料（*Committee-run registered childcare*, 2013）が国の監査機関（Ofsted）から発行されており，一部の自治体では委員会運営のためのマニュアルも発行されている（Action in rural Sussex, *The Childcare Committee Support Pack*, 2009）．

そのほか，親が所有・運営する保育施設としては，協同組合方式の施設も存在する．協同組合方式とは，組合員が施設を所有し，組合員に運営に関する同等の発言権がある運営方式で，協同組合の全国事業者団体（Co-operatives UK）の2005年の調査によれば，イギリスには協同組合方式の保育施設が80近くあったことが確認されているが，正確な数は把握できていない（Reed and Stanley 2005）．協同組合方式の幼児教育・保育施設については，第3節で詳述する．

また，イギリスでは，1960年ごろから，幼児教育・保育施設の不足を背景に，親たちが自ら施設を作り運営する動きが全国に広がっていった．こうした施設はプレイグループ（playgroup）と呼ばれ，1962年には150人が集まってプレ

イグループ協会（Association of Pre-school Playgroups）が結成された．プレイグループ運動の経緯についても，第3節で詳述する．

1.6 その他の親の参画

そのほか，幼児教育・保育施設への親の参画としては，①ボランティアとしての参加，②親の苦情への積極的な対応，③国や地域の保育計画づくりへの親の参画などがある．

①については，幼児教育・保育施設で，親が参加できるボランティアの機会を増やそうという動きがある．これは，施設のためというよりは，親がボランティアをきっかけに，技術や自信をつけ，就労へとつなげることを目指す取り組みである．このため，ボランティアは長期にわたる，就労訓練につながるようなプログラムが意識されている[2]．

②については，公立幼稚園では2003年より，苦情の処理方法に関する文書を作成し，その文書を公表しなければならないこととなっている（School Complaints Procedure 2011）．そのほかの幼児教育・保育施設については，親が施設に不満や不安が生じた際に，どのように対処すべきかを説明した文書（Information for parents about Ofsted's role in regulating childcare）が，国の学校監査機関から出されている．その文書では，監査といっても全施設を毎日見ているわけではないので，日常的に施設を見ている親が気になることがあれば，まずは直接施設と話し合うことが重要だとし，それでも解決しない場合には，監査機関に直接電話や手紙で知らせることを推奨している．

③については，インターネット上で，国が検討中の保育政策について，親の意見を収集するために，親が回答できるような調査が設定されている[3]．また，自治体レベルでも，自治体が提供する保育施設に対する満足度調査に，親がネット上で回答できるようになっているところもあり[4]，その結果をリーフレットにして親にフィードバックしている自治体もある[5]．

2 幼児教育・保育施設における親の会

2.1 公立幼稚園

まず，イギリスではすべての公立学校に，親がメンバーとして参加する学校理事会（School Governing Body）の設置が義務付けられており，親の意向が学校運営に反映される仕組みとなっている．さらに，2007年からは学校理事会に，すべての親の意見を聞くことが義務付けられ，そのために各学校に親の会（Parent Council）の設置を推奨している．親の会の設置に関しては，具体的にどうやって立ち上げ，運営するかのマニュアルも政府から発行されている（DCSF 2007）．こうした学校理事会の制度が，幼児教育施設にも一部適用され，公立幼稚園（maintained nursery school）には，2003年から学校理事会の設置が義務付けられている．

公立幼稚園は，数としては423（2011年）と限られているが，設置が義務付けられている学校理事会については，規模は9人から20人で，親，職員，自治体，地域のメンバーで構成されることとなっており，そのうち親が3分の1以上を占めることが求められた（Statutory Guidance on the School Governance (Constitution) (England) Regulations 2007）．学校理事会については，制度改正が行われ，2012年9月以降はメンバーの人数や構成が変更になり，理事会の最低人数は7人，公立幼稚園については，親理事は少なくとも2人とされている（Statutory Guidance on the School Governance (Constitution) (England) Regulations 2012）．親理事は，原則として親の間から選挙で選ばれることとなっているが，立候補者がいない場合などには学校理事会が指名することができる．

学校理事会は，教育課程（カリキュラム），教職員の任用，学校予算の運用に関する意思決定機関である．学校理事の仕事は学期に10〜15時間程度とされ，雇用主は親として理事をやっている従業員に対して，原則として理事の活動のための休暇を認めなければならないとされている．ただし，事業主に給与を支払う義務はないため，有給休暇とならない場合もある．学校理事はイギリスで30万人以上が活動しており，最大のボランティアグループとされ，学校理事

の全国組織（National Governors' Association）も存在する．理事に空きのある学校のために理事を探したり，理事希望者を適切な学校につなぐなどの活動を行う組織（SGOSS）もあり，この組織を通じて3年間で10,000人が学校理事になっている．

なお，スコットランドに限っては，学校理事会ではなく，1988年より親の参加促進の観点から，すべての学校に学校評議員会（school boards）が導入され（School Boards Act 1988），選挙で選ばれた親と職員と，地域の人などから構成されていたが，2006年には学校評議員会に代わって，親フォーラム（parent forum）と親評議会（parent council）が置かれることとなった（Scottish Schools (Parental Involvement) Act 2006）．この改革の目的は，学校運営への親の参加を一層進めることにあり，親は自動的に子どもが入学した学校の親フォーラムのメンバーとなり，親の意見を代表する親評議会のメンバーを選出するしくみである．学校や自治体には，この親評議会の意見を聞き，適切な対応をすることが義務付けられている．

イギリスでは，幼稚園を含む学校においてPTA（Parent Teacher Associations）の活動も広く行われているが[6]，PTAは学校理事会と異なり，学校運営に親の意向を反映させる機能はない．活動の中心は寄付金集めであるが，寄付金集めはクリスマス会，夏祭り，花火大会，制服販売，ディスコ，国際交流会など，様々なイベントの開催を通じて行われるため，PTAは親が楽しみ交流を深める活動ともなっている．集まった寄付金は，コンピューター，校庭の遊具，小型バスなどの備品購入などに使われる．一般的に親は，入学と同時に自動的にPTAの会員となり，毎年役員とクラス代表を決めて，活動を行っている[7]．

2.2 子どもセンター

子どもセンターには，アドバイザリー・ボードの設置が義務付けられている（DfE 2013b）．アドバイザリー・ボードは，学校理事会のような決定権はないが，その目的は，親の意向を反映し，運営の改善につなげることにあり，アドバイザリー・ボードのメンバーは，施設，自治体，その地域の親とこれから親になる人を代表することが求められている．そのほか，保健サービス，職業紹介，

子どもセンターのスタッフ，宗教関連団体，保育サービスなどの関連団体もメンバーとなるべきとされ，さらに発言のチャンスのない厳しい状況にあるグループの声を反映するために，親のフォーラム（Parent's Forum）の活用なども示されている．多くの子どもセンターには親のフォーラムがあり，より多くの親の意見が把握できるようになっている．

アドバイザリー・ボードの議長は，親もしくは地域住民であることが期待されている．子どもセンターのリーダーが議長を務めるのは，可能な限り避けるべきとされ，親や地域住民がアドバイザリー・ボードのメンバーとしての役割を果たせるように，自治体やセンター運営者が支援すべきとされている．

子どもセンターについては，親やコミュニティの関与をどう促進するかといった文書も，別途教育省から発表されている（DfE 2012）．このなかで，政府はより親や地域住民の意向を子どもセンターの運営に反映させ，地域の中心（hub）となることを期待している．例えば，高齢者のグループの利用を促進することや，地域住民の学習の機会を増やすこと，より高い年齢の子どもたちにもサービスを提供することなどの展開も可能だとしている．親の関与の方法としては，先に挙げたアドバイザリー・ボードや親のフォーラムのほか，ボランティアとしての参加も推奨されている．87％の子どもセンターがボランティアを活用しているとの調査結果もあり，運営に対して意見を出すだけでなく，親自らが運営に参加することも推奨されている．

さらに政府は，親や地域住民に子どもセンターの運営を任せる方向も模索しており，親と子どもセンターのスタッフによって，協同組合，社会的企業，公共サービス組合（public service mutual）を作って運営することも期待している．この背景には，政府の公共サービスに関する改革がある．2011 年に公共サービスの運営について住民の意向を反映し，サービスの改善を目指す方針が打ち出され（Minister for Government Policy 2011），そのなかでコミュニティによる所有（community ownership），近隣による管理（neighbourhood control）という考え方が示されており，その対象の 1 つに子どもセンターが含まれている．このように，政府が子どもセンターにおける親の参加を促進しようとしている背景には，公的財源を有効に使うことが求められるなかで，公共サービスの運営に利用者の意向を反映させようとする動きがあり，これは子どもセンター以外

にも，コミュニティセンターや図書館など，様々な公共サービスを対象に検討されている．

組合方式の子どもセンターとしては，地域の親と職員が，少額（£1）の会費を払って会員となり，選挙で運営委員会のメンバーを選出して運営している例がある（Millmead Children's Centre）．会費を払うことや，選挙に参加することを通じて，地域の親と職員にセンターを所有しているという意識が生まれ，ボランティアの活動も活発で，学校監査機関（Ofsted）の評価も 19 の項目すべてで非常に優れているとされている．

子どもセンターの多くは学校敷地内にあり，その約 4 分の 1 は，親をメンバーに含む学校理事会によって運営されている．それ以外は，自治体によって運営されているが，一部（2 割弱）は非営利組織によって運営されている．

3　親が設置・運営する幼児教育・保育施設

3.1　協同組合方式の幼児教育・保育施設

親が設置・運営する幼児教育・保育施設には，協同組合方式のものがあるが，イギリスの協同組合方式の施設では，職員が所有するものと，親，職員，地域の代表などの多様な主体によって所有されているものが多く（Co-operative UK 2008），そのほか個人で保育所を運営している人が協同組合を組織するもの，利益を組合員で分配する営利を目的とする生活協同組合があり，親が所有する施設以外のものも多くなっている．

イギリス政府は，これらの協同組合方式の保育施設を増やすための研究に対して，補助を行った経緯がある．2007 年までの 2 年間にわたる助成研究では，協同組合の事業者団体（Co-operative UK）が中心となって，協同組合保育プロジェクト（Co-operative Childcare project）として，多くの協同組合方式の保育施設の実態調査が行われ，新たな施設の立ち上げ支援なども行われた．この協同組合保育プロジェクトのリーフレット[8]によれば，その対象は乳幼児の保育施設以外に，学童保育，自主保育のグループ，家庭的保育者など幅広く想定されており，そのメリットとして①親や子どもの多様で変化するニーズに合った施設が得やすいこと（availability），②経営が安定していることや，親の参画

が多いことなどから，保育の質が高いこと（quality），③職員の満足度が高く，離職率が低いため，新規採用や訓練のコストが抑えられていること（staff turnover），④株主に配当する営利企業の施設や，利益を出せない公立施設に対して，利益を保育に再投資するため，公的投資の効果が高いこと（costs）の4つが挙げられている．そして，事業計画づくり，法律関係，マーケティング，資金計画などについての相談も，この協同組合保育プロジェクトによって行われた．

職員の協同組合方式でスタートした施設が，その後親も含む多様な主体による協同組合の運営になった施設の事例では（Sheffield Children's Centre），職員の離職率が低いこと，民主的に運営されていること，親の参画が進んでいることなどが指摘されている．イギリスでは，保育者の離職率が高いことが問題視されており，この点，協同組合には，保育者が自ら施設を所有し，運営について発言権を持つことで，労働環境に対して満足度が高いというメリットがあるとされている．一方，協同組合のデメリットとしては，株式会社のように外部から資金を調達することについて，自分たちで民主的に運営するという協同組合の考え方に反するため，消極的であり，事業の拡大が困難であると指摘されている．また，小規模なものが多く，スケールメリットが働かないとの指摘もある．こうした協同組合方式が持つデメリットについては，協同組合の資金調達に関する研究プロジェクトが行われたり，協同組合の原則を変えずにスケールメリットを出す方策などが検討されている（Reed and Stanley 2005）．

最近の動きとしては，生活協同組合が運営する保育施設が，施設数を増やしているという動きもある．コーポラティブ・チャイルドケア（Co-operative Childcare）は，ミッドカウンティ（Midcounties）協同組合の一組織として，幼児教育・保育施設を展開しているが，この施設は協同組合の一環として，施設は親を含む会員によって所有されており，役員は会員から選挙で選ばれ，利益は事業への再投資と会員への配当というかたちで処分される．2004年には6施設であったが，2013年には50施設に増え，イギリスの保育チェーンのなかで6番目に大きい組織に成長している．ミッドカウンティ協同組合は，保育のほかに，食料品，薬局，旅行，葬祭，エネルギーなどの事業を展開しており，イギリスで2番目に大きい協同組合である．

3.2 プレイグループ運動

プレイグループ運動[9]は，1961年に小さい子どものいる母親が新聞（*The Guardian*）に投稿したことをきっかけにスタートした．投稿は，小学校就学前の子どものための施設がないため，自分で立ち上げたという内容であり，これに対して同じように思っていた母親たちから1週間で100通以上の反響があり，1962年には全国から150人が集まってプレイグループ協会（Association of Pre-school Playgroups）が結成された．協会設立の目的は2つあり，1つは，施設を立ち上げる人たちが情報交換してお互い支え合うことであり，もう1つは公立の施設を増やすことに対する要望であった．1966年には会員が1,500グループに増え，1967年には政府の補助が開始される．1974年には会員が9,000グループ，40,000人の子どもを抱えることになり，1982年には会員が15,000グループとなり，協会は450の支所を持つ大組織となる．1973年にはスコットランド，1975年には北アイルランド，1987年にはウェールズの地域協会が，それぞれ組織として独立していった．

プレイグループは，子どもが他の子どもと出会い，学ぶ場として，公立施設の不足を背景に，親たちが自ら場所を探し，保育者を雇い，資金集めをして，当番で保育の手伝いをするなどのかたちで広がっていった．プレイグループが子どもの教育に果たしている役割を強調するねらいから，1995年には協会の名称がプリスクール・ラーニング・アライアンス（Pre-school Learning Alliance）に変わり，90年代には多くのプレイグループが自らをプリスクール（pre-school）と呼ぶようになっていった．1997年に導入された保育バウチャーにより，学校が安いサービスを提供するようになった際には，多くのプレイグループが閉鎖されたが，2011年に全国組織は50周年を迎え，会員数は14,000施設，800,000人の子どもを抱える大きな組織となっている．

このように親たちがプレイグループを作る運動が全国に広がっていった背景には，女性の大学進学率が低く，就業継続も困難であったため，能力の高い女性が地域に多くいたことや，法制度が十分に整備されていなかったため，施設を借りたり資金集めをしたりすることが，今よりも面倒でなかったということなどが指摘されている．今では女性が高い学歴を持ち，高い収入を得られる仕事に就くことができ，補助金を得れば会計について詳細に記録をしなければな

らないなどの手間も増えている．全国組織も，巨大化することで官僚的になり，一方で女性が仕事に就くようになって，ボランティアのスタッフを確保することが困難になり，80年代には会計担当者の不正流用により80,000ポンドの赤字になったこともある．運動当初の全国組織は，お互いに助け合う，インフォーマルな信頼に基づくネットワークであったが，その後は各組織の役割が明確化され，組織間のつながりが弱くなり，情報の共有も困難になっていった．

　これまで多くの母親たちがこの運動に参加してきた背景には，そこでの人間関係が楽しく幸せな時間であったことと，参加を通じて親に様々な技術が身に付いたことが指摘されている．プレイグループの活動を通じて身に付いたものとしては，コミュニケーション能力，人々を管理する能力，委員会の進め方，交渉，小さい子どもへの対応，資金集め，緊急時の対応などが挙げられている（Henderson 2011）．これについても，プレイグループがプリスクールと称するようになったことなど，遊びや楽しみを大切にする雰囲気が弱まっていることや，職員の資格を重視する傾向が強まるなかで，親が様々なことにチャレンジして技術を身に着けていくことも困難な状況になっている．プレイグループ運動は，当初から，各地で活動している親たちをつなげていくための機関紙（Contact）を会員に発行していたが，現在では廃止され，一般の親向けの機関紙（Under 5）に統合されている．親たちが自発的に自由につながりながら，試行錯誤しながら地域をベースに保育施設を展開してきたプレイグループ運動は，資格や基準を重視する管理主義的な全国組織に変わってしまったとの指摘もある（Hederson 2011）．

4　日本への示唆

　イギリスの幼児教育・保育政策においては，近年，親の参加を重視する動きが活発化している．親の参加には，大きく2つの方向があり，第1の方向は，子どもの教育への親の関与を促進することで，教育効果を高めることであり，第2の方向は，施設の運営に親および地域住民の意見を反映させることで，限られた財源の下で地域住民のニーズにあったサービスを提供することである．

　一方，日本においては，近年，地域における母子の孤立などに対する子育て

支援の必要性は指摘されているが，イギリスのように，幼児教育・保育施設における教育効果や施設運営の財政的な効果をねらって，親の参加を進めることは，政策上議論となっていない．

イギリスでは，職員や親が運営に参画する協同組合方式には，画一的なサービスが増え，地域のニーズが十分に反映されていない現状において，大きな可能性があるとしている．それにもかかわらず，協同組合方式が広がっていないのは，自治体が公共サービスの運営主体として，慈善団体と営利企業以外の選択肢が思いつかないことや，協同組合による保育施設の立ち上げや運営をサポートする機関がないことが指摘され（Reed and Stanley 2005），その後，政府は協同組合方式の保育に関する研究プロジェクトに予算をつけて，その可能性について検討を行っている．

イギリスの幼児教育・保育における親の参加は，教育の生産性向上や財政的な投資効果の最大化といった政策課題に対して，政府が注目するようになったものであり，同じ政策課題を持つ日本にとっても参考にすべき動きといえよう．

注

1）http://www.daycaretrust.org.uk/pages/parents-as-partners-in-childcare.html（2014年4月21日最終閲覧）．
2）保育問題について発言する団体が親向けに発行するニュースでは，保育施設でのボランティアがテーマとなっており，産後うつ病で悩んでいたひとり親の母親が，施設でのボランティアプログラムをきっかけに，給付に頼らず，収入を得て生活できるようになった事例などが紹介されている（Daycare Trust, *Childwise Issue* 47 "Your childcare, get involved!"）．
3）以下の政府のサイトでは，保育政策に関する政府案の文書が掲載され，それに対して親の意見を集めるための回答画面に進むことができる．https://www.gov.uk/government/consultations/tax-free-childcare（2014年8月31日最終閲覧）．
4）http://www.keysurvey.co.uk/votingmodule/s180/survey/323548/144e/（2014年4月21日最終閲覧）など．
5）http://www.leics.gov.uk/north_west_childrens_centre_satisfaction_dl_leaflet.pdf（2014年4月21日最終閲覧）など．
6）幼稚園の設置率は不明だが，小学校の83％にPTAがあるとする調査がある（http://www.nfer.ac.uk/nfer/publications/ASO01/ASO01part9.pdf　2014年4月19日最終閲覧）．

7) http://www.bbc.co.uk/schools/parents/parent_teacher_association/（2014年4月19日最終閲覧）.
8) http://www.uk.coop/document/co-operative-childcare-leaflet（2014年4月21日最終閲覧）.
9) プレイグループ運動については，http://www.playgroupmovement.org.uk/（2014年4月21日最終閲覧）や https://www.pre-school.org.uk/（2014年4月21日最終閲覧）で紹介されているほか，Henderson（2011）で詳しく論じられている．

参考文献

Department for Children, Schools and Families（DCSF）(2007) *Setting up a Parent Council*
Department for Education and Skills（DfES）(2007) *Every Parent Matters*
Department for Education（DfE）(2011) *Supporting Families in the Foundation Years*
Department for Education（DfE）(2012) *Increasing Parental and Community Involvement in Sure Start Children's Centres*
Department for Education（DfE）(2013a) *Childcare and Early Years Providers Survey 2011*
Department for Education（DfE）(2013b) *Sure Start Children's Centres Statutory Guidance*
Henderson, A.（2011）*Insights from the Playgroup Movement*, Trentham Books, UK
Minister for Government Policy（2011）*Open Public Services White Paper*
Co-operative UK（2008）*Starting a Co-operative: A guide to setting up a democratically controlled business.*
Reed, H. and Stanley, K.（2005）*Co-operative Social Enterprise and its Potential in Public Service Delivery*, Institute for Public Policy Research（ippr）
Wheeler, H. and Connor, J.（2006）*Parents, Early Years and Learning: Activities*, National Children's Bureau

第 Ⅱ 部

親が運営する保育施設

第5章
フランス：親参画にみる社会的連帯のあり方

木下裕美子

　フランスでは，子育ての社会化が進み，保育サービスが多様化している．保育所といった集団的受け入れサービスは，子どもの成長を促す環境として肯定的に捉えられている．さらに，その集団的受け入れサービスの内容をよりよくしようと保育活動に参加し，職員と協働する親たちもいる．

　もちろん，全ての親たちが施設内保育に参加するわけでもなければ，歴史的には，親の参画に対する職員の理解不足もあり，最初から親の参画が保証されていたわけでもない．そして，ここ最近では，親たちが職員と協働して運営にかかわる保育所の数も減少しつつある．しかし，こうした困難を抱えながらそれでも一部の親たちは保育実践に参加し，職員たちとの協働を維持しようとする取り組みを続けている．したがって，日本に比べて子育てが楽といわれるフランスにおいても（横田 2009），楽ではないこの親の参画が制度上どのように積み上げられてきたのか，そして，現在，どのような仕組みで成り立っているのかを紹介する．その紹介を通して，フランスにおける親の参画が生み出すものを検討し，日本における親の参画の意味とそのための課題を探ってみたい．

1　幼児教育・保育制度における親の参画の現状

1.1　保育サービスの多様化と親の参画
　親の参画の実態を紹介する前に，フランスの保育状況をみておきたい．フランスでは大きく分けて2つの制度から成り立っている．基本的には，0～3歳の子どもたちには乳幼児期の受け入れ保育，2歳または3～6歳の子どもたち

には保育学校が用意されている．乳幼児期の受け入れ機関は多様である（図表5-1）．近年，企業の参入も進み（CAF 2013），最大4人の家庭的保育者たちが自宅とは別の場所で子どもを預かる共同の家や10人以下の子どもを預かるミクロ保育所が認可されるなど，子どもの受け入れサービスは多様化してきている．

主に3歳以上の子どもたちが通う保育学校（Ecole maternelle）の利用率[1]の高さが評価される一方，3歳未満の子どもの受け入れ数は不足しているといわれる．実際，3歳未満の幼児の保育を日中行っているのは半数近くが親で，保育所（Crèche）の利用率は15％に留まっている（DREES 2013a）．

こうした状況のなか，本章で扱う親が自主的に管理運営する保育施設（通称，親保育所：Crèche parentale）の受け入れ数の割合（2010年）は，単機能型・通常保育（0〜3歳）の受け入れサービスの2.5％である（DREES 2012）．全体に占める割合は多くないが，一定数の親たちは「親保育所」を直接運営することで保育分野に参画している．また，地域の保育所においても，親たちは園内行事に参加するだけではなく，保育や教育内容について関係者と意見交換を行う委員会をもち，それは保育所委員会（Conseil de crèchesやConseil de crèche）

図表5-1　6歳以下の乳幼児の受け入れと教育制度

受け入れ機関				対象（歳）	所管
保育学校				3（2）〜5	国民教育省
集団的受け入れ保育	単機能型受け入れ	通常保育	地域保育所	0〜3未満	厚生省，県議会，PMI（母子保健センター）
			職域保育所		
			親の自主管理型保育所（親保育所）		
			ミクロ保育所		
			幼稚園	2〜6未満	
			めざまし園（半日）		
			移行学級	2〜3	
		一時的・短時間保育（アルトガルドリ）	地域型アルトガルドリ	0〜6未満	
			親の自主管理型アルトガルドリ		
	多機能型受け入れ	通常＋一時的・短時間保育	地域型	0〜6未満	
			親の自主管理型		
			集団・家族併用型		
家庭的受け入れ保育	家庭的保育者の自宅		家庭保育	0〜6未満	厚生省，県議会
	最大4人の家庭的保育者による		家庭的保育者共同の家		厚生省，PMI

注：課外保育などの周辺活動やベビーシッターなどの在宅保育を除く
資料：赤星（2012），DREES（2013b）に基づき筆者作成

や保育所保護者委員会（Conseil de parents des crèches）と呼ばれる．

1.2 親が経営する保育所

1.1では，親が保育所の経営に直接参加する形態として，親保育所を挙げた．親保育所は，定員最大20人（例外25人）の子どもたちの受け入れが可能である．2000年政令において，親保育所の正式名称は「親の経営による施設（Etablissement à gestion parentale）」とし，子どもの受け入れ施設として初めて定義され，法的な承認を受けた．この親保育所の設置と運営は，次のように行われる．まず，有志の親たちが1901年法によってアソシアシオンを結成し，保育所の設置から運営までを行う．その後，参加を希望する親たちを募り，参加者全ての親たちが常勤の専門職員とともに交代で日常的な保育活動を行いながら，保育所経営にかかわる業務を分担し，遂行している．

このように親が自主的に管理運営する施設は1968年に初めて設立され，1980年代から90年代にかけて増加したが，2000年以降，単機能型および多機能型受け入れともに保育の受け入れ可能な数が減少傾向にある（DREES 2012）．これは，経営の継続性という点で大きな課題があることを示す．その原因の1つは，子どもの卒所と同時に活動の中心的アクターである親たちが入れ替わってしまう点にある．もう1つには，CAFからの補助金を厳格化した影響があるといわれている[2]．また，施設数の地域差も大きく，パリやバ・ラン県，オー・ド・セーヌ県のように20～30の施設がある県と全くない県がある（DREES 2012）．このように，親が運営する保育施設は，量的にみれば，必要とされるサービス提供を十分に満たしているとは必ずしもいえない．

1.3 保育所委員会・保護者委員会

間接的に親が保育所運営に参加する形態としては，1983年通達によって設置が推奨されている保育所委員会や保護者委員会がある．国民教育省管轄である保育学校は小学校教育と同じ体系にあるため，クラスごとの学級委員会や学校ごとの学校委員会（Conseil d'école）に保護者代表者が選出され，学校運営側である教員らと意見交換の機会がもたれる．一方，地域保育所においては，保育学校のように選挙によって選出された親の代表者が各保育所に設けられた保

育所委員会のメンバーとして参加することもあれば，地区にある複数の保育所から選出された親代表者および区長や保育に関係する職員（母子福祉施設長，保育施設長など）によって構成される地区保育所委員会が推奨されている．各委員会で異なるが，集会は年に1～3回程度行われることが多い．また，保育所委員会ではなく，保護者間の交流を深め，園内行事を活性化させるために保護者委員会（Comité de parents）を設置している保育所もある．

近年では，2000年政令でも6歳未満の子どもの保育・教育施設およびサービスへの親の参加ということがいわれ[3]，地域保育所においても，これらの委員会を通して親が保育運営や教育方針について意見を述べる機会の確保が進んでいる．さらに，それぞれの自治体が条例(アレテ)を制定するなどして[4]，保育所委員会への親の参加を促している．これらの委員会も親保育所と同様に地域差が確認される．例えば，パリ市内では2006年に20区で最初に保育所委員会を設置したとされるが[5]，バル・ドワーズ県のドモン市は1992年から保育所委員会を設けている[6]．委員会は，施設を直接的に管理運営することが目的ではなく，諮問機関として，保育所における諸行事，予算について意見交換を行う機関である．したがって，保育所内における職員と親との直接的な協働を生み出すことは難しい．この点に関して，2004年から保育所委員会を設けているヴァル・ド・マルヌ県は保育所委員会評価報告書（2008年）のなかで，この委員会を通じて施設運営や規則に対する改善は認められ，親たちの満足度も高いが，保育指導内容の改善に対する効果に関しては課題が残る，と指摘している（Mouterde et al. 2008:9）．

1.4 親参画の歴史

このように，現在行われている直接的もしくは間接的な保育施設への親のかかわりはどのようにして生まれてきたのだろうか．

そもそも19世紀半ばに初めて保育所が開設された頃は，母親を教育することが1つの目的であったため，施設内に親が立ち入ることを禁止してはいなかった．しかし，20世紀になると，乳幼児死亡率を改善することが優先課題となり，衛生に配慮する余り，外部からの人の出入りが厳しく禁止されてしまった．それは親たちも例外ではなく，子どもを送り迎えする部屋以外には決

して立ち入ることが許されなかったほどである[7].

 1960年代には女性の社会進出が進み，既存の社会的価値観の全体的な見直しが迫られるなかで，専門家中心の衛生至上主義による保育所保育に対する考え方にも変化が生じていた．乳幼児の健全な育成には専門家だけではなく，専門家の指導のもと親もかかわるべきだという考え方が生まれた[8]．また，保育所の利用者層が徐々に貧困層から中間層へと拡がり，保育を一方的に専門家に委ねてしまうのではなく，自分たちの手に取り戻そうとする親たちが現れた．それが，1968年に初めてソルボンヌ大学構内で誕生した親たちによる無認可保育所（Crèche sauvage）である．無認可保育所の誕生は，保育施設の不足を補うためよりもむしろ，親の役割を考慮した新しい保育方法が求められるようになったからであり，閉鎖的だった保育文化に対する異議申立てでもあった．

 1980年代に入ると，パリのいくつかの無認可保育所は，安定的な経営を求め，フランス財団（Fondation de France）の助成金や雇用局（Délégation à l'Emploi）の公共有用事業プログラムを通じた人材確保を行い始めた．これらは期間限定であったため，より継続性の高い助成金確保に向けてCAF（Caisse d'allocations familiales, 家族手当基金）やDDASS（Direction départementale des Affaires sanitaires et sociales, 県保健社会局）などと協議するケースも増えてきた．こうした協議を重ねるうちに行政の介入を通してお互いの存在を認識し始めたパリの親保育所は，情報の共有のための保育所間会議を開催するようになり，1980年12月末に親保育所間の情報共有や現場と行政機関を結ぶ役割を担う団体ACEP（Association des collectifs enfants-parents, 現在はACEPP）を結成した．例えば，ACEPは集会に保健大臣を招き，親による自主的保育所の趣旨や内容を説明し，自主的保育所を承認する政令を早期に採択する方針を大臣から取り付けている．結果からいえば，この政令は，専門職員の強い反対と1981年3月のパリ国立美術大学構内の自主的保育所の火事をきっかけに頓挫してしまった．しかし，すでに機能していた親による自主的保育所の実践は，1981年通達[9]のなかで，親保育所と呼ばれ，「革新的な保育方法」として公的支援を受ける対象となり，その存在が社会的に認知されるようになった（Passaris 1984）．

 その頃，地域保育所の親たちのグループも立ち上がり，園内に自分たちの意

見が反映されることを要求していた．こうした親たちの保育現場への参加意識の高まりを背景に，1983年に保育所委員会を設置することを推奨する通達[10]が発せられた．この通達では，親の「参加」とは，子どもが様々な局面ごとに「分断」された日常生活を送らずに済むように，親たちが子どもに対する責任として，保育所の質を改善することを意味していた．

こうして1980年代を通じて，社会党政権の成立とACEP設立により親の参加が大きく前進するかのように見えた．しかし，依然として保育現場への親の参画に対する専門職員からの反対は根強く，保育現場への親の参画を保証し，親保育所の存在に法的根拠を与える法案の成立には至らなかった．

1990年代に入ると，子ども福祉分野における専門職員の社会的地位安定に向けた労働協約[11]について，保育の質向上と職員の雇用安定の面からも議論され始め，親保育所を経営する親たちと専門職員との相互理解が一層不可欠になってきた．こうした状況を反映して，ACEPも，専門職員養成を含めて職員とのパートナーシップを重視し，職員（professionnel）の頭文字を加え，ACEPPと改名している．この時期，専門職員と親である非専門家がお互いのために協働する必要性が高まったのである．さらに，1990年代後半の社会党内閣の成立により，親参加の意義に関する議論が再燃した．同時に，保育関係者のなかで，それまで保育に無関心であった親たちを施設に迎え入れ，彼らを支え寄り添うことの重要性も指摘され始めていた．そして，2000年8月1日の政令をもって，専門家も含めた社会全体が，保育現場に親が参加することを法律上承認することに同意したのである．これにより，「親保育所」も受け入れ施設として規則を作成し，組織形態を明記するだけではなく，施設内の活動を親に知らせることや親が参加する活動の内容を記載することが求められている（図表5-2）．

2　親が運営する保育施設：親保育所

こうして2000年に保育施設への親の参画が承認されたが，それ以前より一定数の親たちはすでに自主的に保育所を運営してきた．1.1でみたように，量的に十分な保育サービスを提供することができるわけでもなければ，施設を継

第5章 フランス：親参画にみる社会的連帯のあり方

続的に運営することさえ容易ではなかった．しかし，子育てを専門家だけに委ねるのではなく，小さな集団のなかで様々な大人とのかかわりのなかで子どもを育て，自分たちの教育方針をすり合わせ，よりよい保育を作ることを親たちは望んでいたのである．また，親は参加することによって，子どもの様子を心配するといった不安を和らげることができ，保育の相談を気楽に職員にもちかけ，他の親たちと自分の子育てを相対化することができるという利点が評価されている．それでは，このような親保育所は，どのように運営されているのだろうか．

図表 5-2　保育所と親の参画にかかわる経緯

年	出来事	解説
1901	アソシアシオン法	非営利団体アソシアシオンの設立の許可
1968	ソルボンヌ大学構内で初めての「無認可」保育所	フランス最初の，親が運営する保育所
1981	「親保育所」を許可する通達	2000年政令まで，親保育所が公的補助を受ける対象であることを示す根拠
1983	保育所における親の参加に関する通達	保育所委員会設置を推進
1999	親を支え寄り添い聴くネットワーク設置の通達	保育所に限らず，親の参加と子育てを支援するネットワークを広げる施設の設置の推進
2000	乳幼児受け入れ施設の規則にかかわる政令	親保育所が「親の経営する施設」と定義され，法的な承認を得た

資料：Bonnabesse（2004）をもとに筆者抜粋・翻訳

2.1　親のイニシアティヴによる管理運営

まず，有志の親たちが，子どもの受け入れ施設を運営する事務局となるアソシアシオンを組織するところから始まる．1901年法に基づき，当該アソシアシオンが本部を置く県の地方長官庁（préfecture）または群の地方長官庁（sous-préfecture）に届出[12]を行い，その上で，アソシアシオンの理事会の事務局は保育施設の開所場所の決定や保育専門職員の雇用，参加を希望する親たちの応募を行う．同時に，PMI（Protection maternelle et infantile，母子保健センター）に連絡をとり，施設調査を受ける．そして，これらの証明書をDDASSに提出し，許可を受けて開所する．親は常勤の保育専門職員と協働して日常的に保育活動にかかわることが義務となっている．それぞれの親たちは当番制で保育所

保育をサポートしながら，施設の管理運営業務を担っている．保育実践の責任者である施設長（responsable technique）は専門職員であるが，保育所を経営し，専門職員を雇用するのは理事会を形成する親たちである．

理事会の事務局メンバーは，最低，会長，書記，会計から構成され，年1回の通常総会で選出される．理事会は最低，月に1回全体集会を行う．全ての集団保育には施設計画（projet d'établissement）の作成が義務付けられている．それは，親たちと職員が協働して作成する事業計画（projet social），保育計画（projet éducatif），指導計画（projet pédagogique）と，保育所を経営する親たちの責任のもと作成される運営規則（règlement intérieur）から成る．地域のニーズに併せて，それぞれの保育所が独自の内容を設定している．

親たちは，毎月1回行われる全体集会への参加以外に当番がある．毎週4時間の当番や3週につき2週は1日の当番など，保育所によって異なっている．こうした当番に加えて，どのような内容であれ，親たちは必ず運営にかかわる役割をもち，居場所が確保されている．例えば，先に挙げた事務局担当以外に，大工担当，消耗品の購入係，新しい親の勧誘と職員の求人や面接を行うリクルーター，イベント企画係，遠足や図書館などへの付き添い係などがある．これらの役割は各保育所の必要に応じて運営規則に記載されており，毎年，登録する親たちの能力や希望に応じて割り当てられる．

2.2 職員の専門性による保育実践

経営を担う親たちは，専門職員の助言を仰ぎながら，最低1人の親が職員の保育業務をサポートしている．保育計画や指導計画の作成は職員が中心となって行うことが多く，通常総会で承認する．保育実践の責任者としての施設長は，原則的に，3年以上の実務経験のある専門保育士（puériculteur(trice)），もしくは3年以上の実務経験のある幼児教育者（éducateur(trice) de jeunes enfants）が務める．必要な職員数は，他の集団保育所と同様，まだ歩けない子ども5人に対して職員1人，歩くようになった子ども8人に対して職員1人である．保育専門士や幼児教育者，保育アシスタント（auxiliaire de puériculture），看護師（infirmier(ère)），精神運動訓練士（psychomotricien(ne)）が職員チームの40％以上を占めなければならず，そのほか，幼児教育の資格保持者や社会保健分野

の職業教育免状保持者，5年以上の実務経験のある家庭的保育者などである．他には調理師，清掃員，研修生が雇用される．失業者向けの就業支援を盛り込んだ契約による研修生などを受け入れることによって，親と子および正規職員の関係のなかで将来の職員を育てることにも寄与している（Cadart 2006）．

専門職員の中心的な仕事内容は，子どもの保育と教育である．職員は親と関わりながら保育業務を行っているので，職員の中心的業務である保育実践を妨げない協働関係が求められる．そのために，指導計画のなかには，職員と保護者の個人面談を別途設けることやメモでメッセージを残す方法が奨励されていたり[13]，意見の対立があった場合は必ず集会を開くことが明記されていたり[14]する．親保育所は日常的に親と職員が調和できない可能性を抱え込むからこそ，このように「協働」に向けた環境作りにとりわけ配慮しているのである．

2.3　親保育所の登録者

親は保育所の利用者であり，その運営を行うアソシアシオンの会員でもある．施設によっては，子どもが卒所した親や親以外の地域住民や関係者がアソシアシオンの会員になることも認めている．

親保育所を利用するために子どもを登録する条件としては，ほとんどの場合，保育所のある地区に住んでいること以外特に記述がないことが多い．ただし，子どもが障がいをもっていることや両親の就労状態，すでに親保育所にいる子どもたちの年齢のバランスなどが反映されるようである（CAF 2011:55）．

親保育所の有無に地域格差があることからうかがえるように，利用者の社会的文化的カテゴリーはその施設の立地に依存すると考えられている(Bonnabesse 2004; Inspection générale de la ville de Paris 2009a)．パリ市の監査報告書（2009）によれば，1989年設立の親保育所の登録家族は全て保育所のある地区の住民であり，芸術活動，教師や自分の時間を比較的自由に使える管理職が多いと報告されている（Inspection générale de la ville de Paris 2009b:21）．教育関係者が多い施設や[15]管理職や無職に偏っている施設など，様々である（Schweitzer 1994）．親たちの労働時間に柔軟性があるかどうかが参加に影響を与え，子育て参加と職業生活の調整が可能な親たちによって，親保育所全体に多様性が生まれ，個々の親保育所の特徴を生み出す[16]．また，欠員が出た場合のメンバー

の補充方法は，待機リストから順に電話をかけて勧誘する場合もあれば，知人のネットワークを使って新しい親をみつける場合もある．したがって，後者の場合，参加者のプロフィールが類似してくる傾向もある．

2.4 親保育所の運営と財源

運営財源は，CAF，地方自治体および親からの利用料金やそのほかの寄付や助成金（国による雇用支援など）から成り立っている．親の負担に所得および子どもの数に応じて，CAFが設定した基準で決められている．例えば，親保育所ア・プティ・パ（A Petits Pas）のウェブ・サイトによると（2011年現在），月収2083€で，子どもが2人とすると，2083 × 0.04％＝時間当たり0.83€となる．次に，保育利用契約を週50時間として，1年を45週間として計算し，12ヵ月で割った分が月額利用料となり，155.63€となっている[17]．

1981年以降，親保育所への親の負担は一定であるが，ほかの形態の保育所に比べて地方自治体からの補助金が少なく，その分，ほかの補助金などの割合が高くなっている（Juigner 2000）．例えば，ストラスブール市の場合，2013年の負担割合はそれぞれCAFが40％，市が34％，親からの利用料が26％となっており[18]，財政状態の弱い市町村にとっては，安定的なCAFからの補助金が親保育所の経営を継続させる大きな鍵になっている．

2006年からCAFとの間で目標と財政にかかわる協定を締結することによって，受け入れに要した費用の66％を限度としてPSU（Prestation de service unique，運営共通給付）[19]が支給されている．しかし，実務サービスの時間当たりの助成となったためにCAFからの補助金割合が減少し，親保育所は困難を抱えるようになった．さらに，労働協約締結による影響もあり，財政基盤の弱い親保育所は閉鎖の危機に追い込まれるケースもあった[20]．EUレベルにおける社会サービスに関する指針に基づき，強烈な競争にさらされてしまうことや公的な補助金の廃止という可能性が危惧されている．こうして効率性が求められるなか，行政の意向によって，小規模の親保育所から受け入れ数の大きなほかの形態のアソシアシオンなどへ経営を委譲させる動きもある．また，財政管理の複雑さから親という経営の「素人」[21]が保育所経営を行うことは難しく，存続の危機に立たされているケースも少なくない．

図表5-3　親保育所の認定マーク（Label parental Acepp©）

資料：ACEPP

　それでも，親は職員と協働し，自主的に運営する方針を維持するために，ACEPPから経営管理の支援を受けたり，自治体が用意する管理システムを活用したり，運営業務に日々奔走している．このように個々の親保育所は財政的な面で支援を受けるための手続きにも苦労しており，親保育として認証されるための作業の手間が多い．そこで，ACEPPは，個々の親保育所が対応することによって生じるこれらの負担を軽減し，親が運営することの意義を保持したまま，集団的認可を受けられるように，2006年に認定マーク（Label parental Acepp©）（図表5-3）を作った．4つのテーマに基づく28項目の基準[22]を設け，多様な保育形態において親の参画を促進し，維持するための支援を進めている．認定を希望する保育所は，ACEPPの設定したこの基準を満たしていることを示す申請書類を提出する必要がある．そのための作業は，ACEPPの指導のもと，親が保育所職員とともに行っている．

3　日本への示唆

　このように，親が保育に参画するということは，単に保育所内での保育活動にかかわるだけではなく，親が参画する場である親保育所を維持するための活動に取り組むことを意味する．これまでみてきたように，フランスの親保育所には，対処すべき課題が山積している．例えば，日常的には，子どもたちの育ちを考えた保育計画の作成と日々の当番，次に選出される理事会のメンバーや新しい親の勧誘，といったものがある．運営に関する課題としては，財政難を

乗り越える方法，運営の自主性を守る手法，保育の質につながるような職員の雇用の安定を図ることと経営との矛盾の解決，などである．これらの課題を解決するために，時には深夜まで集会は続く[23]．また，親の参画という権利が主張されるなかで，子どもの権利に関する議論が少ない，という問題も抱えている．このような問題を抱えつつも，親保育所という形態をとる親の参画はフランス社会にとってやはり意味のある取り組みであろう．なぜなら，自分の子育てのために親保育所の経営を維持するといった目の前の課題に取り組むなかで，親たちは保育にかかわる人びとや制度を介して社会にアプローチし，社会全体の仕組みや価値観に変化を与える契機となっているからである．こうした親たちの取り組みに対して，全国的組織は認定マークを取り入れるなどして個々の負担を軽減するような主導的な役割を担っている．親たちは自分の子どもを育て，自分自身の職業生活と家庭生活の両立のために親保育所に参加しているつもりでも，実は職場と家庭だけではない部分に保育を通して参加し，関係者と連帯し，市民社会を形成している．この意味において，日本でも親の参画には意義があると考える．しかし，それを実現するためには，何よりもまず親たちに参画できる余裕，「時間」を保証し，その限られた時間で参画できるような仕組みに簡素化することである．

＜謝辞＞

社会事業教育機関（IFTS）幼児教育主任マリー＝ロール・ボナベス（Marie-Laure Bonnabesse）氏には，2013年に実施した就学前教育における親の参画に関する調査データ（未刊）の提供や情報確認にご協力頂きました．ACEPPの元研修主任ディディエ・ファーヴル（Didier Favre）氏，ストラスブール市やドモン市の職員には本稿執筆において有用な情報や資料の提供を頂きました．また，親保育所利用者からは聞き取りにご協力頂きました．貴重な情報を提供して下さった方々に感謝致します．

注
1）2歳児でも身体的・精神的に毎日通うことが可能な状態（おむつがとれている状態）であれば入所することができる．国民教育省，http://www.education.gouv.fr/cid161/l-inscription-a-l-ecole-maternelle.html（2013年9月7日最終閲覧）．

2) Communiqué sur le « Contrat Enfance jeunesse » met en danger les crèches associatives et/ou parentales, ACEPP, le 9 novembre 2006.
3) Décret n° 2000-762 du 1er août 2000 relatif aux établissements et services d'accueil des enfants de moins de 6 ans. R.180-10 条では，「受け入れサービスおよび施設は，次の事項に挙げる施設計画またはサービス計画を作り上げること：……7°施設またはサービスにおいて家族の居場所を設け，家族の参加を定義すること……」，R180-11 条では，「受け入れサービスおよび施設は，運営規則において以下の内容を明記すること：施設やサービスの組織および運営のあり方，特に，……9°親が施設やサービスに参加し，情報を得る方法……」と記載されている．
4) ヴァル・ド・マルヌ県，http://espace-parents.cg94.fr/node/18#attachments.
5) パリ 12 区のウェブサイト，http://www.mairie12.paris.fr/mairie12/jsp/site/Portal.jsp?page_id=512（2013 年 9 月 7 日最終閲覧）に Conseils de parents de crèches 創設の経緯の記述がある．
6) ドモン市のウェブサイト，http://www.ville-domont.fr/content/heading7764/content32876.html（2013 年 9 月 7 日最終閲覧）および市職員（Coordinatrice Petite Enfance）への確認．
7) Article 9 de l'arrêté du 18 avril 1951.
8) Circulaire n° DGS782 PME2 du 16 décembre 1975 relative à la réglementation des crèches.
9) Note de service DGSH/3241/S-DAS8132/du 24 août 1981 relative aux formules innovantes de mode de garde.
10) Circulaire N° 83-82 du 30 juin 1983 relative à la participation des parents à la vie quotidienne des crèches.
11) Convention collective nationale des centres sociaux et socioculturels du 4 juin 1983. 2007 年にアソシアシオン・セクターの親保育所への適用．
12) アルザス地方では，アルザス適用の地方法（spécificités du droit local applicable en Alsace）が考慮され，小審裁判所（Tribunal d'instance）に登録．
13) バビヤージュ（Babillages）ウェブサイト，http://www.creche-babillages.com/page.php?n=6（2013 年 9 月 7 日最終閲覧）．
14) ラ・サペィリポペット（La Sappeyrlpopette）ウェブサイト，http://www.sappeyrlipopette.fr/（2013 年 9 月 7 日最終閲覧）．
15) 木下（2008）で取り上げた親保育所のケースである．
16) ACEPP の元研修主任ファーブル（Favre）氏からの回答．
17) 親保育所ア・プティ・パ（A Petits Pas）ウェブサイト（http://www.creche-apetitspas.fr/ 2013 年 9 月 7 日最終閲覧）によると，無収入の場合は，活動的連帯所得（RSA）支給額に合わせて計算する．一方で，上限も設定されている．また，mon-enfant.fr ウェブサイトの保育料の計算（Calcul du

prix d'accueil　2013年9月7日最終閲覧）のページで実際の利用料の目安を計算することができる．
18）ストラスブール市家族・乳幼児サービス局のデータ提供（2013年7月）．
19）2002年1月31日通達によってPSUが導入されている．基本的には0歳から4歳までの子どもを預かる保育施設へのCAFからの補助金である．4歳以上6歳未満は就学前保育運営給付（Prestation de Service Accueil Temporaire）がある．
20）労働協定は専門職員と親たちとの関係のあり方を調整する役割として，現場では評価される側面もある（IFTS幼児教育主任ボナベス（Bonnabesse）氏の回答）．
21）筆者による親保育所利用者への聞き取り調査（2013年8月）．
22）4つのテーマと主な基準を以下にいくつか抜粋する．1．親と職員の協働を保証する施設であること：非営利であること，家族が参加し，活動の決定権を持っていること，アソシアシオンと親と職員が教育において共同責任を負うこと，民主主義的な参加に基づくこと．2．子どもの受け入れの質の向上が第一目的であること：子どもの日常生活がばらばらにならないこと，それぞれの違いを尊重すること，保育および社会計画は親と職員で作成すること，子どもの受け入れに関して，個人に対する指導と集団に求められる指導を連動させること．3．親の居場所が認められ，実際に参画していること：親同士の交流を促進すること，日常的な運営に親が参加していること，それぞれの家族が参加できること，多様な家族や子どもを受け入れること．4．職員によって，日常的な施設運営が保証されていると認めること：職員のチームが受け入れに係る施設運営を担当し，親の居場所を保証していること，職員は子どもや親たちについて何らかの評価を下したりしないこと，建設的な対話を行うこと，職員会議で意見を述べ，実践内容について調整できること，職員研修を受ける時間を与えられること．
23）筆者による親保育所利用者への聞き取り調査（2013年8月）．

参考文献

赤星まゆみ（2012）「フランスの幼児教育・保育と子育て支援」『日本福祉大学子ども発達学論集』第4号，pp.47-66

Bonnabesse, M.-L.（2004）*Parité et/ou domination dans les interactions parents-professionnels en établissement d'accueil de jeunes enfants à gestion parentale ? : le travail avec les parents, une nouvelle mission pour les professionnels de la petite enfance*, Mémoire de DSTS, Lynon

Cadart, M. L.（2006）*Des parents dans les crèches, utopie ou réalité ?*, Érès

CAF（2011）*Observatoire national de la petite enfance*（L'accueil du jeune enfant en 2011）, Données statisitques

CAF（2013）« Les délégations de service public dans le secteur de la petite enfance », *Dossier d'étude*, Série « Statistiques », n° 165

DREES（2012）« L'offre d'accueil collectif des enfants de moins de trois ans en 2010 – Enquête annuelle auprès des services de PMI », *Document de travail*, Séries « Statistiques », n° 174

DREES（2013a）« Les spécificités régionales des modes de garde déclarés des enfants de moins de 3 ans », *Etudes et résultats*, n° 839

DREES（2013b）« L'offre d'accueil des enfants de moins de trois ans en 2011 », *Etudes et résultats*, n° 840

星三和子（2013）「フランスの子育て支援の発展と現状——日本の子育て支援を考える上での考察」『名古屋芸術大学研究紀要』第34巻：279-294

Inspection générale de la ville de Paris（2009a）, *Rapport n° 08-17 Audit des crèches parentales*, Mairie de Paris

Inspection générale de la ville de Paris（2009b）, *Rapport Audit des crèches parentales : Audit de l'association BALUSTRADE（11ème arrondissement de Paris）*, Mairie de Paris

Juigner, B.（2000）« Les services d'accueil des enfants de moins de trois ans », http://www.unaf.fr/spip.php?article145#1（2013年9月7日閲覧）

木下裕美子（2008）「親保育所にみられる連帯とは何か——今後の日本とフランスの事例比較研究にむけて」『家族社会学研究』第20巻第1号：pp.81-88 日本家族社会学会

Mouterde, F., Le Pesant, T. et Gleize, F.,（2008）*Evalutation des conseils de crèches*, Rapport définitif, Conseil en politiques publiques, Conseil général du Val-de-Marne

Passaris, S. et Schiray M.（1984）*La participation parentale dans les modes d'accueil de la petite enfance, 2. – Le Mouvement des crèches parentales et ses rapports avec les institutions*, Série « Document de travail » n° 13, CIRED/EHESS

Schweitzer, V.（1994）*Les crèches parentales : Un nouveau mode d'accueil des tout-petits : Les Fripouilles à Strasbourg*, Thèse, Strasbourg I.

横田増生（2009）『フランスの子育てが，日本より10倍楽な理由』洋泉社

第6章

スウェーデン：親子と保育者の「共同生産」

浅野由子

1 幼児教育・保育制度の歴史的概観と親の参画

　スウェーデンの保育の理念は，1930年代における著しい出生率の低下による国家の危機に対処するため，当時の社会民主党政権の指導者であり，人口問題委員会の委員長であったアルバ・ミュルダール[1]が，特別支援を必要とする女性やシングル・マザーを支援する福祉の観点から，子どもと家族に優しい政策（Myrdal 1934）を打ち出したことに由来する．1960年代は，女性の社会進出の更なる増加から，保育施設の要求が高まり，1962年には，すべての保育施設の総称が，子どもの小屋（Barn Stuga）となり，昼間の家（Daghem），遊び学校（Lekskola），学童保育（Fritidshem），家庭で4人までの幼児を預かる保育ママによる家庭保育室（Familjdaghem）の4つに分類された．更に，1975年には，昼間の家（Daghem）と遊び学校（Lekskola）は，就学前学校（Förskola）に総称され，幼保一元化が実現する．当時の社会民主党の党首であったオロフ・パルメは，男女平等社会を実現するため，就学前学校の増設計画や保育士教育機関の拡充を打ち出し，待機児童対策として，家庭保育室や親達が協同組合を作って運営する親協同組合就学前学校（Föräldrakooperativa förskola）を推進した．こうしたなかで，1970年代に，最初の親協同組合就学前学校が公営就学前学校の代替的な教育を提供することを主目的とする両親により開設された．しかしながら，当面，待機児童は解消されず，1976年には，44年ぶりに，社会民主党政権から保守政権へと代わり，スウェーデンの福祉国家は批判と苦

悩に直面する．実際に，親協同組合就学前学校の誕生年や増加件数は，公営と同等の経済的な公的支援が行われるようになった1985年までは，統計として把握されていない．

その後，政府は1990年代半ばに，保育施設の数の拡充に力を入れる一方で，保育の質の向上，就学前保育から学校教育へのスムーズな移行，学童保育のあり方などの検討を進めた結果，1996年に保育と学童保育は社会保健省の管轄から，教育科学省（現在は，教育研究省）の管轄へと移行し，保育活動は学校教育に位置づけられることになる．（本章では，すべての保育施設について「就学前学校」に統一して，以後紹介することにする．）

このように70年代までは，公営の就学前学校の普及が進められてきた一方で，民営の親協同組合就学前学校が誕生した1970年代からは，ルドルフ・シュタイナーやマリア・モンテッソーリ，80年代には環境教育の必要性が高まるなかで，野外活動を中心とした就学前学校（I UR OCH SKUR)[2]といった独特の保育理念や方法を用いた非営利で民営の就学前学校が出現する．また，1983年には，家庭電化製品の大手株式会社，エレクトロラックスが投資した営利目的の就学前学校も出現する（しかし翌年，政府は営利企業の参入を阻止する法律を導入し，1990年に廃止される）．このように1970年代から，民営の多様な就学前学校が増えてきた背景には，保育制度が急速に進歩したにもかかわらず，自治体は入所の順番待ちがなくなるまで，施設を拡充することが出来なかったこと．1985年に，親協同組合就学前学校に公営と同等の経済的な支援が行われたこと，翌年から，中央機関として「我々の就学前学校」が設立され開設のために無料で助言が受けられるようになったこと．更に，1990年代初頭に，スウェーデンが経済危機に陥ったことにより，政府が「福祉に選択自由革命を起こす」と明言し，1992年には，営利企業の就学前学校にも，一定の条件を満たせば公営と同等の支援が行われるようになったこと，がある．[3]特に，90年代から地方分権制度が徹底化し，財政的な経営を自治体が責任を持って行うことになった結果，1995年に厳格な法規制が導入され，両親が仕事または学業に従事する家庭に対し，著しい遅滞なく保育サービスを提供する義務を自治体が負うこととなったことも，大きく関連している．こうした社会の変化により，90年代半ばには，就学前学校利用者の7%が民営の就学前学校を利

用するようになる．1988年と1995年の民営の就学前学校に通っている子どもの数は，8,500人から39,100人へと，4倍以上に増加し，同施設数は，538施設から1,888施設と，3倍以上に増加している（Pestoff 2013a）．

そして，今日のスウェーデンでは，2006年から保守政権への移行に際し，市場解決，競争と効果を好む新しい公共経営（New Public Management：NPM）戦略が積極的に促進されたことにより，民営の就学前学校が急速に増えている（図表6-1）．職員協同組合就学前学校，親協同組合就学前学校等の非営利の就学前学校の飛躍に加え，営利企業の成長があり，2010年には，民営の就学前学校を87,706人，就学前学校に登録されている子どもの19％が利用している（図表6-1，図表6-2）．

2012年には，民営の就学前学校利用者のうち，営利企業の就学前学校を利用する者が最も多く46％を占め，親協同組合就学前学校は22％（就学前学校利用者数の4.3％）となっている（図表6-2）が，1998年には親協同組合が54％と最も多く，営利企業は23％であった．こうした民営の就学前学校の利用者の増加は，ほぼ営利企業の就学前学校によるものである，とペストフは指摘する（Pestoff 2013b）．また，親協同組合就学前学校について，それを「共同生産」（Bovaird, 2007）の実践として提示している．そして，「『共同生産』の集合的な行動は，重要な社会的サービスのジレンマを解決する上で，必要なものになっている．何人かの市民は，公共部門が提供するものよりも，民間の部門で，現在の市場価格で可能な異なる質のサービスを欲しがるかもしれない．それ故に，彼らは，同じような状況にある人びとと一緒に，彼ら自身のサービスを提供するために，手を取り合わなければならない．フランス，ドイツそしてスウェーデンにおける親の協同保育の歴史は，明確にそれが反映されている．」と指摘している（Pestoff 2013a）．

さらに，バムスタッド（Vamstad 2007）の保育サービスの提供者の類型による利用者の理解度と要求度に関する研究によると，親協同組合就学前学校の利用者の約9割が施設について満足だと答えており，職員協同組合就学前学校，公営就学前学校，小規模の営利就学前学校に比べて，親の満足度が高いという結果が出ている（図表6-3）．またバムスタッド（Vamstad 2012）の研究によると，親だけでなく，保育者の満足度も高いという結果が出ており，親協同組合

第6章 スウェーデン:親子と保育者の「共同生産」

図表 6-1　2001年から2012年の就学前学校の利用者数の推移(公営・民営)[4]

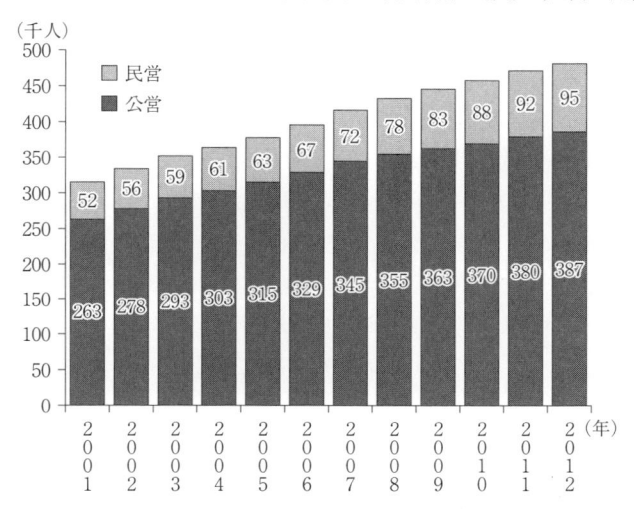

年	公営	民営
2001	263	52
2002	278	56
2003	293	59
2004	303	61
2005	315	63
2006	329	67
2007	345	72
2008	355	78
2009	363	83
2010	370	88
2011	380	92
2012	387	95

(千人)

資料:Statistiska centralbyrån, Utbildningsstatistisk(統計局「教育統計」)

図表 6-2　運営主体別にみた民営の就学前学校利用者数の推移

年	公設民営	親協同保育組合	職員協同組合	その他の私立	株式会社
2001		21	6	15	9	1.2
2002		21	6	17	10	1.2
2003		21	7	18	11	2.0
2004		21	7	20	12	1.6
2005		21	7	22	12	1.3
2006		21	7	25	13	1.1
2007		22	8	28	14	0.8
2008		21	9	33	15	1.3
2009		21	9	36	17	0.9
2010		21	10	39	17	0.9
2011		21	10	42	19	0.9
2012		21	10	44	19	0.9

(千人)

資料:Statistiska centralbyrån, Utbildningsstatistisk(統計局「教育統計」)

就学前学校が、スウェーデンの保育において、いかに根強く親や保育者のニーズを満たす施設として、存在しているかが読み取れる。

なお、親協同組合就学前学校を設立するに当たっては、経済組織を設立し、就学前学校を1校経営するのが通常であり、複数の就学前学校を経営するケースは少ない。また、協同組合組織の設立を支援する団体もある[5]。

またスウェーデンの就学前学校には、親の会（Föräldramöte）あるいは、親協議会（Föräldraråd）といった会合が存在し、保育指針（Skolverket 2011）において、学校法の規定による家庭との連携について強調されており、フォーラム（討論会：形式は自由）を、各就学前学校で最低、年に1回行うこと（通常、親の会と呼ばれる）や、毎日の保育活動を親に情報公開することとし、子どもの発達に関する親との個人面談（Utvecklingssamtal）を、年に最低1回行うことを、保育者に義務づけている。それに対し、自治体のすべての学校から、親の代表が集まって、自治体の学校のあり方について討議する親協議会は、地方自治体によって、義務化されている場合とそうでない場合がある。何故なら、スウェーデンでは、学校活動の具体的な実践内容は、地方分権制度により、各自治体と学校に任されているためである。保育指針における具体的な項目、「2.4 就学前学校と家庭（Förskola och hem）」には、養育権のある親が、保育活動へ参画する機会が保障されている。また保育者や労働チームの責任として、養育権のある親との信頼関係を築き、親の会等を通して、親が保育活動に参加し、保育計画にも影響を及ぼすことのできる機会を与えることや個人面談にお

図表6-3　就学前学校の種別による親の満足度・要求度

種別／満足度・要求度（%）	満足度（%）	平均	回答者数（人）	要求度（%）
親協同組合就学前学校	88.7	5.6	107	13.2
職員協同組合就学前学校	50.0	4.6	48	28.3
公営就学前学校	44.9	4.4	89	37.3
小規模の営利就学前学校	12.5	3.6	24	58.3

注：1）満足度は就学前学校に対する親の満足度。質問紙に、1〜7の満足度を測るアイテムに回答してもらい、5 "どちらかといえば満足"、6 "満足"、7 "とても満足" の3つのアイテムを回答した割合。
　　2）平均は、どのアイテムに、回答が平均してあったかを計算したもの。
　　3）要求度は就学前学校に対して改善してほしいと思うことがあるか否かを聞いて、"ある" と答えた親の割合。
資料：Vamstad（2007）

いて，親が保育活動の評価にも加わる機会を保障することが明記されていることから，スウェーデンの通常の保育活動が，法的に，養育権をもつ親と保育者との共同作業で行われることが保障されているといえる．しかし，通常の就学前学校には，親協同組合就学前学校のような親の委員会組織等がなく，より組織的な保育運営を望む親や保育者にとって，親協同組合就学前学校は注目されているといえる．

親協同組合就学前学校は，民主主義が徹底しているスウェーデンにおいて，親子そして保育者がそれぞれの意見を尊重しながら，保育活動を行っていくという過程そのものが，適合していることはいうまでもないが，歴史的背景から，これまで以上に公共サービスの管理が弱まっているために，親子と保育者が「共同生産」することの意義を見出しやすい環境にあることにも着目したい．

2 親所有の保育施設

2.1 親協同組合就学前学校が増えた背景

1970年代に出現した親協同組合就学前学校が，著しく台頭してきたのは，1990年代後半からであり，その価値が見出されたのは，最近のことである．親協同組合就学前学校が増えた主な背景となったものは，何だったのだろうか．それは，1990年代に，地方分権が徹底化したことにより，保育サービスの量的拡大が図られたものの，公的資金の削減政策により，児童福祉サービス史上初，就学前学校の職員採用数を大きく減らす政策を行ったこととも不可分であるといえる．その結果，1クラス当たりの平均子ども数が，13.8人（1990年），16.5人（1997年）と増加し，また同じく職員の1人当たりの子どもの数が，4.4人（1990年），5.6人（1997年）と増加傾向にあったことによって，公的保育サービスの質及び女性の労働環境が悪化したことがある．1990年〜1997年の間に，基礎自治体と地方自治体の職員がもつストレスは50％も増え，政府や民間事業部門の職員が10％の増加だったのに比べて著しく高かった．ヘレンスタム（Härenstam 1999）は，MOA（*Moderna Arbets- o. Livsvillkor för kvinnor o. män*：現代労働と女性と男性の生活実態）の研究から，公的サービスにおける雇用状況，特に，福祉サービスを提供している女性の事実として，能力の高い

保育者が，質の高い保育を実践できない環境に置かれ，仕事に満足できない状況を生み出していると指摘している．そうしたなかで，公的保育サービスの保育の質に満足できない保育者や親達が，新しい保育形態を追求し，「共同生産」をすることにより台頭してきたのが，親協同組合就学前学校，職員協同組合就学前学校等の非営利で民営の就学前学校だったといえる．

つまり，スウェーデンにおいては，それまで親協同組合就学前学校を設立するという制度的保障があるという意味でトップダウン体制はあったが，その制度を十分に利用する機会がなく，必要もなかったといえる．しかしながら，1990年代から，地方分権による公的資金削減による公営の就学前学校の労働環境や保育の質の悪化が引き金となり，その問題に対処しようとする保育関係の職員，そして，親の意識向上があったことにより，ボトムアップ運動を促進し，結果的に，「共同生産」を生み出すこととなったと考えられる．それは，1998年に親協同組合就学前学校の利用者の割合が，民営の就学前学校のなかでも，54%と最も多かった事実からも読み取れる．

2.2 親協同組合就学前学校の運営の実態

次に，親協同組合就学前学校の運営の実態として，ウプサラ市のダリネット親協同組合就学前学校を紹介する．この就学前学校は，1992年，歯科医院に勤務していた者の集まりによる経済組織によって設立された．組織の第1の目的は，会員の子どものために，よりよい福祉を提供することである．活動は，国の保育指針に従う規則によって行われ，その活動は，政治的そして宗教的なものから，自由なものである．2012年の経済組織の運営委員会では，更なる指針として，団結，環境，平等を，保育活動の中心とすることを決定している．組織は，非営利の契約で設立され，親や会員が，組織の活動を促進し，参加するという大きな可能性をもっている．契約の意義として，親と子どもとのよりよい団結と社会そして組織の経済を強化することがある．組織の最高決定母体は，通常，毎年4月に行われる運営委員会である．運営委員会では，予算，活動計画の発表，労働グループの指名といった1年の組織の活動を主導する委員が，選出される．運営委員会は，各年順番に交代する．運営委員会に対して，委員でない親が質問し意見を出せる公開フォーラムでは，会員である親と運営

委員会が，組織の活動のために重要な事項について，質問や討論をすることができる．

組織には，具体的規則が17条ある．それは，1〕経営，2〕目的と活動，3〕委員会の場所，4〕会員制，5〕会員の義務，6〕料金と委託，7〕委員会と経営者等，8〕呼び出しと他のお知らせ，9〕投票規則，10〕1年の活動，11〕通常の運営会議，12〕監査，13〕利益の分配，14〕辞職，15〕追放，16〕組織の解散，17〕労働グループ，であり，それぞれの条に，数条項が含まれている．

特に参考になる点として，4〕会員制において，「会員は，組織の規則を受け入れ，組織の目的と同時に，委員会の向上のために，働く意志をもつことを宣言する」とされている．また，5〕会員の義務として，すべての活動を，会員が協力して完結することを提案している．6〕料金と委託では，「組織の入会金として，500クローネ（約7500円：1KR＝約15円）を支払う．料金は，会員として認められた時に，現金で支払う」とされている．会議の頻度は，7〕委員会と経営者等において，「運営委員会は，最長3年，最多7回の運営会議を続ける」とされ，「会議の成立には，委員会の半分以上の出席者が必要で，その決定には，会長と会計の出席が必要である」とされている．9〕投票規則には，「すべての家族は，投票権がある」と規定されており，委員会メンバーの決定をしたり，運営目標等の変更を行う際に，投票を行う等，民主主義が徹底している．従って，17〕労働グループには，選挙委員会も置かれている．

通常の運営会議は，4月末に行われ，① 会長の選挙と書記の報告，②選挙規則の設立と同意，③少なくとも1人の会議進行（時間調整）係の選挙，④適切な順序で会議の合意がなされたかを確認する質問，⑤1日の流れの決定，⑥委員会の1年の監査報告と監査の意見報告，⑦投資と収支決算の決定と同時に，決定した投資にかかわる利益や欠損がどのように賄えるかの決定，⑧委員会メンバーの責任解除の決定，⑨予算，⑩委員会メンバー，監査，選挙委員会の選挙，の10項目が話し合われる．

会員のメンバーの追放については，15〕追放において，「義務を果たさない，組織に反抗する，あるいは，興味や目的に反対する会員は，追放することが出来る」とされ，「追放は，追放の支援をする投票の少なくとも3分の2の組織同意で決行する」とされている．また組織の解散については，16〕組織の解散

において，「組織は，過半数の同意の上での決定後，組織の同意で解散することができる」とされている．また，「組織の解散の際には，これまで支払われた費用を，組織が，残った会員と以前の会員の間に分配することを，継続して行う」とされている．

　組織の主な役職としては，会長，秘書，会計，職員責任者，施設責任者がある．親協同組合就学前学校の会員は，労働に努力することに同意をしていることから，会員の家族は，特別のスケジュールで，掃除，芝生の刈り取り，雪かきをする当番が回ってくる．1年間に，合計して3週間の掃除と2週間の芝刈りと雪かきを行う．各学期（春・秋）に1回ある掃除の日と芝刈り（春学期）と雪かき（秋学期）をする整備の日に，各家庭から最低1名の親が参加するように組織されている．また必ず1人の親が，1つの労働グループに参加し，各家族は，就学前学校にいる期間の2年間，委員会活動に参加しなければならない．労働グループの種類は，17]労働グループにおいて，①整備グループ（施設の管理を継続し，整備の日を設ける責任がある），②掃除グループ（掃除規則，掃除リストの提案や掃除日を調整する責任がある），③お祭りグループ（食べ物と飲み物を伴う楽しいお祭りを，各時期に企画する責任がある），④活動グループ（子どもと親そして職員が共に遠足をする企画責任がある），⑤購入グループ（消費する材料の大きな買い物をする責任がある），⑥IT（情報技術）グループ（ホームページ，情報技術の支援とコンピューターを継続して調整をする責任がある），⑦宣伝グループ（新しい家族に，親協同組合就学前学校を奨励し，紹介する責任がある），⑧廃棄物責任グループ（リサイクルセンターへ運送する責任がある），⑨選挙委員会グループ（委員会のメンバーに，運営委員会のメンバーの選出のための委員会に参加を促す責任がある），⑩監査グループ（経済的な会計報告の監視と決算をする）といった10グループが挙げられている．[6]

2.3　保育者にとっての親協同組合就学前学校

　ここでは，グリネット親協同組合就学前学校の所長へのインタビューを中心に，保育者にとって親協同組合就学前学校はどのようにとらえられているのかを紹介する．

　この就学前学校は，設立された1992年から約10年間は，ウプサラ市の中心

第6章　スウェーデン：親子と保育者の「共同生産」

図表 6-4　親協同組合就学前学校の空間づくりの事例

注：グリネット親協同組合就学前学校．左は，親も参加して整備された園庭の様子．右は，典型的な公営就学前学校の間取りとは異なるユニークな室内．
資料：筆者撮影

のグリネット（Glinet）の歯科医院の近辺にあったそうだが，約10年前に，自然が側にある場所に就学前学校を設けたいという親の要望によって，森林が近くにある場所に就学前学校を移動したという．室外環境は，森林が周りにあるので，緑に囲まれている．室外環境は，保育者と親子によって作られた砂場や遊具（テント・タイヤ）が印象的である．（図表 6-4）

園施設の場所の決定や室内整備を，主に親と保育者が協力して行うので，室内環境も，公営就学前学校のような典型的な間取り（一般的に，ほぼ同じ位の広さの部屋，キッチン，トイレがある）ではない．園舎は，平屋であり，園舎の中央には，大きな空間があり，ソファーが置かれ，家庭的な雰囲気を出している（図表 6-4）．基本的に，中央の大きなスペースは，テーマ毎に区切られている．間食は，天気の良い日は，外のテラスで行う．

2013年6月19日の所長E氏のインタビューでは，まず就学前学校の概要として，親達が立ち上げた組織であり，会長と運営委員会が大きな権限をもっている，とのことであった．E氏自身は，これまで4つの公営就学前学校で働いた経験があるが，公営就学前学校と比べて，親協同組合就学前学校で働いていてよいと思う点を2点挙げていた．

まず1点目に，ある家庭で子どもに問題があった場合，公営就学前学校の場合は，その問題を市の社会課に相談するのが通常だが，親協同組合就学前学校

の場合には，できるだけ親達でその問題を助け合って解決することができる点にある，と語る．ただし，その際に，所長と保育者は，問題の秘密厳守や安全性を，特に気を付けているという．

2点目として，親協同組合就学前学校では，所長として，50％事務的な仕事をし，園の活動にも50％加われることが，大変嬉しいと語る．なぜなら，公営就学前学校の所長の場合，システム上，管理職（所長）と実践職（主任，担任）との間に，仕事の内容に差があるため，100％事務的な仕事にしか加わらないからである，という．親協同組合就学前学校でE所長は，50％管理職として，事務的な仕事をするのと平行して，実践にもかかわっているので，同僚の保育者と保育の質の高さを保つことができる，と語る．ここでは，保育という行為が，市のトップダウンで処理する公営就学前学校とは違い，子ども・親・保育者とのボトムアップで処理する親協同組合就学前学校の魅力を語っている．子どもと大人のニーズに合わせた，問題解決型の保育が貫かれていることがわかる．

また，スウェーデンの保育指針は，保育の目的は示されているものの，どのように，何をするか，といった具体的な実践は，各自治体と就学前学校に任されているため，親参加型で，保育者の能力開発に力を入れられるとも語る．例えば，各部屋の活動を，蓮グラフ（Lotus Diagram）[7]という手法を利用することによって，子どもの遊びがどのように発展しているかを，保育者と分析し，親に公開している．親が保育に参加する活動の例として，ある日，子どもと親達と遊具の充実した近くの公園に行く行事があり，その際に，就学前学校の園庭に同じような遊具がないため，親達がタイヤのリサイクルセンターに行き，不要になったタイヤをもらって，週末に遊具を作る機会があった（図表6-4）．更に，2012年の秋には，スウェーデンのNGO環境保全団体「スウェーデンをきれいに」の学校認証制度，緑の旗（Grön Flagg）[8]を取得し，そのお祝いの会には，親達が巨大なスウェーデンのケーキを作って，子ども達と保育者と共に祝う活動も行ったという．

このような親と一緒の活動は，保育者の能力開発にもプラスに働いていると同時に，親の環境意識向上にもつながっているという．また，そうした親の環境意識の向上の結果として，最近の委員会で，子ども達のために，環境によい

食品(近場で栽培された有機野菜を使用)を食べた方がよいという親の意見が多かったことから,予算を付けて,これまでとは違う食品配達店を利用して,子ども達に食事を提供しているという.こうした生活を重視した保育実践を行い,子ども達が自然,社会,そして地球環境の持続可能性について学ぶ貴重な活動を行っていることがうかがえる.

3 日本への示唆

　現在,日本の待機児童の増加による子育て不安を解消する1つの手がかりとして,スウェーデンにおける親協同組合就学前学校に着目することは,大変意義深い.何故なら,そこには,主に,親のニーズを満たす目的での保育所の増設という,量的な環境の解決によって問題を解決しようとする日本の政策と違い,親のニーズと同時に子どものニーズそして保育者のニーズを満たす保育の質の確保できる,つまり質的な環境の解決によって,問題を解決できるスウェーデンの保育政策があるからである.

　それを可能にしている背景は,スウェーデンにおいては,歴史的に,就学前学校という施設が子どもと親のニーズを満たす施設として設立されていて,それは親の養育権を擁護し,児童手当を充実させ,保育のあり方を本格的に改革したスウェーデンの児童福祉政策の賜物であったといえる.女性の就業率向上と子どもの出生率上昇を両立させることができた大きな要因に,出産休暇の長さと所得保障のあり方,所得制限なしの児童手当の額に,日本との大きな差が見られることを,丸尾は指摘している(丸尾 1991).またそうした政策があるなかでも,出生率が,1.61まで下がった1985年には,親協同組合就学前学校に,公営就学前学校並みの公的資金支援が行われ,1992年には,同様に営利企業の就学前学校にも,保育の質的条件を満たした上で行われていることも,着目したい点である.

　さらには,90年代の地方分権の確立によって,財政的にも自治体が保育について,責任をもって行う権利と義務を与えられたことにより,待機児童対策が解決された事実も重要であり,こうした保育活動を支える国,自治体,企業,NGOの連携のあり方にも着目する必要がある.そうした体制があってこそ,

90年代後半に，財政削減から保育の質に不安をもった親や保育者が保育の質の向上を目指して，親協同組合就学前学校の設立を希望する傾向があったのである．ボバード（Bovaird 2005）は，「『共同生産』は，政府の役割が著しく弱まる際に，公共サービスの管理がより発展した形式である．」と指摘する．こうしたスウェーデンの親協同組合就学前学校の利用に関する歴史的背景から，日本の保育政策が学ぶことができる点は，親子や保育者が保育の質を保てる環境が担保されているか現状を常に凝視し，環境向上のために，多様なステーク・ホルダーと共に保育を「共同生産」する可能性を探る点にある．

　実態調査を行ったグリネット親協同組合就学前学校では，就学前学校の規則で，親が必ず入らなければならないグループ活動があることなどから，親は就学前学校に子どもをただ預ければよいのではなく，経営に，親自らがかかわり，組織の一員であるという意識がもちやすく，自然に保育に参加するシステムになっている．つまり，親は保育の消費者と同時に生産者であるという意識をもちやすいことから，保育に参加しやすいという利点がある．「『共同生産』は，政治の伝統的なトップダウンの同意を壊し，サービスの生産に利用者を導入することによって，サービスを提供することである．『共同生産』はまた，現代福祉国家における民主主義の回復のための原動力としても，考えられる」と，バムスタッド（Vamstad 2007）は指摘している．

　さらに，保育者も同じような意識で保育をしているので，親との意思疎通が取りやすく，保育について，協同で考えやすい．特に，組織を成り立たせていく上では，保育の質を担保することは必須であることから，保育者の能力開発や親への教育そして，市民への教育も必要不可欠である．親協同組合就学前学校の所長へのインタビューから，保育という活動が，親子だけでなく，保育者そして地域の人びとと共に作り上げていくものである，という保育の原点に立ち戻される．結果的に，この親協同組合就学前学校の理論と実践は，スウェーデンが，次世代に残すべき持続可能な社会（経済・環境・社会のバランスの取れた状態）の構築にとって必要と考えられている教育と市民参加の両面を備えており（United Nations 1993=1993），「持続可能な開発のための教育（Education for Sustainable Development: ESD）」の理論と実践でもある（Pigozzi 2003）．

注

1) アルバ・ミュルダールはスウェーデンの外交官，政治家，作家．経済学者であるグンナル・ミュルダールの妻であり，1934年に共著で，"Crisis in the Population Question"（人口問題の危機）を出版する．夫妻でノーベル賞受賞者であり，アルバは当時，人口問題委員長であったこともあり，本を通じて，「福祉国家論」を推し進め，個人（特に女性）の自由のためにどんな社会改革が必要かを説いている．
2) 「野外就学前学校（I UR OCH SKUR）」は，NGO団体である野外生活推進協会（www.frilufts.se）により始められた．「森のムッレ（妖精）」を主人公に保育が展開される．日本野外生活推進協会があり，日本において「ムッレ教室」が普及している（http://www7.ocn.ne.jp/~mulle/ 2014年3月16日最終閲覧）．
3) Riksdagensprotokoll.1991/1992.6:2.6:7.
4) 民営就学前学校には，親協同組合就学前学校，職員協同組合就学前学校，営利企業就学前学校，その他の非営利の団体や宗教団体などが含まれる．
5) KOOMPANION; Cooperative development（http://coompanion.se/english/ 2014年3月16日最終閲覧）．
6) ウプサラ市は人口約194,000人，スウェーデンの人口第4の都市で，北欧最古の大学，ウプサラ大学のある大学都市．グリネット親協同組合就学前学校は職員6人，子ども31人（24家族）（http://www.glinet.se-hem 2013年12月1日最終閲覧）．
7) 蓮グラフ（Lotus Diagram）は保育指針（Skolverket 2011）の目標達成を助ける手段となる教材．健康と運動，全体性／完全，算数，自然科学／技術，創造性，遊び，言葉／コミュニケーション，社会性／価値といった項目から，1つのプロジェクトを考える（http://www.qla.com.au/pages/Templates.html 2014年7月2日最終閲覧）．
8) スウェーデン環境保全団体（Håll Sverige Rent, Sweden Keep Tidy）（http://www.hsr.se/det-har-gor-vi/land/i-skolan-och-forskolan-gron-flagg 2014年3月16日最終閲覧）．

参考文献

Bovaird, T.（2005）Public governance: Balancing stakeholder power in a network society. International, Review of Administrative Sciences, 71 (2), 217-228

Bovaird, T.（2007）Beyond engagement and participation: User and community coproduction of public services. Public Administration Review, 67, 846-860

Härenstam, A.（1999）*Moderna arbets- och livsvillkor för kvinnor och män: Slutrapport 1.* Stockholm: Yrkesmedicinska enheten

丸尾直美（1991）「福祉国家スウェーデンはどう変わるか」『週間社会保障』No. 1660
Myrdal. A（1934）A Programme for Family Secuility in Sweden.International Labour Review, 34（6）:723-763
Pestoff, V（1998）*Beyond the Market and State: Social enterprises snd civil democracy in a welfare society*, Ashgate Publishing Limited, Aldershot, U.K.=（2000）藤田暁男・川口清史・石塚秀夫・北島健一・的場信樹訳『福祉社会と市民民主主義――協同組合と社会的企業の役割』日本経済評論社
Pestoff, V.（2013a）（"Cooperative childcare in Sweden"（公益財団法人生協総合研究所主催公開研究会「保育における親主体の協同とは――福祉国家研究の世界的リーダー　スウェーデン：V. ペストフ氏を迎えて」資料）
Pestoff. V. & Vamstad. J.（2013b）Promoting Good Work by Enriching Women's Work Environment: the Case of Social Enterprises in Swedish Childcare. Ersta Skondal University College, Stockholm, Sweden.
Pigozzi, M.（2003）UNESCO and The International Decade of Education for Sustainable Development.Connect 38（1-2):1-7
Skolverket（2011）Läroplan för förskolan Lpfö 98,Reviderad 2010
Stryjan, Y.（1995）Kooperativa dagis - de första åren（Cooperative Day Care - The First Years）in *Kooperation & välfard*（Cooperatives and Welfare）. Stockholm: Föreningen Kooperativa Studier
Swedish Institute（2005）Fact Sheets "Child care in Sweden"
United Nations（1993）*Agenda21: Programme of Action for Sustainable development.* New York: United Nations Department of Public Informaticn=（1993）環境省・外務省監訳『アジェンダ21 ――持続可能な開発のための人類の行動計画』（1992 地球サミット採択文書）海外環境協力センター（編）第36章:408-418
Vamstad, J.（2007）*Governing Welfare. The Third Sector and the Challenges to the Swedish Welfare State*; Östersund: Mid-Sweden University, Doctoral Thesis 37
Vamstad, J.（2012）"Co-production and service quality: The Case of cooperative childcare in Sweden" in *Voluntas*, 23: 4: 1173-1188

第7章

韓国：親の参画を通じた保育の民主化の模索

韓松花

　韓国の保育・幼児教育における親参画の特徴は，親の保育主体としての役割を通じた「保育の民主化」[1]の模索であると言える．近年，政策的にも，社会的にも，親を保育運営の協力的主体として見て，親の参画を保障することで，運営の透明性および保育の質向上を果たそうとする試みが進んでいる．

　本章では，韓国の保育・幼児教育制度における親参画の状況について概観し，親協同保育の出発点であった「共同育児」の実践に対する考察を通じて，韓国の取り組みが日本にいかなる示唆を与えるかを考えてみる．なお，本章では，幼児教育だけではなく，親の就労のための保育分野における親の参画を中心に考察する．

1　幼児教育・保育制度における親の参画の現状

　保育・幼児教育施設における親の参画形態は，参画レベルによって，おおむね4つの段階に分けられる（図表7-1を参照）．親の役割は，保育施設のイベントなどに参加するといった低いレベルの参画から，段階的に，親の1日授業，運営委員会として運営過程への参画，設置・運営者としての高レベルの参画がある．ここでは，韓国の保育・幼児教育制度において，保育・教育の質向上にかかわる3つの親参画の取り組み（図表7-1の(1)～(3)）についてみてみよう．

第Ⅱ部　親が運営する保育施設

図表7-1　保育・幼児教育施設における親の参画形態およびレベル

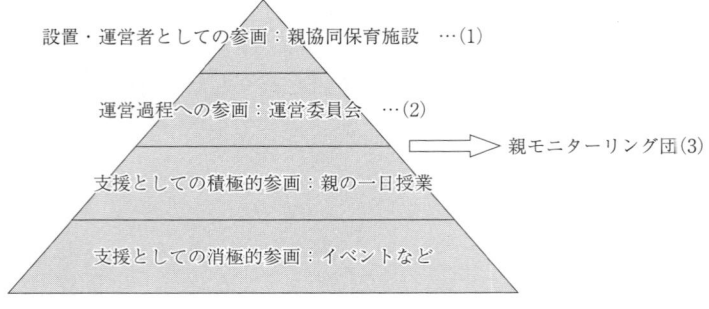

```
            設置・運営者としての参画：親協同保育施設　…(1)

         運営過程への参画：運営委員会　…(2)
                                        ⇒ 親モニタリング団(3)
      支援としての積極的参画：親の一日授業

   支援としての消極的参画：イベントなど
```

資料：여성부（2004:26）［女性部2004:26］より作成

1.1　親協同保育施設[2]の設置・運営

　韓国では，親協同保育施設は，保育施設の一種類として，法制化されている．「親協同保育施設」とは，保護者15人以上が，組合を結成して設置・運営する，常時，乳幼児11人以上の保育を行える保育施設である（「乳幼児保育法」第10条[3]，「乳幼児保育法施行規則」第9条，2005年）．施設の設置は，管轄の市長・郡首または区庁長の事前認可[4]が必要である．

　保育施設の類型別分布（図表7-2）で見ると，2012年に，親協同保育施設は113ヵ所で運営されており，保育施設全体の0.3％を占めている．民間・家庭中心（約9割）の保育サービス供給構造の中で，親協同保育施設は，かなり低い割合であるものの，毎年，増加傾向にある．園児数も，初めて分類された2005年（933人）に比べて，3倍程に増えてきた．

　親協同保育施設は，他種の施設に比べて，小規模運営である．『2012保育統計』によると，親協同保育施設のうち，8割強の施設は40人以下の小規模である．平均でみると，施設当たり園児数は，25人程度であり，平均の教師対園児の比率は，1:4.7である．教師1人当たりの園児数が，他種の施設に比べて少ないため，その分，保育の質も向上すると考えられるだろう．

　一方，親協同保育施設の地域分布を見ると，首都圏を中心に設置・運営されている（『2012保育統計』）．ソウル（24），京畿道（50），仁川（6）の施設数が，全体の7割を占めており，地方での設置は相対的に少なく，5つの地域（蔚山，世宗，全北，京北，済州）には全く設置されていない[5]．

1.2 運営委員会の設置[6]義務

　運営委員会の設置は，2012年より，保育施設運営の自律性と透明性を向上させ，地域社会との連携を強化して地域の実情や特徴に合わせた多様な保育を行うことを目的に，親協同保育施設以外のすべての保育施設に対して義務化されている[7]（「乳幼児保育法施行令改訂案」）．『保育事業案内』には，運営委員会の運営は，公開を原則に，上・下半期に1回以上開催し，会議録を作成・保管することを明記している．運営委員会は，当該保育施設の園長，保育教師代表，保護者代表および地域社会委員[8]（職場保育施設の場合，当該職場保育施設の業務担当者）を含めた，5～10人で構成される．委員長は，保育教職員以外の委員のなかから互選する．

　運営委員会の機能としては，「乳幼児保育法」第25条に，次のような項目を審議することが明記されている．①保育施設の運営規定の制定や改正に関する事項，②保育施設の予算および決算報告に関する事項，③乳幼児の健康，栄養および安全に関する事項，④保育時間，保育課程の運営方法など，保育施設の運営に関する事項，⑤保育教職員の勤務環境改善に関する事項，⑥乳幼児の保育環境改善に関する事項，⑦保育施設と地域社会の協力に関する事項，⑧そのほか，保育施設の運営に対する提案事項などである．具体的な運営方法については，『保育施設運営委員会マニュアル』（保健福祉部，2012）に出ている．

図表7-2　保育施設の設置・運営状況（2012年）

区分	親協同	国・公立	社会福祉法人	法人・団体等[①]	職場[②]	家庭[③]	民間[④]	計
施設数（箇所）	113（0.3）	2,203	1,444	869	523	22,935	14,440	42,527
児童数（人）	2,913（0.2）	149,677	113,049	51,914	29,881	371,671	768,256	1,487,361
教師数（人）	614	23,725	18,011	8,094	6,281	101,273	126,239	284,237
児童数／箇所（人）	25.8	67.9	78.3	59.7	57.1	16.2	53.2	35
児童数／教師（人）	4.7	6.3	6.3	6.4	4.8	3.7	6.1	5.2

注：①「法人・団体等」保育施設とは，社会福祉法人以外の各種非営利法人や団体等が設置・運営する保育施設である．②職場保育施設とは，事業主が職場の従業員のために設置・運営する保育施設である（国や地方自治体の長が，所属公務員のために設置・運営する保育施設も含む）．③家庭保育施設とは，個人が家庭またはそれに準ずるところに設置・運営する保育施設である．④民間保育施設とは，国・公立，社会福祉法人，法人・団体等，職場，家庭，親協同保育施設でない保育施設である．なお，株式会社が保育施設を運営することは韓国では認められていない．

資料：보건복지부（2012a）『보육통계』[保健福祉部（2012a）] より作成

運営委員会の設置および運営状況（『2012 全国保育実態調査』）をみると，施設類型別に格差がある．国・公立（設置率 99.6%，上半期運営回数 1.87 回）に比べて，民間（93.6%，1.44 回）や家庭（88.2%，1.33 回）の設置率・運営割合が相対的に低かった．また，運営委員会の活性化度に対する認識（園長先生回答）として，「活性化されている」（27.9%）が 3 割程度に留まり，「活性化程度が微弱である」（72.2%）と回答したのが 7 割を示した．活性化程度は，施設類型別に，国・公立が高く（60.7%），民間（21.6%）や家庭（12.2%）はかなり低い．会議録の公開については，73.3% の保育施設で公開しており，公開方法としては，「親に通知・配布する」（40.4%）が一番多く，その次に「掲示板に公開」（28.5%）である．運営委員会が有効に機能を果たすためには，形式的な設置に留まらず，実質的に運営が活性化しているかが鍵である[9]．とりわけ，民間や家庭保育施設には課題となる．なお，運営委員会設置を制度的に義務化したことは，保育施設・親・地域社会間の意見交流の公式的通路を設けることで，保育の透明性および保育の質向上にも影響を及ぼすだろう．

一方，幼稚園でも，2012 年の「幼児教育法」の改正によって，運営委員会を設置することが規定された（「幼児教育法」第 19 条の 3）．運営委員会の構成は，幼稚園教員代表と親代表からなる 5 ～ 11 人の範囲内で，幼稚園規模を考慮して定められる．幼稚園の運営は，これまで園長に単独権限が強かったものの，運営委員会の設置によって，親も運営に参画すること（例えば，決算，親の負担経費，給食，放課後課程の運営など）ができ，幼稚園運営の透明性と責務性の強化が期待されるだろう．

1.3　親モニタリング団の運営

親モニタリング団とは，保育施設運営の透明性確保および保育サービスの質向上を図ることを目的に，保育施設の保育環境についてモニタリングする，保護者と保育専門家（1：1 の 10 人以内）で構成された集団で，地域ごとに設けられている．管轄地域内のすべての保育施設に対して，3 月～ 10 月の 8 ヵ月間，モニタリングを実施する．親モニタリング団の運営は，2013 年 6 月に一部改正された「乳幼児保育法」第 25 条の 2 に，法的根拠をもつ．

親モニタリング団の活動における親の役割は，給食・おやつ（メニューおよ

第7章　韓国：親の参画を通じた保育の民主化の模索

び調理，食材料の栄養管理など），衛生（調理室や施設・設備の衛生管理など），安全（車両安全，児童虐待予防，環境安全など）および健康管理（予防接種，救急措置，健康検診など）について，保育施設の運営および事後管理についてモニターすることである．通常，保護者から収集した情報やネットで提起された事例などを常時モニターして，管轄の自治体に情報提供を行う．また，保育施設点検の際に公務員と共に訪問して，点検分野の指標モニタリングの支援や保育環境改善のためのコンサルティングなどを提供する．

2　親協同保育：「保育の民主化」の模索

韓国の保育・幼児教育における親参画の主な特徴は，保育において，親協同保育施設が保育施設の類型として制度化されたことである．韓国における親協同保育の淵源は，社団法人共同育児と共同体教育（以下，（社）共同育児と略する）の共同育児協同組合型保育施設であったため，ここでは，（社）共同育児による「共同育児」の実践を中心にみてみよう．

2.1　親協同保育の経緯：「共同育児」運動から法制化に至るまで

そもそも「共同育児」とは何なのか．「共同育児」とは，「自分の子ども」を預け，「他人の子ども」を保護することを超えて，「われわれの子ども」を共に育てようという共同体的意味である．保護者はもちろん，育児にかかわる各種の社会組織が育児の責任担当者として，子育て過程に積極的に参加することが，「共同育児」の核心である．こういった「共同育児」の実践運動過程で誕生したのが，親が運営主体となる「親協同保育施設」である．

最初の親協同保育施設は，1978年頃からの貧民地域における子どもたちの教育をめぐる「共同育児」運動を土台に，1994年に新しい形態の「共同保育」を試みたのをきっかけに設立された．その背景には，産業化が進むとともに，既婚女性の経済活動も増えてきたものの，それと相応して適切な保育が社会制度的に解決されてなかったことがある．当時の保育制度および保育施設は，量的にも増加する保育ニーズが満たされず，保育の質という側面からも深刻な問題を抱えていた．既存の官僚化された国・公立保育施設と，営利を追求する民

間保育施設で行われる単純で画一的な保育，競争や効率を強調する教育体制に対する問題意識[10]から，「安心して子どもを預け，子どもが元気に生活し教育が受けられる」施設を作ろうとして，親たちが共に主導的に運営できる「親協同組合型」が考案された．親たちは自らの力で共同育児の基盤をつくり，保育施設の運営（親会議，組合理事会，運営委員会など）に参加して，親が教師と共に子どもの成長を考える民主的な運営構造を定着させた．

韓国の「共同育児」運動は，民主化運動と一貫した，「保育の民主化」を模索しようとした社会運動でもある．「共同育児」運動を行った，いわゆる386世代[11]と呼ばれる親たちは，社会問題に関心が強く，子どもに対する心配だけでなく，子どもの生活が変わらなければ社会も変わらないという問題意識をもっていた．彼らは，運動を通じて組織され，保育施設をつくることに不安や抵抗がなかった．そこで，「共同育児」活動は，単なる保育施設をつくる保育・教育次元というよりは，社会運動的次元で進行し，それらの運動を土台に，「共同育児」が広がった．鄭 炳浩（チョンビョンホ）は，「『共同育児』運動は，民主化運動と共にした社会文化運動の性格をもち，韓国の共同育児モデルは，近代化と脱近代化の接点において，制度的教育[12]の次元を異にした時代的代案を模索しようとしたものである」と説明した[13]．

親協同保育施設は，「共同育児」運動を行うなかで，親が保育から排除されていたことを認識してつくった代案教育としての実験的モデルである[14]．1990年代初期，乳幼児保育法が制定され，保育制度が整備しつつあったものの，当時の保育政策は，民間施設の量的拡大に偏って，質的管理や支援には無関心であったため，制度が変わるのを待つよりかは，制度外で自治的にモデルづくりを実践しようとした．1994年に最初の親協同施設ができてから，親協同保育に対する親の満足度も高く[15]，2003年までの10年間，親協同保育施設は大きく発展した．そういったなかで，保育環境にも変化が起き始め，保育制度も普遍的保育へと転換しつつ，保育の公共性や質に対する問題が重要課題となってきた．親協同保育施設の拡張は，保育政策課題とも相まって，2005年に保育施設の一種類として認められ，法制化[16]に至った．親協同保育は，「共同育児」運動を通じて，保育政策や保育環境の成熟程度にかかわって，モデルの実践を通じた制度化（下から上への経路）を実現した．

法制化に至る「共同育児」の実践において，重要な役割を果たしたのは，(社) 共同育児の存在である．母体であった「子どもを心配する集まり」(1978年) の時から，「共同育児研究会」(1992年) を経て，「共同育児」運動を能動的に主導し，共同育児ネットワークの中心体になる一方で，研究活動や保育政策への働きかけを続けてきた．具体的に，保育団体と連携して乳幼児保育法の改正に積極的な活動を行い（公聴会や記者会見，政策討論会の共同主催など），政府や自治体のプロジェクトを通じた政策提言活動や，個人活動家が政府関連機構（例えば，中央・自治体の保育政策委員会，政府の政策諮問団や協議会など）に参加する活動などがあった[17]．これらの活動を通して「共同育児」の実践および発展を図ってきた．以下，「共同育児」の実践的事例を見てみよう．

2.2 「共同育児」の実践：サンドォル保育所事例

サンドォル保育所は，(社) 共同育児のネットワークに属する親協同保育施設である．2009 年 10 月に，ソウル市の「ソウル型保育所」[18]に認証された．保育施設の規模は，定員 39 人であり，現在，満 1 歳児 3 人，満 2 歳児 6 人，満 3 歳児 13 人，満 4 歳児 10 人，満 5 歳児 6 人がいる．教師数は，園長，保育教師 4 人，補助教師 3 人，調理師 1 人，事務補助 1 人の計 10 人である．基本保育時間は，一般保育施設と同様に，平日は 7 時 30 分〜 19 時 30 分であり，土曜日は 7 時 30 分〜 15 時 30 分である．

サンドォル保育所は，2000 年頃に 5 世帯が集まって準備会を結成し，同年 12 月に 8 世帯が集まって組合を結成して設立された．初めは，大学の同級生であった 2 人の親が，親協同保育施設をつくることに関するブログを開設したのをきっかけに，同地域で親協同保育に関心のある世帯が集まるようになった．設立動機といえば，当時には，親参画形態の保育施設はほとんどなく，民間の保育施設で発生する不正問題や保育施設がオープンな雰囲気でないため，子どもが保育園でどう生活し，教師とどのような相互作用をし，施設は透明に運営されているか，といったようなことに対する不安感があった．というのも，当時，組合を結成した世帯のほとんどが，専門職や自営業などの長時間勤務の共働き世帯であったからである．また，親として，子どもの保育へ共に参加しようとする意識が高く，これらの動機が相まって，施設をつくることになった．

第Ⅱ部　親が運営する保育施設

図表 7-3　親協同保育施設：サンドォル保育所

① ②

注：①保育施設の入口には，看板の隣に，給食の食材として生協の有機農業食材を使っていること，保健福祉部から認定された評価認証保育施設であること，ソウル市の「ソウル型保育所」であることの標識がかけてある．②園庭にある遊具や机は，父親たちが作ったものである．興味深いのは，机を逆にすると，遊具になるとのことである．
資料：筆者撮影

協同組合および保育施設の運営を構成する諸費用は，次のとおりである．まず，親の出資金は，1世帯あたり800万ウォン（1ウォン=0.09円，約72万円）であり，1世帯の子ども2人は1000万ウォン（約90万円）である．退所の際に，出資金は返されるものの，公的基金として，出資金の15%程度（1人120万ウォン（約11万円），2人150万ウォン（約14万円））を保育施設に寄附している[19]．次に，保育料は，国家の定めた年齢別保育料支援金額と同額である．すなわち，国・公立保育施設と同額であり，保育料の親負担はない．保育料以外に，この保育園では，協同組合支援負担金が，1人当たり20万ウォン（約18,000円）/月かかるものの，民間保育施設のような，特別活動[20]費などの費用はかからない．最後に，毎月運営費は，保育料，協同組合支援金，「ソウル型保育所」支援金で賄っている．そのうち，協同組合支援金は，（社）共同育児から500万ウォン（約45万円）/月支給される．「ソウル型保育所」支援金[21]は，人件費中心に支給され，園長と乳児クラス教師の場合，人件費の80%，幼児クラス教師の場合，人件費の30%が支給される．また，施設補修費用の一部も支給される．一方，運営費の7〜8割は教師人件費，2〜3割は給食費，5%程度は教具・教材に使われる．

保育施設における親参画プログラムは，施設運営に参画する諸会議と，親参画教育や各種行事など，次のようなものがある．第1に，協同組合の最高会議

である総会がある．総会は，親組合員と教師が参加し，年に2回（上半期は7月，下半期は2月頃）開き，保育料問題，教師給与問題，クラス運営状況，定款改正，園長承認などの重要事項について議論する．総会における決定権は，親は1世帯あたり1票，教師は全体で1票の権利が行使できる[22]．第2に，親会議である．親会議は，部屋会[23]と集合会議の二種類がある．前者は，組合と教師の中間組織としての役割を行っており，同年齢部屋ごとに行われる会議である．月に1回，親たちと担当教師が，子どもの1ヵ月間の生活状況や部屋運営の意見交換，特別事項について議論する．後者は，満1～5歳の部屋をすべて合わせたうえ，4つのグループに分けて行う集合会議である．ここでは，掃除や各種行事などを中心に議論を行う．週に2回集まって掃除を行い，お互いに順番で行事の事前準備や食事準備などを行う．それ以外に，親同士キャンプや旅行，公演観覧などの際に，非定期に集まる会もある．第3に，理事会（運営委員会）である．理事会は，月に1回，定期理事会を行い，緊急の場合，緊急理事会を行う．親は，理事会の会議録が参照できる．理事会の構成は，委員長1人，監事1人，委員7人（親委員5人，外部委員2人）の9人である．第四に，各種会員活動や行事活動，施設補完活動などである．（社）共同育児の会員として，公共の総会，新入理事教育，懇談会などに参加し，親としてのパパ・ママ活動（2.3で説明），施設補完作業，子どもの遊具制作などの活動を行う．

　こういった保育への親参画は，親たちに負担にもなるものの，親も成長でき，やりがいもある．園長先生は，保育施設が設立されてからの10年を振り返って，「一番やりがいを感じたのは，親の成長，とりわけ父親の子育て参加である」と語った．また，10年間の世代交替をみながら感じたのは，初期の親たちは，社会運動の性格をもつ傾向であったのに対して，現在の親たちは，最初は自分の子どものことだけ考えて来るが，親としての責任や共同体意識を感じて成長していくというように「共同育児」への認識のタイミングに違いがあるとした．

2.3 「共同育児」の特徴

　前述のように，「共同育児」は，共同体的な育児方式をとっており，親が保

育施設の運営に直接参加して，組織運営，教師採用，場所選定および子どもの教育などの運営原則や内容を共同決定することで，保育・教育の質を向上させる開かれた教育の場であるといえるだろう．このような「共同育児」型保育施設[24]の特徴は，以下の3つにまとめられる．

　第1の特徴は，保育主体である子ども・教師・親の平等的関係である．一般の保育施設では，教師主導型（とりわけ園長主導）で運営されているところが多いものの，「共同育児」型保育施設では，保育主体である子ども・教師・親が共に保育を作るという三位一体の考え方で運営されている．

　「共同育児」型保育施設では，「共同育児」の「保育権利宣言」において，各主体の権利について明記している．そのうち，親の権利としては，安心して子どもを預けられる保育施設を家の近所につくること，子どもの健康と幸福を支援する保育プログラムをつくること，望ましい保育に必要な費用を親と社会が分担すること，保育施設での子どもの生活について常に教師と相談できること，乳児保育・夜間保育・障害児保育のような多様な保育施設をつくることなどが含まれている．

　第2の特徴は，民主的な運営方式である．「共同育児」型保育施設の運営は，組合運営と保育施設運営に分けられる．組合運営は，協同組合が安定的に維持できるように理事会が中心になって，組合財政の安定化，組合員管理，政府支援の確保などに注力する．保育施設運営は，保育施設の保育課程や環境整備について議論する場であるため，園長（あるいは教師代表）が中心になって教師会が担当する．親組合員や地域組合員は，教師の施設運営に対する評価や提案などを通じて運営に参加することができる．それぞれの役割を分担して，親協同保育を効率的に体系的に運営しようとする．

　「共同育児」型保育施設では，親が，理事会や親会議など，保育施設運営の責任主体として参加しているため，親の責任強化および教師とのコミュニケーションが円滑になされる．保育施設と組合を民主的に運営するための各種会議を開催し，主要会議としては，年総会（2回），理事会，教師会議，分科会議（部屋会や教育小委員会[25]）などがある．また，親の保育活動への参加を制度化した，教師の代わりに親が1日子どもの面倒をみる「パパ・ママ活動」[26]制度があり，親が保育施設の生活環境や教育プログラムについてよく理解できるよ

第7章　韓国：親の参画を通じた保育の民主化の模索

うになる．

　第3の特徴は，開かれた教育の場である．ここで，「開かれた」というのは，保育施設が親に対して開かれたという意味である．一般の保育施設は，親に対してオープンになっていないところが多く，施設と親の間には一種の「壁」が置かれている．それに対して，「共同育児」型保育施設では，親が，必ず保育施設の中まで入って，子どもの一日の生活をチェックし，ほかの子どもにも話しかけ，先生とも自由にコミュニケーションをとることを薦める．

　上記の「共同育児」的特徴を持つ親協同保育は，保育の透明性や保育の質を担保する側面からみて，先進的モデルであるものの，特定層における特殊モデルであるという認識もある．親協同保育は，初期の出資金がかかるため，中間層以上ができる保育[27]であり，標準保育課程をそのまま使わずに自然親和的な遊び教育を中心に行うゆえに，特殊モデルという認識がある．これらの点は，「共同育児」の課題である．親の初期費用を抑えるための政府による施設提供や支援は重要な課題であり，「共同育児」型保育内容の自律性を保ちながら標準保育課程との妥協点を模索すること，親協同保育モデルだけでなく，他種の保育施設の委託運営などの多様なモデル開発[28]も課題となっている．

3　日本への示唆

　以上を踏まえて，韓国の特徴は，制度・政策的にも，実践的にも，保育への親役割を通じた「保育の民主化」を模索していることであろう．では，韓国の取り組みは，日本に対していかなる示唆があるかを考えてみよう．
　まず，親協同保育の道筋からみて，韓国と日本は「違う方向」をみせている．韓国の場合，制度外で自治的に実践モデルを作って，制度化を弾力的にコントロールしてきたのに対して，日本の場合，戦後に作られた「共同保育所」は，保育制度内に吸収され，衰弱してきた．これには，2つの理由が考えられる．第1に，日本の「共同保育所」が，戦後，保育施設の量的不足のため作られたのに対して，韓国の「親協同保育施設」は，量的不足だけでなく，保育の質への問題意識から作られた経緯に両者の違いがみられる．第2に，日本の保育サービスは，措置制度に規制されてきた構造の遺制である一方で，「保育の民

営化」が進んでいるのに対して，韓国の場合，保育供給主体の規制緩和[29]がなされたなかで,「保育の民主化」を模索していることに両者の違いがみられる．

　次に，親協同保育の発展において，重要なポイントは，ネットワーク形成および研究組織の存在である．「共同育児」運動は，ネットワーク運動でもあり，その中心にあったのが，（社）共同育児の研究組織である．（社）共同育児の前身であった共同育児研究院は，協同組合型方式を考案し，その実践が有効に行われるように，各協同組合と密接な関係を保ち，支援を行ってきた．おそらく，韓国の親協同保育が，特別な政府の支援なく発展してきたのも，研究組織と諸組合の関係的なネットワーク形成があったからであろう．

　最後に，政府の政策レベルの動きである．韓国の場合，親協同保育施設の法制化だけではなく，運営委員会の設置義務など，政府が政策レベルで親参画に取り組んでいる．親協同保育の場合，保育の透明性や質が担保できる側面から，最近，自治体次元で協同組合型保育施設を運営するところもできた．ソウル市蘆原区庁保育施設がその一例である．一方，日本では，親が参画する協同組合型保育施設に関する議論が政策レベルで取り上げられたことはほとんどない．

　韓国における保育・幼児教育状況を鑑みると,「保育の民主化」とともに,「育児の社会化」を模索しているところであろう．韓国の保育・幼児教育政策は，ここ10年間，集約的に発展してきた．そういったなか，幼保一元化や不均衡的な保育構造の問題，子育てをめぐる両立支援などのような様々な課題も残っている．しかし，保育の透明性および質向上を政策目標に，保育への親参画に注目したことは，これまで保育から排除されていた親を保育の主体としてみることで，保育・幼児教育の民主的な方向性を提示したのではないかと考えられる．なお，親参画の課題は，保育・幼児教育政策だけではなく，家族政策や労働政策などと連携した政策パッケージのなかで議論されることが望ましいだろう．

　一方で，日本を鑑みると,「保育の民主化」なき,「育児の社会化」が進められているようである．近年,「保育の民営化」が進むなかで，親は保育から排除されており，保育の質に関する問題も課題になっている．隣国の経験からみて，保育・幼児教育の質および子どもの福祉の向上のためには，保育主体であ

る親を含めた，諸主体の主体性が保障された「保育の民主化」が問われなければならないだろう．

謝辞：韓国の資料収集や調査研究では，鄭炳浩［정병호］先生（漢陽大学教授・(社)共同育児共同代表），ユン・ウギョン［윤우경：コアラ］先生（(社)共同育児），パク・ジョンファ［박정화：달팽이］園長先生（サンドォル保育所），徐文姫［서문희］先生，ヤン・ミソン［양미선］先生（育児政策研究所）にお世話になった．また，相馬直子先生（横浜国立大学）に貴重なアドバイスをいただいた．ここに感謝申し上げたい．なお，本研究の調査は，横浜国立大学経済学部所属アジア経済社会研究センターの助成を受けたものである．

注
1）本章で「保育の民主化」とは，保育における諸主体の主体性や権利保障の意味で用いる．
2）韓国語では，保育施設を「子どもの園」という意味の「オリニジブ」と呼ぶ．
3）同法において，保育施設の設置主体として類型化される以前は，民間または家庭保育施設に分類された．
4）韓国で，保育施設の設置は，2004年の「乳幼児保育法」改正によって，申告制から認可制に転換した．ここで，認可制とは，ただ設置を認可するという意味であり，日本の政府支援施設としての認可制とは違いがある．
5）この点，地方でもニーズがあるものの，保育施設をつくるのに，一ヵ所に集中しにくいからだと考えられる（専門家へのインタビューより，2013年8月6日）．
6）運営委員会の設置を提案したのは，鄭炳浩先生（初期の「共同育児」運動に参加し，最初の親協同保育施設の園長を担った）である．盧武鉉政権の時，女性部の委託を受けて，運営委員会などの保育の公共性および透明性，保育の質向上をめぐる政策提案を行った（鄭炳浩先生へのインタビューより，2013年8月7日）．
7）運営委員会の設置は，2005年「乳幼児保育法」改正によって，40人以上および脆弱保育（障がい児保育など）を行う施設に対して義務化し，2012年からその対象を，親協同保育施設以外に拡大した．
8）地域社会委員の資格要件は，当該保育施設の地域を生活根拠地とする保育専門家，そのほかの地域および保育施設運営に貢献しようとする者，当該保育施設と関連のある地域住民や卒園生の親，法人保育施設の法人担当者などである．
9）運営時の困難としては，「運営委員の日程調整」（40.4％）が一番多く，次いで「低い関心度」（29.8％），「経験・能力の不足」（17.0％）の順である．

10) 「官僚化された保育」への問題意識とは，いわゆるモダンエデュケーションとしての標準化・画一化された授業が行われ，その枠組のなかで，より低年齢の子どもへの教育を制度化することに対する憂慮であり，保育モデルを近代的教育あるいは生活訓練（訓育）の機会とみなすことによって，親が学校へ入りにくく，子どもの時空間が分離されるという近代的教育への批判意識からなるものである（国・公立の場合，官僚化の可能性が高い）．「営利追求」への問題意識とは，新自由主義的な資本主義社会において，個人の個性や可能性をみることよりは，点数や競争中心の教育を前提に，親を保育の消費者とみなし，親の競争心を刺激して過剰消費を促す営利的な動きが強まっていることに対する批判である（鄭炳浩先生へのインタビューより，2013年8月7日）．
11) 386世代とは，1980年代に学生運動に参加した，60年代生まれの（1990年代当時の）30代を指すものである．
12) 制度的教育といえば，大人がつくった教育中心の体制として，タイトなプログラムで構成される．それに対して，「共同育児」の教育は，授業方式を簡素化してプログラムを緩めに編成し，子どもの好きな遊び中心の教育方向で，解放的な子どもの生活を構成しようとしたものである．
13) 鄭炳浩先生インタビューより，2013年8月7日．
14) 共同育児の親協同保育は，幼児教育制度には規制が強かったため，比較的制度の隙間が見えた保育において進行された．
15) 2007年に親協同保育施設を対象に行った調査では，約70％の親が満足していると答えた．（（社）共同育児（2007））
16) こういった「共同育児」運動の制度化経路について，황윤옥（2008）［ファン・ユンオク 2008］では，制度外の実験に過ぎなかった非制度化期（1978〜1993），制度のそばで代案モデルづくりを実践した半制度化期（1994〜2004），その実践が法制化された制度化期（2004〜現在）にまとめている．
17) （社）共同育児は，すべての子どもが階層，地域，ジェンダー，障がい程度にかかわらず，誰もが望ましい育児の恩恵が受けられるように，子どもの福祉と教育の質向上を目的に設立された．主要事業としては，保育施設設立や放課後事業支援を行う支援事業，教師教育課程や親教育を行う教育事業，共同育児の社会的拡散のためのモデル開発事業，保育政策や共同育児に関する研究・出版を行う研究事業などを行っている．
18) 「共同育児」型保育施設の中で，「ソウル型保育所」は5施設がある．
19) 出資金額およびその扱いについては，保育施設ごとに異なる．ここの場合，初期に施設を購入するのに費用がたくさんかかっており，ローン返済などが残っているため，公的基金の寄附を行っている（園長先生インタビューより，2013年8月7日）．
20) 特別活動とは，保育施設の保育教職員でない外部の講師によって行われる，

標準保育課程の年齢別保育プログラム以外の活動プログラムである．例えば，英語，音楽，美術などの特別プログラムである．
21) 政府支援金は，中央政府からの支援はほとんどなく，地方財政の強い地域では，独自に支援を行っている場合がある．例えば，ソウル市の「ソウル型保育所」や京義道果川市の「果川（クァチョン）型保育所」などである．
22) その他の「共同育児」型保育施設では，教師1人当たり1票のところもある．教師の決定権については，2012年に制定された協同組合基本法に基づいた諸議論を通じて，教師会が教師組合員になるか，そのまま職員になるかの整理が必要な課題である．
23) 「部屋会」は，自分の子どもが属す部屋の親同士と先生が，月に1回集まって，当該部屋の教育に関して相談する活動である．「共同育児」型保育施設では，一般の施設で呼ばれる「クラス」ではなく，一般家庭の部屋のように，相互に開かれたという意味で「部屋」と呼んでいる．
24) 本章で，「共同育児」型保育施設は，（社）共同育児に属する親協同保育施設のことである．その他に，（社）共同育児のネットワークに属さない親協同保育施設も50ヵ所に上る．また，（社）共同育児が委託運営する国・公立（2ヵ所），民間（1ヵ所），職場（1ヵ所）保育施設もある．
25) 教師と親が，子どもの教育をめぐって，多様なテーマで討論する活動であり，2週に1回開かれる．
26) 韓国語では，パパ・ママの略語で，「アマ活動」と呼ぶ．
27) この点，鄭炳浩は，「親協同保育は，中間層以上の比較的に金銭的余裕のある世帯が参画するものであるという認識もあるものの，実際には，所得の高い層という側面よりかは，比較的に教育レベルが高く，共同保育に対する価値観を持っている世帯が参画する新しい保育像であろう」とした．
28) 「共同育児2020」（（社）共同育児：http://www.gongdong.or.kr/　2013年8月9日最終閲覧）を参照．
29) 韓国の場合，民間や家庭保育施設のいわゆる民間セクターは，政府支援施設ではないため，設置認可の側面では，規制緩和されていると考えられるものの，保育料設定の側面では，行政（自治体）の規定範囲内という規制がある．

参考文献

정병호 (1994)「대안교육의 길을 찾아서 : 야학에서 공동육아까지」『내가 살고 싶은 세상』제 10 호, 또하나의 문화（鄭炳浩 (1994)「代案教育の道を探して：夜学から共同育児まで」『私が住みたい世界』第10号，もう一つの文化）

황윤옥 (2008)「공동육아운동 제도화의 경로와 과정, 성격에 대한 연구」한국성공회대학 NGO 대학원석사논문（ファン・ユンオク (2008)「共同育児運動の制度化の経路と過程，性格に関する研究」韓国聖公会大学 NGO 大学院

修士論文）
보건복지부（2012a）『보육통계』（保健福祉部（2012a）『保育統計』）
보건복지부（2012b）『보육시설 운영위원회 매뉴얼』（保健福祉部（2012b）『保育施設運営委員会マニュアル』）
보건복지부（2013）『보육사업안내』（保健福祉部（2013）『保育事業案内』）
보건복지부，육아정책연구소，2012,『전국보육실태조사』（保健福祉部・育児政策研究所（2012）『全国保育実態調査』）
여성부（2004）『부모협동보육 활성화 방안』（女性部（2004）『親協同保育活性化方案』）
공동육아협동조합 산들어린이집（2010）『으랏차차 산들 10 살』（共同育児協同組合サンドォルオリニジブ（2010）『ウラチャチャサンドォル 10 年』）
공동육아협동조합 산들어린이집（2013）『운영안내서』（共同育児協同組合サンドォルオリニジブ（2013）『運営案内書』）
서울연구원（2013）『서울시 공동육아협동조합 활성화를 위한 민관협력방안』（ソウル研究院（2013）『ソウル市における共同育児協同組合を活性化するための民官協力方案』）
（사）공동육아와 공동체교육,『공동육아（회보）』（（社）共同育児と共同体教育『共同育児（会報）』）
（사）공동육아와 공동체교육（2007）『부모협동보육시설 보육・교육 실태조사 보고』（（社）共同育児と共同体教育（2007）『親協同保育施設における保育・教育実態調査報告』）
（사）공동육아와 공동체교육（2011）『공동육아 다양한 모델 개발을 위한 포럼』 포럼자료집（（社）共同育児と共同体教育（2011）『共同育児の多様なモデルを開発するためのフォーラム』フォーラム資料集）

第8章
イタリア：親を地域で支える社会的協同組合

近本聡子

1　保育と親の参画の現状

1.1　イタリアの概観

イタリアはルネサンス期以降，欧州他国同様に国内でも様々な地域史を経過しながら1861年に統一された比較的大きな面積（日本の面積の8割くらい）をもつ国である．一例を挙げると，エミリア・ロマーニャ州のような自由都市の伝統が根付く地域や，ハプスブルグ帝国から独立後にイタリア内でも自治を獲得して国家並の権限をもつ北の地域（トレンティーノ・アルト・アディジェ州），大都市のローマやミラノとその周辺地域，家父長制の根強い南部地域，など地域色が非常に強い．宗教的にキリスト教（カトリック）が優勢なのは共通している．

デモグラフィックな数字をみると，イタリアは人口5939万人（2012年末）と日本の約半分の人口規模である．近年は先進国のなかでも日本と並んで出生率が低いことで有名である．2012年は日本の合計特殊出生率が1.4（2006年以降横ばいか微増）であるのに対し，イタリアも1.4（2003年以降微増）と両国ともに僅かに上昇に転じているものの北欧やフランスほど回復していない状況である．

1.2　イタリア女性達は家族内アンペイドワークから脱却しつつある

イタリアは憲法第一条に「イタリアは労働を基礎とする国」と規定されるよ

うに，労働に対する価値の置き方は大変に強い．しかしこれまでは，この価値が「男性稼ぎ手」家族を形成してきた．

女性の低労働力率の背景にキリスト教（カトリック）の影響力が強く，その根幹である「家族」主義が色濃く残っているといわれる．子育てについても，3歳までは母の手で育てるべきであるという規範が強く，各種統計においても保育所では育てないほうがいい，という人が年長者を中心に多数派（2008年で80％強）を占めている．従って家族（特に母）が子どもを育てることが基本となっていた．90年代まで小学校の授業が午前中に終了する制度で，子どもを学校から昼には親が連れて帰り，昼食を摂るということが一般的に行われていた．

2013年発表のOECD加盟国における女性の就業率（25〜54歳の平均）をみると[1]，80％（2012年）を超える国はスウェーデン，アイスランドなど北欧諸国が目立つ．日本はこの年齢層は69％で加盟34ヵ国中24位，イタリアは日本よりもさらに低く58％である．女性の年齢別労働力率のグラフは，日本では教育終了（学校卒業）後にすぐに就職，育児期に退職するのでM字型のカーブを描くが，イタリアは台形型の労働力率であり，30歳代後半から50歳までが6割を超えている．イタリアは若年層の失業率が日本よりもかなり高く，「政府は4割というが，実質は8割だ」という声が市民にはリアリティがあるという．

1.3 増加した保育ニーズの背景

イタリアも加盟しているEUでは，保育政策について，2007年リスボン条約で2010年までの目標を設定している．0歳から3歳までの子どもの保育所での入所率は33％を目標ラインとしている．後述のように，今回フォーカスしているトレント市は，公営と民営合わせてすでに達成（32.6％）しているが[2]，イタリア全国では29.2％（2008年）と，EU数値目標を達成していない．トレント大学の社会的協同組合研究者のボルツァガ氏の紹介では，EU目標の達成を目指し，国の2007年財政法（第193条）では，2007〜2009年の3ヵ年で毎年1億ユーロを計上した（Borzaga 2009=2013）．また，地方自治体での事例として県開発計画（トレント自治県・サービス計画2006年）では，女性の労働市場

参加を促進するために,「EUの定めた目標達成に向けて, 第1期(3ヵ月～2歳11ヵ月), 第2期(3～6歳)の子どものケアと発達へのサービスを提供し,労働と子どものケアの両立」(Borzaga 2009=2013)を目指している.

2003年, 社会保障制度の改革[3]で, 自治体が保育に責任をもつことが定められ, 法律では保育ニーズのある人を1年待たせてはいけないと規定された.家族親族ではまかないきれなくなった保育ニーズの増大に応えたのが社会的協同組合である. 福祉分野ではかねてから注目されているが, これはニーズのある人びとが共に出資をして協同組合(法人)を作り, 主に公的資金による福祉事業の民間委託を受け事業を展開するという事業創設を促す制度(イタリアでは法制化された:法律381号/1991年)である. 日本の福祉における「社会福祉法人」「NPO」に行政と地域アクターとしての関係においてかなり近いが, 出資と配当の構造や, 制度として法人認可されやすさが全く異なっている.

1.4 親たちも作れる社会的協同組合

社会サービスへのニーズの増大は, 保育分野以前に福祉分野(障がい者ケアや高齢者ケア)でみられ, イタリアにおいては「何でも協同組合で解決しよう」という地域メンタリティも大きく(星野2006), 社会サービスを事業(すなわち雇用も発生する)とする社会的協同組合が制度化されてきていた. イタリアの社会的協同組合は, 法律で社会(福祉)・保健・教育サービスを提供するA型と, 社会的に不利な人(障がい者・受刑者など)を雇用する(30%以上)ためのB型に分類され, 保育所運営はA型になる. 社会的に排除されがちな人を包摂するシステムとしてEUやヨーロッパ各国で注目を浴びたのは主にB型である. A型・B型ともに, 設立のためには通常9人が発起しなければならないが,「小規模協同」で3人からでも設立でき, 州によって認可されることが基本である.

社会的協同組合は, 日本のNPOと類縁関係があるが, NPOと協同組合では出資に対する配当の考え方が異なっている. 社会的協同組合は「出資・労働・参画・利益の社会(地域)への還元」が原則であり, 働きたい人が組織を作る或いは参画するのにメリットがある.

本章では, もっとも社会的協同組合が発達して公共サービス(社会サービス)

においてかなりの領域を占め，かつ当事者である親たちがつくった社会的協同組合のあるトレント県と，その州都のトレント市（人口11.5万人：2012年）にフォーカスして，親のつくった保育所や社会的協同組合による保育所，そして親の参画状況をみてみようと考える．

1.5 保育所に子どもを通わせる親は任意に活動ができる

　トレント県トレント市（スイス・オーストリアに近い北部）では，親や労働者の所有する社会的協同組合の保育所のほうが数が多く，公立保育所は少ない．子どもを育てる主体としての親は尊重されており，子育てにおいて，保育者と保護者の連携は必須であると考えられている．また，公立というニュアンスも日本のように「役所が運営している」というイメージではなく，「街の皆の保育所」というイメージのほうが近い．もちろん，近年では市役所の運営も「官僚的になった」という市民の声はあるが，北部イタリアに共通してみられる街ぐるみで子どもを育てようという設立当初の方法が世界で注目されている．日本でもよく紹介されるレッジョ・エミリア市の保育理念・実践においても感性教育の技術論の背景に，この「公に対する思想」がある．

　このような公立というものへの市民意識からみると，イタリアの人びとが公立保育所に関与しやすいことは自明であるが，子育てに慣れない親と資格のある保育士が子どもの発達を支える仕組みを大変うまくつくっている．親は常に，ペダゴジストという教育発達専門職の職員と相談しながら子どもを見守り育てることができ，おそらく家庭で育てる場合よりもはるかに子育て家族が孤立する確率が少なくなる．2005年の時点ですでに，働いていない親からも「子どもを保育所に預けたい」というニーズが出ており，保育の質がかなり高く教育的な支援が厚い状況が親たちにも高く評価をされていたという[4]．

　親の活動は任意なので，トレントでみられたのは，保育園の菜園づくりで父親達が大活躍という事例，中部ボローニャ市のような，国際児童図書展が開催されていることで絵本の読み合いの盛んな地域では絵本サークルなど，保育所で知り合いになって活動することはよくみられるそうだ．また，どの市でも親代表者という親のリーダー的な人をクラスで1～2人，年初の懇談会（園の主催で年数回開催される）で決めることが観察できた．リーダーが何か発案すれば，

実現するイベントも多いようだ．

「保育園に何かものをいうための親の会」を全員参加でつくり，あるいはそれを促進させようという動きはなく，トレント市の保育担当職員のヘッドは「何故そのような会が必要なのか，それは子どもの発達に不満があるから必要なのではないか」とかなりいぶかしがられた．親の会には全員参加するべきだと日本式に考えていたので筆者はカルチャーショックを感じたものだ．しかし，のちに紹介するように，市側があまり「親の会」を必要がないと考えている場合でも，親協同組合保育所の場合は「運営委員会」を設置して，協議の場を作るケースもみられる．

2　保育政策と施設：親所有の協同組合を中心に

2.1　イタリアの「幼児第一期」教育システムとしての保育所

イタリアの義務教育前の教育制度はすっきりしており，0（3ヵ月）〜2歳児は保育所（AsiloNido：asiloは遊び場，nidoは巣という意味をもつ），3歳児〜6歳児は幼稚園（Scuola dell'Infanzia：幼児学校）に入所・就学できる．幼稚園は国公立の機関は保育・授業料は無料で，給食やスクールバスの利用がある場合には概ね利用家庭が経費を支払うことになっている．私立園は保育・授業料ともに有料である．国立幼稚園には，親をメンバーに含む学校運営評議会が置かれている（佐藤 1990）．

イタリアの保育所は日本のほとんどの自治体と同じで，前年の所得に応じて，応能負担となっている．障がいをもっている子ども，あるいは発達の遅れがみられると判定された子どもは優先的に保育所に入り，発達の教育やトレーニングを受けることができる．毎年保育ニーズは増加しており，ニーズがあっても全員保育を受けられるわけではなく，保育所への入所は親の事情によって優先順位が設けられている．

スウェーデンなど北欧型の福祉国家において保育所増設期（女性の家庭外就労が増加した時期）に非常に多くの親協同組合立の保育所が作られたのが1970年代であるが，イタリアでは2000年代に保育所が増設され，現在も増えている．

希望する子どもはすべて保育所に入れるように予算が増額されていくと，公的資金の節約という点からも社会的協同組合の保育所運営が増加していく．例えばトレント市の保育部長アニータは「ニーズが増えるので，委託経費が公立より安い（計算書も提示してもらった）協同組合運営を増やし，市立の園も全園協同組合に任せる計画である」と明言した．現在（2013年）トレント市では，23の保育所があり，そのうちの14保育所が協同組合立である．トレント市は広域行政のトレント県の管轄下にあり，「保育の質を一定水準以上にするためのコントロールがかなり厳しい」と彼女は語る．

　公的保育所サービスでの統一された目標と基準があって，公立と協同組合立という運営主体での差がでないように教育学的プロジェクト・その理論とプログラムを，委託契約時に細かく規定する．これがすべての子どものよりよい発達を保証すると考えられている．この点はボローニャ市にある老舗の社会的協同組合カディアイ（Cadiai）の理事長も「ボローニャ市との保育所運営契約はかなり細かく規定されており，協同組合保育所の特色はほとんど出せない」と語っている．

　また，トレント市における「保育所を事例とした公的アウトソーシングによる効果を測定した調査報告書」のなかで，ボルツァガ氏は次のように述べている．「保育所は，教育的側面と高いレベルでの人間関係を司るものである．多くの自治体がこのサービスのアウトソーシングを実施したが，その1つがトレント市であり，市は，利益の最大化を目指すことなく，しかし，企業の視点から市民のニーズに応えることのできる非営利組織に保育所を委託するのが適当と判断し，ウェルウェアミックスの原則にもとづく公的機関と社会的民間企業の間の「相補性代償」を価値づける施策とした」（Borzaga 2009=2013）．

　日本では考えられないが，トレント市は営利企業ではなく，社会的協同組合のみを委託先としたのである（この排他的な委託先の選択については議論があり，筆者の市民への聞き取りでは，市民活動レベル，すなわち現在発生しているグラスルーツ的な親の小規模保育グループなどが，公的助成から排除される側面をもっていることを付言しておく）．この制度は，協同組合間の連合を育成し，連合体で入札したり，互いにワーカーを融通しあえるというメリットも生み出している．

2.2 保育所を運営する社会的協同組合の2つの当事者性

前節で概要を述べたように，イタリア全土で社会的協同組合法にのっとって，社会的協同組合は誰でもがつくれるのだが，市民たちは「労働者」として「仕事をつくるために」協同組合をつくるケースが多い．これらはワーカーズ・コープという分類に入れられる．韓国の章で紹介されているような「親たちが保育ニーズのために作る」親協同組合はむしろ少なく，トレント県ではクレス市が基盤の「テントウムシ (la cottinella)」(2013年現在12の保育園を運営) という社会的協同組合だけであった．前述のボローニャ市のカディアイ (Cadiai) もワーカーズ・コープである．

ヨーロッパのような協同組合の発達した先進国では，親の所有するペアレンツ・コープと，ワーカーズ・コープは明確に区別され，分析の際にも違うミッションをもつ協同組合として分ける．例えば，スウェーデンの福祉国家論の研究者V.ペストフらによる分析では，ワーカーズ・コープ運営の保育所よりもペアレンツ・コープ（保育ニーズをもつ当事者による設立）保育所のほうが，親の様々な参画感やコントロール感が高いという調査結果であった．しかし，現在のイタリアではトレント市でもボローニャ市でも，ワーカーズ・コープである社会的協同組合による保育所でも親の満足感が非常に高い数値であった[5]．

2.3 トレント市の保育理念と目標

日本では，乳幼児の発達援助についてイタリアの手法が多く紹介されている．例えば，モンテッソーリ教育，レッジョ・エミリア式保育などその手法をメインに据える保育所・幼稚園が各地に存在している．

トレント市においても，保育理念が明確にある．市の教育担当者（ペダゴジスト）の代表であるロレンツァは「子ども達の発達に関しては，ボローニャ大学の研究者にも助力を得て，明確な目標をつくっています．まず，子ども達のベネッセ（よく生きる，英語ではウェルネス）を有利にしていくことです．つまり，保育園とは，子どもがほかの子ども達や，家族だけではなく，レファレンス（お手本）となるほかの大人達とかかわる場ととらえています．そして関係を学ぶ場であるわけです．この「場」とは，自己肯定的な状態，人間のウェルネスのための場所です．また，保育園という特別に計画されたところで，子ど

もの創造的側面をほかの側面と同じように，探求しあうところです．ほかの側面とは，例えば体の運動機能に関する側面であり，遊びであり，音楽です．運動（体を動かす，使うこと）は生きる上で基本的なものであり，肉体の動きをよくできるように，音であればいろいろな音を経験すること，音感を伸ばすことですね」[6]と紹介している．

この目標を達成するために，トレント市の保育所は（日本では保育園には園長がいてトップダウン的な職員配置をするが，イタリアの多くの市で保育所では園長をおかない）それぞれの園の保育士（教育者と呼んでいる）のほかに，ペダゴジストという発達や教育を担当する4人の専門家が分担してすべての園と子どもたちを見守り，アドバイスし，支援することをしている．この人たちが，保育士だけではない専門的な情報を親にも伝え，支援する仕組みをもつところが，日本とはかなり異なるところだ．日本で似たような機能をもつ臨床心理士のような人が各園に定期的に頻繁に出入りしている，という状況である．日本では保育士と栄養士が要であるが，イタリアではペダゴジストがそれらの人びとと子どもたちと親を繋いでいる．

2.4 親の所有する協同組合の特色と親の参画の場

トレント県（トレント市以外）で保育所を運営している親協同組合がある．ここでは，まさに市（公領域）と当事者（親）が保育所を協同で運営するケースがみられた．トレント市における社会的協同組合「未来都市（CittàFutura）」では「親が協同組合の組合員に加入する（＝出資する）参画の仕方はナンセンス（意味なし）」と自治体も親も保育士も口を揃えていっていた．出資金は180ユーロと安くなく，そこで働く意思がないならワーカーズ・コープに入る意味は確かにない．保育士募集などで仕事をするために組合員として登録する方法なら親も参画できるが，そう簡単に登録できないそうだ．「人事権は幹部にあるから」と保育士の人たちはいっている．

これとは対照的に，ペアレンツ・コープは親を積極的に組合員として受け入れ，意思決定の場に参画できる仕組みをつくっている．1995年に親と保育士で立ち上げた社会的協同組合テントウムシの場合，両親は協同組合の組合員にもなれる．

第8章　イタリア：親を地域で支える社会的協同組合

　この組合員になるということは，協同組合の資本（財産）を一部所有することである．これは参画の1つの形態であろう．出資金は100ユーロ前後（初期はもっと高額）である．そして，運営に参画するには総会という協同組合の最高議決会議（直接民主制に近い）で投票することもできるが，もっと身近な参画の場がある．テントウムシ協同組合では，保育園を運営するための運営委員会を形成して，何か要望や問題点があればそこで協議できるようにしている．「我々の保育の精神は，両親を助けていくことが第一．両親が決定権をもっていて，実際に決定もしていくべきです．常に彼らの声をきき，何かあればディスカッションをするのです．そのように組織運営をしています．」[7]と代表で創始者の1人であるステファーニャ女史は語る．自分たちが自主的に必要になって組織化し，家族も専門職も一緒に，非営利で（個人の利益ではなく）質を高めるための還元を余力があればしていくことも狙っている．

　「少しの経営剰余がでれば，地域とその諸活動への投資をするのが協同組合の利点です．人に保育を委託しているのではなく，自分たちで運営していることが重要です．私たちの協同組合は，自ら組織をしていくこと（alto-oreganization）であり，地域の人びとを一緒に巻き込んでいって，個人には利益を還元しないです．地域にすべて還元していくことが協同組合の存在意義であり，地域を豊かにしていくこと．ファミリーも巻き込む．すべてコミュニティに投資されていくことになります」と企業的営利組織とは全く異なる，非営利組織で，かつ地域に資源循環をもたらす仕組みについて解説してくれた．

図表8-1　社会的協同組合テントウムシの運営組織

保育所の運営委員会	両親代表	5人
	代表保育士	1人
	代表補助事務	1人
	法人（協同組合）代表	1人
	※クレス市の事例では市の代表として	
	与党議員	1人
	野党議員	1人
法人（協同組合）の理事会	両親代表（出資して組合員になっている）	1人
	ボランタリー理事（有識理事に近い）	2人
	保育所スタッフ	2人

注：180世帯，179人の子どもに対して7保育所を運営．運営委員会は各市ごとに設置．
資料：筆者ヒアリングによる

この協同組合の保育に関する決定機関である運営委員会の構成（図表8-1）をみると，日本にはほとんど事例のない構成で大変に興味深いものである．この調査は2005年に実施したものだが，当時の日本側のヒアリング参加者全員から驚きの声が出た．

法人としての協同組合運営については，協同組合の総会で3役を決めており，ディレクシオーネ（諸活動の責任者，いわゆる代表理事）や，保育園が休園になる夏休み（7・8月）の子どもたちをみる夏季学校担当責任者，子どもの感性を伸ばすための企画をするラボラトリの責任者，小学校や中学校の年少の活動責任者，社会的旅行（協同組合の連合組織であるCGMが推奨している，どんな障がいがあっても好きなところへ旅行ができるようサポートする）責任者，コミュニケーションの部門の活動責任者などを分担して決める．協同組合の運営事項なので，障がい者雇用部門や，他事業も含んでいる．

テントウムシ協同組合では，たまたまスタッフが関心をもって，現在は音感教育のプログラムを開発しており，他の保育所ではここまで専門的には教育していないそうだ．前述したように各市との契約で，かなり規定が細かく適応されるので，オリジナリティを多く出すことは難しい状況でもある．それぞれ協同組合が特徴をもつようにしているが，ここは熱心なスタッフがいるので，専門的に追究できているということである．

また，両親にとって，子どもを預けている時間だけではなく，いつでも相談にのれる，頼りになるよう，つまり「地域の拠点になれるよう努力をしている」そうだ．これは地域コミュニティのための子どもの施設という意義を強く意識している発言と思えた．

テントウムシ協同組合は，7市で保育所をもつ発展した親協同組合で，運営委員会には政治家（議員）も参画し，市の予算情報や政策での課題も持ち込まれている．参画したことがないので，どこまで公開なのかは調査課題ではあるが，当時の代表理事女性は「運営上も親との関係でも大きな問題はまったくない」と真剣に語っていた．

3 親所有の協同組合保育所はコミュニティ活性化の要

以上の調査研究より日本でも可能性のある提案を試みたい．

3.1 モニタリングシステムを必須に

イタリアでは全国的に福祉分野のモニタリング（利用者意向をみる）調査を毎年実施することが義務化されており，日本に先駆けて利用者本位の保育所が形成できる仕組みができている．モニタリングシステムは，次の保育目標や政策を考える上で重要である．

3.2 公立・社会福祉法人を含め親代表を含む運営会議を設置する

日本にみられる「親の会」や「サークル」は親たちの会であって，運営までは関与できない．保育園の経営や収支状況をオープンにすることは公的資金を導入して事業をしている法人であれば必須であると考えられ，透明性をもっと親たちにもアピールすることが必要である．

特に日本の社会福祉法人は収支透明性や，運営や意思決定における親の関与がほぼ皆無であり，共同保育所からの伝統を残している法人は別として，地域福祉の担い手として疑問のある理事長独裁や，理事長の世襲制という私企業的な振る舞いが散見される．これは親たちの所有がないことも一因である．公立・法人にかかわらず，公的立場の人や親代表の参画権を確立するべきではないだろうか．

3.3 非営利・協同セクターの可能性

日本では，小さな協同組合の法制度が未整備であり，ワーカーズ・コープもペアレンツ・コープも簡単につくれない．300人で設立できる生活協同組合法があるが，あまりに規模が大きく，つくりにくいことや，運営が難しいことで，日本にもいくつかあった生協立の保育所はほとんど残っていない．法制度を見直し，小さい規模の「親協同組合」を作れるようにすると，株式会社やNPOだけではなく，親の所有する協同組合が可能になる．非営利・協同セクターの

可能性は，ニーズの把握だけにとどまらず，親の子育てや地域への参画，親どうしの助け合いの関係，仕事づくりなど，様々な地域リソースの生成に寄与する可能性がある．この法制度の先をいくのが韓国であり，本書の韓国における親協同保育所や協同組合立の章を参照いただきたい．

3.4　コミュニティの成員としての体験と親・子の発達

　日本の子育て初期の親たちは，まだ市民としては駆け出し状況で，イタリアの人びとのように「コミュニティの一員である」「市民が行政をつくる」という意識がうすい．

　子どもを育てるのは，親でもあるが，社会（コミュニティ）でもあり，街ぐるみで子どもをよりよく育てよう，という機運のあるイタリアの各市の実践は，我々にも「おまかせ保育」から「コミュニティでの保育」への視点を与えてくれるのではないだろうか．「市民としての赤ちゃんの社会化教育＝人との関係性を育てる」「市民としての親の成長＝様々な社会的役割の人びととかかわってニーズを満たす」の視点だ．日本の共同保育所の実践でも，親が保育へ参画することは「コミュニティの成員としてスキルを身に着け，皆で制度を変えたり，子どもの発達がよりよくなることを考えることで，親として成長できる場になる[8]」と考えられている．

　そのためには，制度や資金の流れを市民自身の手に，つまり保育所であれば，親と保育士と行政が連携して保育と子どもの発達の仕組みを改革していく体制が日本では必要ではないか．以上がイタリアの協同組合保育所（ペアレンツコープ）を観察調査することで示唆をえた視点である．

注
- 1）「雇用アウトルック 2013」OECD　日本語版 http://www.oecdtokyo.org/theme/emp/2013/20130716EmploymentOutlook2013.html（2013 年 8 月 31 日最終閲覧）．
- 2）トレント市役所での幼児教育第 1 期担当責任者（Comune di Trento: Ufficio Servizi all'infanzia, Capo ufficio）インタビュー調査（2013 年 8 月 7 日）．アニータ・ザネッティ（Dott.ssa Anita Zanetti）とロレンツァ・ロレフィーチェ（Dott.ssa Lorenza Lorefice）の 2 人が対応．
- 3）2003 年 3 月 28 日法律 53 号．学校制度と合わせる子どものための保障が改

善された.
4) 2005年調査　Alcoの社会的協同組合コッチネッラ（テントウムシ）保育所のヒアリングにて（科研費課題番号16101010, 研究代表：大沢真理による調査）.
5) 市役所調査によると，公立園・協同組合園ともに多数の項目で90％の満足度.
6) 通訳：日伊通訳翻訳者協会会員（トレント在住）今谷美芳.
7) 通訳：日伊通訳翻訳者協会会員（ローマ在住）佐藤光子.
8) つばさ共同保育園園長：市原悟子氏（大阪府泉南郡熊取町）のヒアリング（2013年5月）による.

参考文献

Borzaga, C. (2009) "A Comprehensive Interpretation of Voluntary and Under-Remunerated Work", in S. Destefanis, M. Musella (eds.), Paid and Unpaid Labour in the Social Economy, Physica, Verlag Heidelberg ＝（2003）大津壮一訳（公益財団法人　生協総合研究所）（未刊行）

星野まりこ（2006）『ボローニャの大実験——都市を創る市民力』講談社

小島晴洋・鈴木桂樹・田中夏子（2009）『現代イタリアの社会保障——ユニバーサリズムを越えて』旬報社

佐藤紘毅・伊藤由理子（2006）『イタリア社会協同組合B型をたずねて——はじめからあたり前に共にあること』同時代社

佐藤一子（1990）「参加と自治の一環として」『世界』1990年5月号：63-68

大沢真理（2013）『生活保障のガバナンス——ジェンダーとお金の流れで読み解く』有斐閣

第 Ⅲ 部

親が運営する幼児教育施設

第9章
ドイツ：保育における質保証と「親の参画」

佐久間裕之

1　幼児教育・保育制度における「親の参画」の現状

1.1　法的にみた「親の参画」の位置づけ

　ドイツの幼児教育・保育制度にみられる「親の参画」の問題を考える際に，まず押さえるべきことは，ドイツにおける幼児教育・保育制度に関する法的規定である．これをみることによって，ドイツと日本の異なったあり方を知ることができる．出発点として，日本でいえば日本国憲法に相当するドイツ連邦共和国基本法（Grundgesetz für die Bundesrepublik Deutschland）をひも解くことにしよう[1]．そこには，「子の養育および教育は親の自然権であり，何よりもまず親に課せられた義務である．その遂行に関しては国家共同体がこれを監視する」（第6条第2項）と定められている．つまり，基本法は，子どもの養育（Pflege，「保育」とも訳される用語）と教育（Erziehung）を行う本来的な自然の権利が親にあることを明記し，それを保障しているのである．この基本法の傘下に，保育や教育に関するあらゆる規定が行われていくことになる．

　残念ながら日本国憲法では，保育や教育が親の自然権であることを直接的に明文化した条項は見当たらない（結城 1994:64）．このことが，日本とドイツの幼児教育・保育における「親の参画」の明暗を分けているともいえる．確かに日本でも民法のなかで，「親権を行う者は，子の利益のために子の監護及び教育をする権利を有し，義務を負う」（820条）と定められてはいる．したがって日本国憲法上では明記されていなくても，民法上において子どもの保育や教育

を行う権利がドイツ同様に保障されているといえなくはない．しかし，「親の参画」に関する日本とドイツの差異をみる時，国の根本を規定する憲法レベルでの取り扱いの違いは大きいといわなければならない．日本の場合，特に学校教育レベルにおける「親の教育権」が「過小評価」され，「ほとんど有名無実化している」と指摘されているが（結城 1994:17-18），このことは保育の現状にも妥当するであろう．それに対して，基本法において親の権利として保育や教育の権利が保障されているドイツでは，保育や教育への「親の参画」はむしろ最初から当然のことになっている．「親の参画」を後押しする制度的枠組みや財政的支援も，基本法上での親の権利保障を大前提として行われているのである．したがって，ドイツにおいては保育・教育機関のなかで，「親の集会」（Elternversammlung）や，親の代表による「親評議会」（Elternbeirat）を通じて，親が保育や教育へ参画する権利が法的に保障されている[2]．さらに，「親のイニシアティブ」（Elterninitiative）による保育・教育機関の設立という，より積極的な「親の参画」の可能性も保障されているのである．

1.2　ドイツの幼児教育・保育制度の特質

前述したように，ドイツ連邦共和国基本法の傘下には，幼児教育や保育を規定する様々な法規が存在している．例えば，ドイツ民法（Bürgerliches Gesetzbuch, BGB）では，親権について，「親は未成年の子どもの世話をする義務と権利を有している」（1626条）と定義され，親が自分の子どもを監護養育することが基本的に前提とされている．ドイツでは，就学前の子どものための家庭外通所施設は，すべて法的には児童福祉施設として位置づけられている．保育や教育への親の参加というのは，むしろ本来的なもの，当然の前提になっているわけである．そして，その上で児童福祉施設としての保育の場所が必要に応じて設けられているということになる．

さて，児童福祉施設として位置づけられるその施設は，「昼間施設」（Tageseinrichtung）と呼ばれている．これは1日，あるいは1日の一部の時間，そこに子どもが滞在し，集団で保育を受ける施設である．この「昼間施設」は子どもの年齢段階によって，次のように区分されている．すなわち，保育所（Krippen，0～3歳未満），幼稚園（Kindergarten，3～6歳未満），学童保育（Hort,

基礎学校入学以降）である．さらに，保育所，幼稚園，学童保育の３つを１ヵ所に集めて設置される施設として，通称でKITA（Kindertagesstätte）と呼ばれる施設もある[3]．いずれにせよ，重要な点は，日本のように保育所と幼稚園を児童福祉施設と教育施設として区分する考え方に立ってはいないことである．あくまで子どもの年齢段階でこれらの施設は区分されている．

ところで，「昼間施設」の設置主体（Träger）は，公共団体と民間機関に分かれている．民間機関には，キリスト教など特定宗派の団体によるもの，無宗派の福祉団体によるもの，青少年団体によるもの，自助グループによるものがある[4]．この民間機関は，たいてい名称の末尾に"e.V."（eingetragener Verein「社団法人」の略称）が付されている．

ドイツでは，こうした児童福祉施設を利用する方法のほかに，もう１つ，「児童昼間保育」（Kindertagespflege）のサービスを利用する方法がある．これは「昼間保育者」（Tagespflegeperson）が，自分の自宅あるいは児童の監護権者の自宅を場として行う保育を指す．いわゆる「保育ママ・保育パパ」（Tagesmutter/-vater）による保育がこれに属している．たいていは，ドイツ青少年研究所（Das Deutsche Jugendinstitut e.V.，略称DJI）が開発したカリキュラムによって，昼間保育者の資格付与が行われている．このカリキュラムでは，導入段階（Einführungsphase）を30時間，深化段階（Vertiefungsphase）を130時間，合計160時間に及ぶ学修内容を用意している（Hinke-Ruhnau 2013：12）．昼間保育を保育者，子ども，親の３視点から学び，保育に関する法規的なもの，子どもの発達段階と遊び，安全や健康教育，子どもや親とのコミュニケーション，昼間保育者の労働条件の問題等，昼間保育を実践する上で必要なメニューが用意されている．

このように，ドイツでは児童福祉施設を利用するか，あるいは「児童昼間保育」のサービスを利用することができる．ただし，「昼間施設」に通う子どもの数は，全体で3,213,165人であるのに対して，純粋に「児童昼間保育」のみを利用している子どもの数は，119,573人にとどまっている[5]．「昼間施設」の方が約27倍の利用者数ということになる．

1.3 「親のイニシアティブ」による保育施設

ところで，ドイツでは親が自主的に作る保育施設，すなわち「親のイニシアティブ」(Elterninitiative) による保育施設があるといわれているが，これは「昼間施設」に属している．「親のイニシアティブ」による保育施設は，子どもの保育の場所の不足や保育の質向上を求めて親が作る保育施設である．ただしそれは，社団法人（e.V.）の形をとるのが通例である．この施設を作ろうとする親のなかから選ばれた無給の代表が，社団法人（e.V.）の代表も引き受け，保育施設の保証人になる．さらにこの代表が，たいていは雇い主としてもあらゆる運営上の義務を負う．こうした保育施設に賛同して自分の子どもを預けようとする親にも積極的な参画が求められるのである．一例を挙げれば，ベルリンにある「親のイニシアティブ」による KITA（EKT- Marienfelde Elterninitiativ-Kindertagesstätte Berlin-Marienfelde e.V.）では，子どもを受け入れる条件として，子どもの親のうち少なくとも1人が社団法人（e.V.）のメンバーになること，1家族あたり総額30ユーロの分担金を支払うことなどを求めている（http://www.ekt-marienfelde.de/beitrag.html　2013年12月1日最終閲覧）．

なお，こうした社団法人に対して，各州がどのような財政的な支援をしているか，という点については，州によって異なっている．例えば，ベルリン州の場合は，運営費用の93％を州がまかなっているという（齋藤 2011:57）．もちろん親は所得（41段階）と保育時間（4段階）に応じて保育料を払うことになるが，これだけ高い比率で民間機関である社団法人に州が財政的支援をしているという点は特筆すべきである．

では，「親のイニシアティブ」による「昼間施設」は，現状ではどの程度存在しているのか．図表9-1は，「昼間施設」の設置主体数と入所した子どもの数をまとめたものである（2013年3月1日現在）．これによって，「昼間施設」の数も入所した子どもの数も，全体としてみれば，民間機関の方が公共団体のほぼ2倍となっていること，いわゆるKITAのように全年齢の子どもを受け入れることのできる施設の数が，全体の約50.6％を占めていることなど，興味深い情報が得られる．

さて，「親のイニシアティブ」による「昼間施設」に関してみてみると，すべてが民間機関であること，ドイツ全体で4,353ヵ所に上っていることが把握

図表9-1 昼間施設（Tageseinrichtungen）の数・入所した子どもの数（設置主体別，2013年3月1日現在）

	施設の設置主体数・入所した子どもの数	公共団体	民間機関	総数
設置主体数	0歳以上3歳未満対象の施設	321	1,404	1,725
	2歳以上8歳未満対象の施設（学童を除く）	6,472	14,027	20,499
	5歳以上14歳未満対象の施設（学童のみ）	1,719	1,967	3,686
	全年齢対象の施設	8,718	17,856	26,574
	合計	17,230	35,254	52,484
	＊上記のうち，「親のイニシアティブ」による施設	0	4,353 (12.3%)	4,353 (8.3%)
子どもの数	0歳以上3歳未満対象の施設	6,924	25,149	32,073
	2歳以上8歳未満対象の施設（学童を除く）	338,008	687,599	1,025,607
	5歳以上14歳未満対象の施設（学童のみ）	143,409	119,816	263,225
	全年齢対象の施設	660,088	1,232,172	1,892,260
	合計	1,148,429	2,064,736	3,213,165
	＊上記のうち，「親のイニシアティブ」による施設	0	136,408 (6.6%)	136,408 (4.2%)

資料：Statistisches Bundesamt, *Statistiken der Kinder- und Jugendhilfe: Kinder und tätige Personen in Tageseinrichtungen und in öffentlich geförderter Kindertagespflege am 01.03.2013*, Wiesbaden 2013, S.12. に基づき筆者が作成

できる．もっとも，これは民間の「昼間施設」全体の約12.3%，公共団体と民間機関を合わせた全体では約8.3%にとどまっていることを意味しているわけではある．しかし，実態として「親のイニシアティブ」による保育・教育施設の存在が統計上で明確に確認できるほど，確かな地歩を占めつつあることは特筆してよいであろう．

2　「森の幼稚園」にみる「親の参画」

2.1　ドイツにおける「森の幼稚園」

前節で，「親のイニシアティブ」による保育施設は社団法人（e.V.）の形を取るのが通例であることに言及した．もちろん，これは社団法人（e.V.）の形を取る保育施設のすべてが「親のイニシアティブ」によるものである，ということを意味してはいない．しかし，社団法人（e.V.）の形を取る保育施設のうち，確認が取れる範囲で，その約6割が「親のイニシアティブ」によるものとなっている施設がある．それは，「森の幼稚園」（Waldkindergarten）である（図表9-2参照）[6]．次に，「森の幼稚園」の取り組みについてみていくことにする．

「森の幼稚園」は1954年、デンマークのフラタウ（Flatau, E.）によって偶然始められた．彼女は自分の子どもを預ける幼稚園の施設を近くにみつけることができず、自分の子どもを連れて森へ行って遊ばせたり、自然観察をさせたりしていた．やがて近所の親たちもこの活動に参加するようになり、「親のイニシアティブ」による最初の「森の幼稚園」が誕生した．ドイツでは1968年、ヘッセン州ヴィースバーデン市においてズーベ（Sube, U.）が、デンマークの「森の幼稚園」を知らずに、それとは関係なく、5歳になる自分の息子の保育場所がなかったため、森での活動を始めた．これがドイツにおける最初の「森の幼稚園」と位置付けられてはいる．しかし、この幼稚園には公的な財政的支援がなく、もっぱら親からの保育料によってその運営がなされていた．その後、1993年になって、シュレースヴィヒ＝ホルシュタイン州フレンスブルク市において、初めて正式に公的な認可及び財政的支援を得た「森の幼稚園」が誕生する．その経緯は次の通りである．

幼稚園の教員を目指して専門学校で学んでいたイェプセン（Jebsen, K.）とイェーガー（Jäger, P.）は、よりよい幼稚園の在り方を模索していた．1991年4月、彼女たちは、デンマークの「森の幼稚園」を紹介した論文「或るドアも壁もない幼稚園」（Ein Kindergarten ohne Tür und Wände）に注目し、フレンスブルクに「森の幼稚園」を作ることを決意した．そして1991年9月末、「社団法人フレンスブルク森の幼稚園」（Waldkindergarten Flensburg e.V.）を創立．1992年10月、この幼稚園は青少年援助の自主的な設置主体として承認され、1993年5月から、シュレースヴィヒ＝ホルシュタイン州とフレンスブルク市から、通常の幼稚園の原則に従った財政的支援を受けて、今日に至っている（http://www.waldkindergarten.de/index.php?page=gruendung　2013年12月1日最終閲覧）．

さて、ドイツにおける「森の幼稚園」は、原理的にみれば通常2つの形態に分けられている（Häfner 2002：44-47）．まず、1つ目は「『純正の』森の幼稚園」（der "reine" Waldkindergarten）で、①固定した建物をもたず、②森で半日保育を行う．それに対して2つ目は「吸収統合された森の幼稚園」（der integrierte Waldkindergarten）である．こちらは、①固有の建物ないし部屋をもち、②全日制の保育を行うというものである．午前中は森や自然のなかで遊び、午後は

従来の幼稚園と同様の保育を室内で行う．この2番目の形態では，すべての園児が毎日森へ行くのではなく，森へ行く園児のグループを1，2ヵ月ずつ交代させるケースや，森に行くかどうかを日ごとに子どもたちが決めるケース，特定の曜日（例えば火曜日と金曜日）の午前中だけを森へ行くケース，さらに正式には森の幼稚園ではなくて，ごく普通の幼稚園であるが，一定の時期だけ（例えば「森の週間」や「森の日」を決めて）森へ行くケースなど，様々な変種がみられる．

「森の幼稚園」の全国組織「社団法人ドイツの自然と森の幼稚園連盟」（Bundesverband der Natur- und Waldkindergärten in Deutschland e.V.）のデータによれば，ドイツの「森の幼稚園」は2013年12月1日現在，その名称・所在を確認できるものだけで，すでに全体で630園を超えている[7]．図表9-2は，①この連盟に登録されている「森の幼稚園」の数と，②そのなかで設置主体が社団法人（e.V.）と確認でき，しかも「親のイニシアティブ」で設立されてい

図表9-2　ドイツ各州における「森の幼稚園」の普及状況（2013年12月1日現在）

州　名	①「森の幼稚園」の数	②社団法人（e.V.）における「親のイニシアティブ」による「森の幼稚園」の割合※
バーデン＝ヴュルテンベルク州	124	58.4%
バイエルン州	115	62.5%
ベルリン州	17	41.7%
ブランデンブルク州	19	55.6%
ブレーメン州	3	33.3%
ハンブルク州	21	0%
ヘッセン州	65	67.7%
メクレンブルク＝フォアポンメルン州	5	100%
ニーダーザクセン州	74	77.5%
ノルトライン＝ヴェストファーレン州	61	61.5%
ラインラント＝プファルツ州	19	50%
ザールラント州	1	0%
ザクセン州	10	0%
ザクセン＝アンハルト州	9	66.7%
シュレースヴィヒ＝ホルシュタイン州	78	48.3%
テューリンゲン州	12	50%
合　計	633	60.1%

注：※印の項目は，「森の幼稚園」の設置主体が社団法人（e.V.）と判明している園のうち，「親のイニシアティブ」による園の占める割合を各州ごとに示したものである．
資料：社団法人ドイツの自然と森の幼稚園連盟ホームページ（http://bvnw.de/　2013年12月1日最終閲覧）により筆者が作成

る園の割合をまとめたものである．「親のイニシアティブ」による「森の幼稚園」の数は，全体では，設置主体が社団法人（e.V.）であると確認できる園の約60.1％に達している．ただし，各州それぞれの設立状況をみると，0％〜100％までのばらつき，多様性がみられる[8]．

2.2 「森の幼稚園」の特徴：保育の質保証を考える

　これまで述べてきたように，ドイツにおいて「森の幼稚園」は全国的に増え続けている．ここでは，「社団法人フレンスブルク森の幼稚園」を取り上げて，「森の幼稚園」の活動の実際とその特徴をみていくことにする．「社団法人フレンスブルク森の幼稚園」の設立自体は，親ではなくて教員によるものではあるが，ドイツ最初の正式な認可を受けた「森の幼稚園」であり，その保育活動は「フレンスブルク・モデル」（das Flensburger Modell）としてほかの「森の幼稚園」の多くが参考にしている．そこで，この幼稚園を取り上げて紹介し，「森の幼稚園」は親のどのようなニーズに呼応する施設となっているのか，そしてそれは，保育の質保証という観点からみて，どのような意味をもつのか考えてみたい．

　「社団法人フレンスブルク森の幼稚園」は，フレンスブルク市が所有する約150ヘクタールに及ぶ広大なマリエンヘルツングの森を活動場所としている．前述した「森の幼稚園」の形態でいえば，「『純正』の森の幼稚園」に属している．幼稚園の規模も大変小さく，園児数は，3〜6歳までの子どもたちが18〜20人のみである．この子どもたちが森へ行き，男女一緒になって異年齢集団で活動する．2013年8月現在，この幼稚園の教員は，創設者の1人イェーガー女史に加えて2人，合計3人のみとなっている．他の一般的な幼稚園と同様で，この幼稚園は月曜から金曜までの5日間の開園となっている．

　幼稚園の1日は，概ね次のとおりである（http://www.waldkindergarten.de/index.php?page=tag_im_waldkindergarten　2013年12月1日最終閲覧）．午前8時30分から9時までに保護者が子どもたちを森の集合場所「遊びの広場」（Spielplatz）に連れてくる．保護者が帰った後，9時から12時30分までが幼稚園の活動時間となる．まず，「遊びの広場」にある砂場で朝の会（Morgenkreis）を行う．この会ではみんなで歌を歌い，挨拶し，子どもの出欠を確認し，一緒

に輪になって遊ぶ．朝の会が終わると，子どもたちはみんな小さなリュックサックを背負って，森のなかへと進んでいく．1日あたり，1，2キロ程度動き回る．子どもたちは至る所で遊ぶので，むしろゆっくりと移動する．子どもたちは自分たちの遊びに使えるもの（木片，石，草，花，コケ，卵の殻，ブナの実，どんぐり，樹皮，そのほか多数）を至る所でみつける．遊ぶ際には小さなグループになり，数時間たつと，また新しくグループを組み直す．

　ドイツでは，伝統的に学校や園で午前中にフリューシュトゥック（Frühstück，直訳では「朝食」）と呼ばれる軽食を取る時間がある．この時間になると，食事のための適当な場所を探す．お天気の時には日の当たる場所を探し，雨の時は，雨宿りのできる樹木の下を探すか，あるいは簡易な雨除けのひさしを張る．強い雨や非常に寒い日は，「嵐の小屋」（Sturmhütte）へ行って食事をする．フリューシュトゥック後も，まだ自由に遊ぶ時間があり，子どもたちは自分たちの想像力や創造性を働かせて，独自の遊びを発見していく．また，例えば「お店屋さんごっこ」をして遊ぶ時は，倒れた樹木を店の売り台にしたり，モミの球果，葉っぱ，木の皮，小枝，羽毛，など多数のものを，お店で売る食品に見立てて使用する．

　先生が小さな呼び鈴を鳴らすと，冒険物語（童話やお話）の時間が始まる．子どもたちは，自分たちが作った小さな舞台の前で半円形になって座り，耳を傾ける．先生は，たいてい自然の材料で作った人形を動かしながら，冒険物語を子どもたちにお話しする．子どもたちは，とてもよく集中して先生の語る物語に聞き入る．先生がお話を終えると，子どもたちの一部が真似をして演じ始めたりする．冒険物語は，1，2週間続けられる．内容も毎日その一部が発展していく．

　冒険物語の時間が終わると，もとの「遊びの広場」へと戻っていく．しかし，帰りの時間は行きの時間より長くなることが多い．広場に戻ったら，帰りの会（Abschlusskreis）を行う．ここでもまた，一緒に輪になって遊び，帰りの歌を歌う．そして，12時30分から13時までが保護者のお迎え時間となる．

　基本的に風雨や雪など，天候のすぐれない時も森での活動を行う．ただし，嵐などの危険な状況になった場合には，森の端にある「嵐の小屋」（Sturmhütte）で活動を行う．

第Ⅲ部　親が運営する幼児教育施設

　以上，ごく簡単にフレンスブルク市にある「森の幼稚園」の1日をみてみた．基本的には，森のなかで，既成の遊具や玩具をもたず，少人数の異年齢集団で行われる保育活動となるわけである．こうした「森の幼稚園」は，通常の幼稚園と比べてどのような意義を有しているのか．この幼稚園では，人間の知・徳・体の全体に及ぶ「全体的な教育」(ganzheitliche Erziehung) が特によく実現できるとしている (http://www.waldkindergarten.de/index.php?page=konzeption 2013年12月1日最終閲覧)．この点に関して，ヘフナー (Häfner, P.) の博士論文「ドイツにおける自然と森の幼稚園——就学前教育における通常の幼稚園に対するオルタナティブ」(2002年) も同様の指摘をしている．彼は，質問紙調査法を用いて，8つの州で調査し，①「動機・忍耐・集中」，②「社交的行動」，③「授業中の協働」，④「美の領域」，⑤「認識領域」，⑥「身体的領域」の6つの因子から，「森の幼稚園」と通常の幼稚園の比較を行った．その結果，全体としてみれば，「森の幼稚園の子どもたちは，森の幼稚園に居たことによって，すべての調査領域で……，もちろん個人差はあるが，通常の幼稚園の比較対象グループよりも明らかにずっと得るところが大きかったように思われる」と指摘している (Häfner 2002: 161-162)．

　「森の幼稚園」は，原則として特定の建物を必要とせず，「親のイニシアティブ」によって設立することができる，いわば比較的実現しやすい選択肢となり得る．しかし，それ以上に，むしろ質の高い保育を提供する場としての価値が認められているのである．

2.3　「森の幼稚園」における「親の参画」

　ここでは，「森の幼稚園」における「親の参画」について，まず，「親のイニシアティブ」(Elterninitiative) による「森の幼稚園」の設立方法について，次に，「森の幼稚園」内での「親の参画」の可能性について，述べていく．

　「社団法人ドイツの自然と森の幼稚園連盟」では，「森の幼稚園」を作ろうとする親に向けて，次の8つのステップを提示している (http://bvnw.de/wp-content/uploads/2011/02/8-Tipps.pdf　2013年12月1日最終閲覧)．まず，①共通の目標と異なる専門能力，そして設立しようとする意志を持った同志をみつける．②適切な面積をもつ森の所有者（あるいは林務官）を探す（書面による使用

契約書あるいは利用許可書も必要になる）．③悪天候時の待ち合わせ場所・滞在場所としてのトレーラー（Bauwagen）を手に入れる．④税務署に法人税の免除と公益性の申請をする（寄付行為の証明書も必要）．⑤教育者（Erzieher/innen）と社会教育者（Sozialpädagogen/innen），それに病気や休暇時に彼らの代理を務める人材が必要であり，このことについて州青少年局と申し合わせをしておく．⑥森の幼稚園の教育学的ならびに経営的コンセプトを作成する．州によっては保育時間，園の規模，教育計画も出す必要がある（所轄の青少年局に問い合わせること．保育時間はたいてい1日当たり4,5時間，園の子どもの数は15～20人）．⑦人件費として基本給だけではなく，社会保険分担金も頭に入れておく．さらに社団法人の保険料や，場合によっては森の貸借料も必要となる．所轄の青少年局が資金調達や社団法人申請を支援してくれる．⑧認可申請の窓口は所轄の州青少年局であり，そこが必要な申請方法や幼稚園の運営に助言をしてくれる．申請前に前もって相談に行くほうがよい．以上のような手がかりを示して，「社団法人ドイツの自然と森の幼稚園連盟」は，親がよりよい保育を求めて自ら主体的に保育の場を作ることを後押ししている．こうしたことが，現代ドイツにおける「森の幼稚園」の増加に結びついているといえよう．

　次に，「森の幼稚園」内における「親の参画」について，再び「社団法人フレンスブルク森の幼稚園」を例にみてみることにしよう．その際，親と社団法人とのかかわり，親と教員とのかかわり，親同士のかかわりの3点にまとめて示すことにする．まず，親と法人とのかかわりであるが，親たちはこの幼稚園のメンバーになることによって，法人で一緒に働いたり，「森の幼稚園」において協働し，その改善・発展に貢献できる．親のなかから「親の集会」（Elternversammlung）を通じて親代表（ElternvertreterInnen）が2人選出され，この2人が「社団法人フレンスブルク森の幼稚園」の理事会メンバーとなって運営にかかわる．

　親と教員との連携も良好である．教員たちは親と情報を共有し，親への助言，家庭訪問や個別の相談に応じている．また，親代表は定期的に教員を交えての「親の夕べ」（Elternabend）を行い，子どもに関するテーマでの話し合いを行い，お互いの信頼関係を深めている．時には教員が病気で休む場合があるが，そうした時には親がその欠員を埋めて手助けもする．親同士も，例えば森までの子

どもたちの送迎を分担して，協力し合っている．

3　日本への示唆

3.1　日本の保育政策の動向

　日本では，1990年代以降，①地域や家庭の保育力の低下，②施設保育への依存度の高まりといった問題が浮上し，「保育の質」についての議論が高まっている．政府は2012年8月10日，「子ども・子育て関連3法」（子ども・子育て支援法，認定こども園改正法，児童福祉法改正を含む関連法律の整備法）を可決・成立させた．これによって，幼児期の教育と保育の総合的な提供や，保育の量的拡大・確保による待機児童の解消などを実現しようとしている．これらを基にして，2015年度から「子ども・子育て支援新制度」がスタートする予定である．この新制度によって「幼保連携型認定こども園」や「小規模保育」などが開始される方向にある．

　こうした動きに対しては，問題点も浮上してきている．例えば「幼保連携型認定こども園」においては，3歳以上の子どもの午前の時間は就学前の幼児教育的な時間として位置づけられ，また午後の時間は預かり保育的な時間とされている．いわば午前が幼稚園的で，午後が保育所的ということになるわけである．しかし，これでは保育所保育指針が定める「養護と教育が一体となって展開される」保育が担保されるであろうか．むしろそうした保育の否定となってしまうのではないかとの懸念が生じてしまう．また，「小規模保育」は，0～2歳児までの子どもを，6～19人までの規模で預かる保育とされ，「小規模保育」の場合には，保育士の有資格者は「半数以上」（2分の1以上）とされている．つまり，保育士資格のない人も，一定の研修を受ければ保育に従事できるという発想である．保育士不足の問題解決よりも，待機児童対策を優先した感は否めない．「幼保連携型認定こども園」にせよ，「小規模保育」にせよ，保育の質よりも量を優先させた施策ではないか，と疑念が生じてくる．

　しかし，こうした問題を表層で捉えて，短絡的に「質保証」を謳っても無意味である．なぜならば，その根底にある根本的な問題が捉えられていないからである．では，それはどのような問題であるのか．それは保育や教育の権利に

対する親の意識の低さにある．前述のように，ドイツでは，保育や教育は親の自然権として基本法及び各種の法律によって保障されている．子どもの保育や教育は，親が行うものであるという基本的認識に立っているのである．しかも，こうした親の権利は，親自身の個人的な願望の充足のためにあるのではなく，子どものための権利を意味しているのである．親の就労，親の都合が優先され，「子ども不在」となってしまう，その認識を改めることこそ，何よりも必要なことであろう．

3.2　ドイツからの示唆

以上，日本の保育政策の主な動向を眺めてみた．残念ながら，そこではドイツにおけるような意味での「親の参画」は，表舞台に現れてこない．こうした現状に対して，最後に，ドイツからの示唆として，日本の保育における「親の参画」を考えていくうえで参考になることを，量と質の両面から取り上げてみることにする．まず，量的側面であるが，ドイツにおいても日本と同様に，保育施設の量的拡大が重要な課題になっている．児童支援法(Kinderförderungsgesetz, KiFöG) が示しているように，ドイツでは3歳までの子どもを対象とする保育施設を増設して，当該年代の35％が施設に預けられるような環境を提供しようと努めている．これによって，2013年8月1日からは，法律上の権利として，3歳以下の子どもを保育施設に預けようと思えば預けられることになった (Wabnitz 2012:72)．こうした法的規定を実効的なものにするためには，やはり財政的な支援が必要である．ドイツではこうした施設の増設のために，連邦政府が建設費用の3分の1まで補助してくれる．しかもドイツの場合，民間の保育施設も比較的作りやすく，「親のイニシアティブ」による施設づくりも実現しやすい．このように，「親の参画」を実現するには，それを後押ししてくれる法的，政策的，財政的支援が不可欠である．

ただし，保育施設を増やすということは，ただ単にいわゆる待機児童解消という量的問題の解決を意味するものであってはならないだろう．その質的充実にも結びついていくべきである．その意味で，ドイツのように，よりよい保育を求めて親自らがイニシアティブを握って保育施設を創設できる仕組みは重要である．また，「親の集会」や「親評議会」などを通して，積極的に「親の参

画」を可能にするドイツの手法も注目に値する．

　親と教員は，共に子どもの成長を支える協働者として，「対話」をする機会・場を多く設けていくことが大切である．我が国では「保護者対応」という言葉に象徴されるように，保護者は教員や施設側にとって「対応」の対象であっても，十分な「対話」の相手となっていないのではなかろうか．そのための仕組みづくりが十分でない点が問題であろう．

　ドイツのように，親の自然権として，保育や教育の権利（繰り返しになるが，それは決して親の勝手な願望のための権利ではなく，子どものための権利である）を捉えていくような，政策転換が求められているのである．

注
1) ドイツ連邦共和国基本法は，1949 年に旧西ドイツで制定された連邦憲法である．しかし，東西ドイツ統一後に改めて憲法を制定することとしていたため，表現上，通常ならば使用される「憲法」（Verfassung）は使用されず，「基本法」（Grundgesetz）が使用された．1990 年に東西ドイツが統一されたが，その際，旧東ドイツを旧西ドイツに編入する形での統一となった．当初予定されていた新たな憲法を制定すべきか問題となったが，結果的に新たな憲法は制定されず，基本法がその一部を改正する形で使用されている．
2)「親の集会」（Elternversammlung）は，親同士の交流や親代表を選出する場として役立てられ，「親評議会」（Elternbeirat）は，親代表が参加し保育・教育機関の運営の在り方を検討する組織となる．なお，これらについては，ドイツ社会福祉法第 8 編（SGB Ⅷ）「児童青少年援助法」（Kinder- und Jugendhilfegesetz, 略称 KJHG）に関する各州の詳細な法律によって規定されている．例えばノルトライン＝ヴェストファーレン州では，「児童の早期教育支援法」（Gesetz zur frühen Bildung und Förderung von Kindern）9 条「親との共同作業及び親の協力」で，「親の集会」と「親評議会」について，8 項目にわたって詳細に規定している．
3) KITA はドイツ語の "Kindertagesstätte" の略称である．この言葉は逐語訳的には，「子どもが日中過ごす場所」となる．従来の日本語訳としては，「児童昼間居所」，「児童通園施設」，「乳幼児・児童保育センター」，さらに，意訳して「乳幼児学童保育総合施設」とするケースがある．
4) 民間機関のうち，特定宗派の団体系としては，例えば，ドイツ・カリタス連合（Deutscher Caritasverband），ドイツ新教社会奉仕団（Diakonisches Werk），ドイツ・ユダヤ人中央福祉局（Zentralwohlfahrtsstelle der Juden in Deutschland）等が，無宗派の福祉団体系としては，ドイツ無宗派社会福

祉連盟（Paritätischer Wohlfahrtsverband），労働者福祉団（Arbeiterwohlfahrt），ドイツ赤十字（Deutsche Rote Kreuz）等が挙げられている（Statistisches Bundesamt 2013：12）．
5）Statistisches Bundesamt, *Statistiken der Kinder- und Jugendhilfe: Kinder und tätige Personen in Tageseinrichtungen und in öffentlich geförderter Kindertagespflege am 01.03.2013,* Wiesbaden 2013, S.59. に基づき筆者が算出．
6）「社団法人ドイツの自然と森の幼稚園連盟」（http://www.bundesverband-waldkinder.de/）に登録された「森の幼稚園」633ヵ所（2013年12月1日現在）のうち，設置主体が確認できる園について筆者が調べた結果による．
7）「社団法人フレンスブルク森の幼稚園」のホームページによれば，ドイツにおける「森の幼稚園」の数は，およそ1,000か所あることが示されている．2013年8月24日，この幼稚園の創立20周年記念行事がフレンスブルク市営の森マリエンヘルツングで行われた．筆者も参加する機会に恵まれ，創立者の1人イェーガー女史にインタヴューした際，やはり「もう1,000ヵ所を超えました」と話していたことが印象的であった．ドイツにおける「森の幼稚園」は確実に大きな動きとなってきている．
8）「親のイニシアティブ」による「森の幼稚園」の設立比率の違いと，旧東西ドイツ諸州の区分との間に相関関係はみられない．ドイツでは，保育・教育を含む文化政策・行政のすべての問題に対して，原則として各州が立法上および行政上の権限をもっており，これを「州の文化高権」（Kulturhoheit der Länder）と呼ぶ（マックス・プランク教育研究所研究者グループ 2006：41）．この「文化高権」が，こうした各州の違いに反映しているのであろう．しかしその一方で，旧東西ドイツ諸州間における「森の幼稚園」の数の違いを比べてみると，その比率はおよそ1：10となり，圧倒的に旧西ドイツ側の方が多い．これには，冷戦時代における旧東西ドイツ諸州のライフスタイルと保育行政の違いといった歴史的事情が関わっているものと思われる．

参考文献

Arbeitsgruppe Bildungsbericht am Max-Planck-Institut für Bildungsforschung（1994）*Das Bildungswesen in der Bundesrepublik Deutschland: Strukturen und Entwicklungen im Überblick,* Rowohlt Taschenbuch Verlag GmbH ＝（2006）天野正治ほか監訳『ドイツの教育のすべて』東信堂

Häfner, P.（2002）*Natur- und Waldkindergarten in Deutschland: eine Alternative zum Regelkindergarten in der vorschulischen Erziehung,* Dissertation an der Universität Heidelberg: 1-204 ＝（2009）佐藤竺訳『ドイツ自然・森の幼稚園──就学前教育における正規の幼稚園の代替物』公人社

Hinke-Ruhnau, J.（2013）*Kindertagespflege: Arbeitsbuch für Tagesmütter und*

Tagesväter, Berlin, Cornelsen Schulverlage GmbH

Statistisches Bundesamt (2013) *Statistiken der Kinder- und Jugendhilfe: Kinder und tätige Personen in Tageseinrichtungen und in öffentlich geförderter Kindertagespflege am 01.03.2013,* Wiesbaden

齋藤純子(2011)「ドイツの保育制度――拡充の歩みと展望」(『レファレンス』,2011年2月号)

Wabnitz, R. J. (2012) *Grundkurs Kinder- und Jugendhilferecht für die Soziale Arbeit,* 3. Aufl., München/Basel, Ernst Reinhart Verlag

結城 忠(1994)『学校教育における親の権利』海鳴社

第10章

ニュージーランド：親も学ぶ幼児教育施設

佐藤純子

1 幼児教育・保育における親の参画の現状

1.1 多様な幼児教育サービス

　ニュージーランドでは，1980年代に大規模な教育改革が敢行された．その一環として，1986年には，それまで社会福祉省の管轄にあった保育施設や託児所などが教育省の管轄に移行され，幼保一元化が実現した．ニュージーランドの幼保一元化は，わが国にみられるような施設の統合や連携をさせての一元化ではなく，むしろ，多様な幼児教育サービスの実施を推奨している．つまり，管轄省庁を1つにすることやカリキュラムの共通化（1996年に「テ・ファリキ」が完成）は進めていくが，その一方で，それぞれの施設が掲げる教育理念や保育内容とそれらに求められる社会的役割は保持していこうとする観点に基づいた制度導入となっている．そのためニュージーランドでは，多様な運営主体に基づいた包括的な幼児教育サービスの実施が可能となり，現在も教育省所管のもと多種多様な幼児教育サービスが提供されている．

1.2 保育者は誰か：教師主導型と親主導型

　政府の認可を受けた幼児教育施設は，教師主導型サービスと親主導型サービスの2つの類型に区別されている（図表10-1）．
　教師主導型サービスの施設には，幼稚園，教育・保育施設，家庭的保育，通信教育がある．他方，親主導型サービスとは，親や家族，保護者が中心となり

自分たちの子どもに対して教育や保育を行う施設を示し，プレイセンターやテ・コハンガレオなどがこのサービスに含まれる．

1.3　幼児教育・保育施設の動向

近年では，ニュージーランドにおいても共働き世帯が増えており，いずれかの幼児教育機関に入所する乳幼児の数が急増している．その総数は，1983年には64,000人だったものの，2004年には185,000人，2012年になると196,535人と毎年漸増傾向にある（図表10-2）．

2012年における幼児教育サービス別の児童数の内訳は，教育・保育施設117,733人（59.9%），幼稚園36,208人（18.4%），家庭的保育18,412人（9.4%），プレイセンター14,297人（7.3%），テ・コハンガレオ9,366人（4.8%），通信教育519人であった（Education Counts 2013）．1990年の数値では，教育・保育施設28%，プレイセンター24%，テ・コハンガレオ23%，幼稚園22%，家庭的保育1%であったことが示されている（Ministry of Education 2005）．つまり，この当時は，家庭的保育と通信教育を除く全ての幼児教育施設において児童数

図表10-1　政府認可の幼児教育サービス

教師先導型	幼稚園 Kindergarten	2〜5歳の幼児を受け入れている．午前と午後のセッションを設定し，幼児教育を行っている．最近では，終日型の幼稚園が増えてきている．
	教育・保育施設 Education and Care Centre	終日保育を実施している場合が多く，0〜5歳までの乳幼児を受け入れている．各言語や文化に基づいた施設やシュタイナー，モンテッソーリなど特定の理念に基づいた施設もこの区分に含まれる．
	家庭的保育 Home-based service	保育者の自宅や利用者の自宅のいずれかで，4人までの0〜5歳の乳幼児グループを保育するサービスのこと．
	通信教育 Correspondence School	3〜5歳の幼児に対して遠隔教育を行うサービス．対象児は，遠隔地で暮らす幼児や病気・障がいを抱える幼児などとなっている．通信教育を受けていても，週に2セッションまでは他のサービスを併用して利用することができる．
親主導型	プレイセンター Playcentre	親が運営する幼児教育施設．親に対する学習コースが提供され，親自身が保育者役割を担っている．0〜5歳の乳幼児とその親が通う．
	テ・コハンガレオ Te Kohanga Reo	0〜5歳までの乳幼児に対し，マオリ文化の継承を目的にマオリ語による保育・教育がなされている．

資料：ニュージーランド教育省（http://www.minedu.govt.nz　2013年8月20日最終閲覧）

の配分がほぼ均等であった．しかしながら，1990年代中葉から教育・保育施設への利用率が高まる傾向にあり，現在は長時間保育を実施する終日型保育が中心となっている．

政府認可園の実施主体は，地域コミュニティを基盤とする公益型サービスと株式会社や個人経営者などが運営する私立型サービスの2つに分かれている．また実施形態は，終日型とセッション型に大別できる．セッション型では，子どもが利用できる保育時間が1日4時間を上回らないこととされている．ただし，2007年より始まった20時間無償幼児教育制度（すべての3・4歳児が1日6時間，週20時間まで無償で幼児教育サービスを利用できる制度のこと）の影響により，保護者負担を増やすことなく施設の補助金収入が増えることから，セッション型を終日型に切り替える幼児教育施設が後を絶たない．

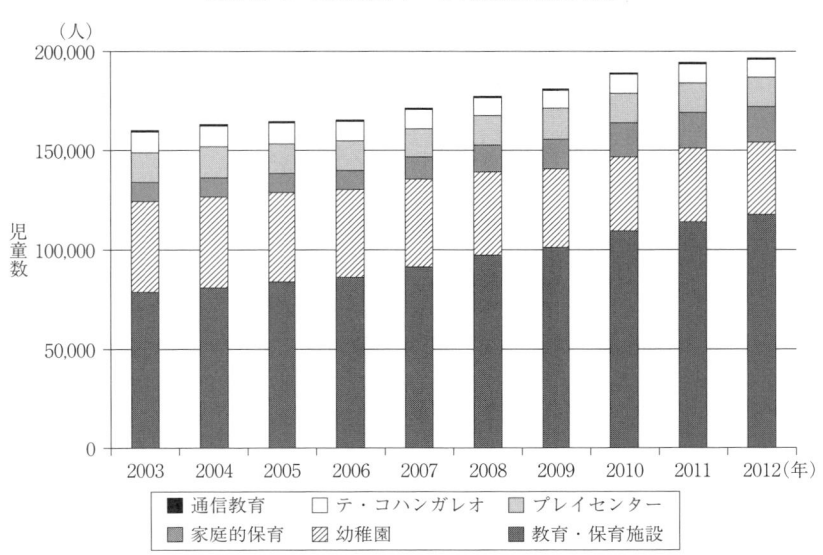

図表10-2　幼児教育サービス別児童数の推移

資料：http://www.educationcounts.govt.nz　2014年5月7日最終閲覧

2 親が所有する幼児教育施設：プレイセンター

2.1 プレイセンターの概要

　プレイセンターは，1941年に始まった親が所有する幼児教育施設であり，親自らが子どもの保育・教育を担当し，施設運営を担っている．プレイセンターが設立されて間もない1940年代初頭は，幼稚園や教会，スポーツ公益団体のクラブハウスなどがプレイセンターの会場となっていた．当時は，幼稚園教諭など有資格の保育者が中心となり，親は保育ヘルパーを担当していた．ところが，1948年になると，ニュージーランド政府が幼稚園教諭に給与の支給を開始したため，多くの幼稚園が午後の部を開始することになった．その結果，プレイセンターでは幼稚園教諭を指導者として確保することが困難となり，親自身を保育者として養成することが急務となった．そこで，親を保育者として養成する親主体の幼児教育施設であるプレイセンターが構築されるようになった．

　プレイセンターの活動理念は，「家族が一緒に成長する：Families growing together」である．プレイセンターでは，専門の保育士や幼稚園教諭がいる施設と同じように保育の質を担保しなければならないため，参加する全ての親に対し学習コースの受講を義務づけている．現在，プレイセンターでは，6つの学習コースを提供しており，コースレベルの高い親が多ければ多いほど質の高い施設とみなされ，支給される補助金額が高くなっている．逆に中級コースや入門コースの親が多いセンターは，標準の施設としてみなされ，支給される補助金の額が低く設定されている．仮に，指導的な立場の親が不足した場合には，そのセンターは地域を統括するプレイセンター協会を通じて有償のスーパーバイザーを雇わなければならない．しかし，親たちが学習を重ね，段階的にコースを修了さえしていけば，一定額の補助金を獲得できるため，財政的な観点からも親のコース受講が促進されるシステムとなっている．この学習コースには，子どもへの補助金とは別途に成人教育の補助金が支給されており，無償で大学レベルの学習ができることを評価する親は少なくない（佐藤2012）．

　プレイセンターに対する補助金が開始されたのは，プレイセンターが発足し

て間もない頃のことになる．保育所への保育補助金が交付されるようになったのが1989年であることから，プレイセンターには保育所よりも約40年以上早く補助金の支給が開始されていたことがわかる．政府が当初からプレイセンターの活動を支援してきた背景には，プレイセンターにおける質の高い保育の実施と親も子も同時に成長できる「子育て・子育ち」環境を評価した点にある．実際に，プレイセンターでの学習を契機に，取得した資格の単位を交換し，大学に再入学したり，編入するケースはよくみられている．また，幼児教育分野だけではなく，それ以外の分野でもプレイセンターの学びが活かされており，大学の研究職や政治活動に携わっている親も多く存在している．ニュージーランド初の女性首相であるシップリー元首相も，プレイセンター活動をしていた親のひとりであり，プレイセンターの経験をその後の政治活動やキャリア形成に役立てている（池本 2003）．

近年では，プレイセンターの親参画による互酬性が親たちの潜在能力を開花させ，子育ての当事者間だけではなく，地域コミュニティにとって有益なソーシャルキャピタルを創出していることが明示されている（Powell 2005；佐藤 2012）．しかしながら，現実には共働き世帯が増えているため，親主導型の幼児教育施設を支持する家庭は少なくなってきている．つまり，保育の長時間化や教師先導型施設の主流化，営利を目的とする実施主体の急増傾向が顕著にみられ，プレイセンターのような親が主体となり運営を担う公益型施設は年々減少しているのが現状となっている．

2.2 プレイセンターの法人形態

各地のプレイセンターは，法人格をもたず，当該地域のプレイセンター協会に所属する任意団体となっている．各プレイセンターを直接支援するプレイセンター協会は，社団法人（Incorporated Societies）の形態をとっており，全国組織となるプレイセンター連盟の傘下組織として業務を担っている．現在，ニュージーランド全土には，33の地域にプレイセンター協会が設置されている．また，それぞれの協会には，小さい協会で5ヵ所，大きい協会で25ヵ所のプレイセンターが所属している．以上のように，プレイセンター協会は，プレイセンターの連合組織として捉えることができる．つまり，各プレイセンターのメ

ンバーであるということは，同時に協会の所属メンバーでもあることを意味している．

　ニュージーランドにおける社団法人とは，1908年の社団法人法にもとづいた非営利組織としての公益性が認められる法人を示す．組織の特徴として，①最低15人のメンバーが存在すること，②公益目的とし，条項を定めること，③社団法人への入会・脱退が自由であること，④社員名簿を設置すること，⑤総会によって決議をすること（社員は1人1票を有する），⑥社員により選出された運営委員会が存在すること，⑥収益事業を行い，従業員を雇用することは可能だが，収益事業の収入を社員で分配することができないことが挙げられている．

　他方，全国組織となるニュージーランド・プレイセンター連盟は，公益信託（Charitable Trust）の形をとっている．公益法人協会（2005）によると，ニュージーランドの公益信託とは，一定の公益目的の財産を受託者が管理し，公益目的の事業を実現する団体となっている．受託者は，最低2人以上が必要であり，公益信託を運用するには10人以上の人員が必要となる．1956年の受託者法によると，受託者の役割は①信託目的に従って管理・運営すること，②信託財産を適正に管理すること，③公益目的に資すること，④条項に従って運営することが示されている．

　公益信託の法人は，年に少なくとも2回の理事会を開かなければならない．そのため，プレイセンター連盟では，理事会のうち1回を毎年5月に実施しているプレイセンター全国大会の場において開催している．この理事会では，事業報告や決算報告の承認および役員の選任，予算計画や事業計画などを決定している．現在のプレイセンター連盟の理事会は，5人の役員（受託者）で構成されており，その内訳は，共同代表者2人，マオリ人を含む理事2人，監査役が1人となっている．その他の受託者に含まれないメンバーとしては，事務局員12人，幼児教育担当チーム5人，能力開発チーム13人，各地域のプレイセンター協会担当者7人，プレイセンタージャーナル（年4回発刊の機関紙）の編集者5名がおり，連盟役員は総計40名で構成されている．

　地域のプレイセンター協会やプレイセンター連盟は，主にセッション以外のセンターサポート業務やプレイセンターの維持管理業務を担っており，全国約

500ヵ所のプレイセンター活動をそれぞれの立場から支えている．特に全国組織となるプレイセンター連盟の役員たちは，政府内外の諸団体との交渉や資産管理などの重責を担っている．これらプレイセンター協会や連盟に所属するすべてのスタッフは，プレイセンターを経験した保護者となっており，このこともプレイセンターの1つの特徴として特筆すべき点であるといえる．

2.3　プレイセンターの運営
①運営役員の仕事と協会の役割

　各地のプレイセンターに参加するためには，子どもだけではなく，親や保護者もプレイセンターの活動メンバーとして登録することが求められる．プレイセンターには，基本的に専門職は在籍していない．親集団が施設運営を担っているため，全ての親が役員や係の選出に参加し，選挙によって担当者を決めている．具体的には，代表，総務（秘書），会計，人事，教育，備品管理，広報・交渉，図書，施設維持・管理，文化係などと細かく担当者を分けている（Somerset 1990 = 2011）．また上記の係以外には，外部から会計監査役を確保している．交流会担当といったその他の役職については，各プレイセンターの必要に応じて増やすことが可能となっている．運営にかかわるすべての仕事はできる限り多くの親たちで分担することになっており，任期も決まっている．つまり，毎年同じ親が役員になるのではなく，最大2年を任期とし，次の親に引き継ぐことになっている．

　2.2でも示したように，各地域にはプレイセンターの統括協会があり，それぞれのプレイセンターは一任意団体として，所属する協会の支援やアドバイスを受けながら運営を担っている．協会のスタッフは，協会と各プレイセンター間やプレイセンター同士をつなぐ役割を担い，センターに十分な人材がいなければ指導員を派遣するなど，センターの安定的な運営の下支えに回っている．さらに協会では，親たちがスムーズに学習コースを受講できるよう教育支援を行っている．具体的には，各プレイセンターにおける教育プログラムの実施状況と親たちの学習進捗についての把握に努め，どのコースレベルの親であってもセンターを越えて学習コースが受講できるよう情報公開と情報共有に取り組んでいる．このような協会による働きかけは，それぞれのセンターの教育レベ

ルの向上にも寄与している．以上のように，各プレイセンターは個々に施設運営をしているものの，1つのセンターで孤立しないよう，協会や連盟がバックアップ体制を整え支援をし，その運営を支えている．

②運営会議のもち方

各プレイセンターによって運営方法が異なるため，運営会議のもち方は様々である．毎日のセッション終了後は，当番チームによる反省会議が行われているが，運営に関する全体会議は月1回程度の割合で開催されることが多い（図表10-3）．ここでは，筆者が2013年6月に行った3つのプレイセンターへの聞き取り調査をもとにその実際を記していく．

【Aプレイセンター】

Aプレイセンターの運営会議は，月1回開催されている．何か揉め事があった場合や緊急会議が必要な場合には別途招集され，臨時会議を開くこともある．運営会議では，協会からの連絡・伝達事項が報告されるほか，道具や消耗品の購入状況，会計報告，保育プロジェクトの実施状況，センター内で問題となっていることや新しい家族の受け入れ状態，人事に関することなどが議題として話し合われている．

子どもの保育や教育計画など運営面以外の会議は，10週間に1度開催され

図表10-3　親たちのデイリー反省会議（プレイセンター）

資料：筆者撮影

ている．運営会議の開催場所は，プレイセンター内で行われることが多く，必要があればセンター外で開催することもある．時間帯は，子どもが寝た後を想定した19時半頃から開始されている．母親が会議に出席する場合は父親が自宅で子どもの世話をし，逆に父親が会議に出席する場合には，母親が自宅に残るケースが多いとのことである．Aセンターでは，昼間に開催する会議であったとしても，「子どもの同伴が可能」と案内に掲載がない限り，乳児を除く子どもの同伴は推奨していない．親の会議への出席率は，その時々によって異なるが，全員が来られることは殆どなく，多い時で8割，平均5割程度となっている．親同士の連絡は，メールを通じて行われている．

【Bプレイセンター】

Bプレイセンターでは毎月1回，運営会議が開かれている．この会議では，各役員や係からの報告やセンター運営についての話し合いがもたれている．具体的なセンター運営に関わる議題は，予算や建物の維持・管理についてと保育計画などが中心となっている．Bプレイセンターの場合は，建物自体が古くなっているため，修繕費をどのように集めるかを議論することが最近では多くなっている．Bセンターでは，プレイセンターのセッション時間内に運営会議を開くことが慣例となっており，活動の合間に随時話し合いの場を設けている．長引きそうな場合には，セッション後に改めて会議を設定するようにしている．メンバー全員に呼び掛ける運営会議以外には，センターのリーダー役を担う5人での代表者会議があり，月1回の割合で夜間に開催している．この会議では，運営会議での決定事項をどのようにセンター内で具現化していくのかについてや各子どもに焦点を当てた話し合いを行っている．夜間開催の会議の場合には，子どもを連れていくことはできないが，昼間開催の運営会議では，スーパーバイザーが保育を担当するため，親子での出席が可能となっている．センター外であったり，夜間に会議を行ったりすると，会議への出席率が下がるため，Bセンターでは，多くの親が参加しやすいセッション時に運営会議を行うことにしている．毎回の出席率は，センター外や夜間開催の場合だと5割程度となる．しかし，セッション中に行うことで，その日に参加する親のほぼ全員が会議に出席できるようになったという．親同士の連絡は，メールと掲示板の両方で行っている．

【Cプレイセンター】

　Cプレイセンターでは，学期（10週間）に2回，運営会議を行っている．Cプレイセンターのメンバーとなる親たちには，2回のうち必ず1回は会議に出席することが義務づけられている．そのため，会議の出席率は毎回7割以上と高い．現在Cセンターには，30家庭の登録があるが，センターの規約では，25％の親の出席が確保できなければ，会議を開催することができないことになっている．運営会議はセンター内で開催され，時間帯は19:30～22:00の間で設定している．Cセンターでは，子ども同伴で会議に出席するこは原則禁止となっている．Aセンターと同様にして，両親のうちどちらかの親が会議に参加し，もう一方の親が自宅で子どもの面倒をみるというケースが多いとのことである．親同士の連絡方法は，メーリングリストを通じて行われている．

　議題は，運営にかかわる全てのことが話し合われている．最近話し合った議題を例に挙げてみると，①各役員からの報告，②地域協会からの報告，③新しいソファーの購入について，④センターの壁に貼る板の色について，⑤センターの床の穴を修繕する業者の選定，⑥センター所有の日よけを保険で修理するかについて，⑦保育の統括責任者の引き継ぎについて，⑧プレイセンターの待機児童対策について，⑨センターの清掃を業者に委託するか否かの決定，⑩オムツ換えの台を拭く塩素の量についてであった．

　上記の会議とは別に，保育会議も開かれている．この保育会議は，学期の始めに行われ，前学期の成果や反省点を受けて保育計画責任者が議題を決め，会議を進行していく．具体的には，①学期のねらい，②子どもの興味や関心がどこにあるのか，③主活動としてどのような遊びに焦点を当てたらよいのかなどを中心に話し合っている．保育会議は義務ではなく，可能な親だけが出席することになっているが，半数以上の親がこの会議にも出席している．保育会議は，運営会議と同じく夜間にセンター内で実施されている．

3　親が施設運営に参画する教師先導型の教育・保育施設

　ニュージーランドの全ての初等および中等の公立学校には，学校理事会が設置されており，理事会に加入している親には，カリキュラム，教職員人事，学

校財政，教育財政の管理，生徒への健全な学習環境の提供，自己評価など学校経営全般に対して発言する権限が与えられている（福本 1997）．しかしながら，幼児教育部門においては，学校理事会のような組織はなく，プレイセンターを除くほかの施設では親が運営に関する権限をもつことが少ない．特に最近では，営利目的の私立保育所が増えてきているため，親が施設運営に参画する機会が減少傾向にある．だが，公益型の一部の施設のなかには，運営委員会に親や養育者を含めて施設運営を行っている所もある．プレイセンターにみられるような完全なる親所有・親運営の施設ではないものの，親が運営に参画する事例として以下に教師先導型の施設を2つ紹介したい．

【タフナヌイ・プリスクール（Tahunanui Preschool）】

タフナヌイ・プリスクールは，コミュニティー・センターの一施設として運営されている教師先導型の教育・保育施設である．このプリスクールのほかには，スポーツクラブや園芸教室，プレイグループ（育児サークル）などが活動している．プリスクールの対象児は2～5歳児とし，月・水・金の週3回（8:30～15:30）開所している．専門職は，3人の国家資格をもつ教員と1人のアシスタント教員が勤務している．

コミュニティー・センターには，週2回開催のプレイグループが先に立ち上がったという経緯がある．しかし，メンバーのなかで働く親が増えてきたことから教育・保育施設を開所することが決まった．ところが，利用者から「親子が共に活動を行うプレイグループも大切にするべきだ」との意見があがったため，週2回のプレイグループを残し，残りの3日間を教育・保育施設にすることにした．当初は，働く親に対するサービスとしてこの施設が開設されたが，フルタイム勤務の親には通いづらいことから，週5日又は長時間勤務の親は別の幼児教育施設を利用しているとのことであった．

タフナヌイ・プリスクールは，ニュージーランド・プレイセンター連盟と同じように公益信託の形をとっている．運営会議は，月1回あり，プリスクールの教員とコミュニティー・センターの職員，保護者を含めた8人が運営委員となっている．会議の開催場所は，コミュニティー・センター内で19:30から2～3時間話し合いの場を設けている．議題は，会計報告や各事業所からの報告と運営に関する内容が中心となっている．親への運営会議に関する連絡は園だ

よりを通じて告知され，委員会メンバー同士のやりとりはメールを介して行われている．

【フレイバーグ・コミュニティ・プリスクール（Freyberg Community Preschool）】

　フレイバーグ・コミュニティ・プリスクールは，月曜日から金曜日の週5日間，8:45～15:15までを開所時間とする幼稚園協会所属の団体である．政府からは，タフナヌイ・プリスクールと同じように公益・終日型の教育施設として認可を受けているが，この園では午前・午後どちらかのセッションだけを利用することも可能となっている．対象年齢は，2歳半から5歳までであり，3人の国家資格をもつ教員がいる．全体では48家庭の登録があるが，政府に認可を受けている人数が1日30人となるため，概ね30人の幼児が毎日入れ替わりで通園している．この園自体は，プレイセンターの地域統括協会と同じように社団法人として登録しており，保護者を含めた運営委員会が施設の運営を担っている．運営会議は年に8回開催されている．大抵は，金曜日の午後14時からの開催となっており，そこでは，経営面のことや保育方針，予算など運営にかかわる話し合いがなされている．

　運営委員会のメンバーは幼稚園と同じ敷地内にある小学校の教諭と幼稚園の園長，幼稚園教諭各1人ずつに加え，保護者4～5人で構成されている．運営会議では，園長が議長を務め，書記と会計がそれぞれ1人ずつつく．現在の会計担当者はフルタイムの仕事をしている保護者であり，平日の会議には出られないことから会計報告は事前に提出がなされている．運営会議の議題は，施設運営についてや保育のことが中心となっている．筆者が2013年6月21日に出席した運営会議では，子どもたちの園生活の様子や翌週の行事，保育目標や資金集め，施設修繕や備品購入の件が議論されていた．なお，運営会議を開催するにあたっては，運営委員のうち1/2の出席を確保する必要があるとのことであった．

　人事権は，形式的には運営委員会にあるが，実際は，園長が公募を出し，面接を行い，候補者を運営会議に出し，最終決定として委員会の承認を得るという方法をとっている．既述のとおり，園の運営に関して直接的な発言権をもつのは運営委員のみとなるが，希望すればどの親でも運営会議に参加することが

できる．一般の親が意見を発言するルートととしては，意見箱や送り迎えの際の会話，園のフェイスブックなどがある．園長は親たちの意見を集約し，必ずその内容を運営会議で議論するようにしている．そのため，間接的ではあるが，親たちの園に対する発言権は確保されているという．

4　日本への示唆

　ニュージーランドの公立学校には，学校理事会が設置され，親の代表者として選出された委員には学校経営に対して発言する権限が与えられている．ところが，就学前の施設においては，親が経営や運営に関与することは殆どない．そこで注目したのが，プレイセンターと呼ばれる親だけで運営がなされている幼児教育施設である．プレイセンターは，1941年に誕生し，70年以上もの歴史をもつ活動であり，その特徴として①子どもの自主性を重んじた遊びの活動であること，②親運営の施設であること，③親が学習し，保育者役割を担うことがあげられる．昨今では，働く母親が増えてきたことや週20時間無償幼児教育制度の導入によって，長時間開所型及び教師先導型の教育・保育施設により需要が高まり，プレイセンター利用者の減少傾向がみられている．無償制度が施行された2007年当初は，プレイセンターなどの親先導型サービスは制度の対象から外されていた．こうしたこともプレイセンター減少への誘因となったといえる．ところが，国民党への政権交代がなされた2010年7月1日からは，同じ認可園でありながら教師先導型サービスだけが補助金の対象になることは不平等であるということから，親先導型サービスのプレイセンターも無償制度の対象園として認められるように変わった．以上のようにプレイセンターに対する逆風時代があったものの，ニュージーランド全土では，今もなお500ヵ所近くのプレイセンターが活動を継続している．プレイセンターが70年以上もの長い間，ニュージーランドの子育て世帯に支持されている理由は，以下の諸点に集約することができるであろう．

　第1に，親が教育にかかわるというPI（Parental Involvement）の文化がニュージーランド国内に浸透している点である．親が保育や教育に参画することのメリットとしては，子どもに対する精神衛生上の効果や学習意欲の向上，

親に対する自信付与や教育への関心拡大，親同士のつながりの醸成，親の意見を保育・教育に直接反映できる点が指摘されている（Hourby 2011；島津 2012）．

　第2に，親自身がプレイセンターを通じて教育や保育の専門性を磨くことができる点にある．一般には，国家資格をもつ専門家をより多く確保することが，保育の質を高めることであると議論されがちである．だが，プレイセンターの親を，多様な資格や経歴を持つ専門家集団と捉える見方もある（Woodhams 2013）．現在，プレイセンターに通っているTさんは，プレイセンターにおける親の専門性について次のように述べている．

　　専門性を高めるためにという視点で保育士を雇うとなると，もはやそれはプレイセンターではないと思います．それは，よい・悪いといった判定ではなく，質として違うものということです．親たちが専門性を高めていくことが学習コースを進めていくことなのです．それに加えて各センターには，協会からの専属アドバイザーが付いているので，その人が相談役だったり，お目付役だったりして，プレイセンターをただの育児グループではなく，教育機関として安定させる役割を果たしているのです．

　第3は，Tさんの指摘にもあるように，親の専門性や成長，組織の安定を支えるためのプレイセンターの支援団体があり，このような体制下で各プレイセンターが運営されている点が挙げられる．加えて，プレイセンターが政府の補助金を得られる認可施設であることも大きい．

　以上のことから，「親が教育や保育にかかわることの効果」や「子どもだけでなく親の成長も見込める点」，「政府や団体の支援体制が強固である点」が，親所有の幼児教育施設であるプレイセンターの維持と質の保持に深く関与していることが明らかとなった．昨今では，働く親が増えていることや親の負担軽減を理由に乳児セッション（SPACEプログラム）や年長児向けの就学前準備セッションを実施したり，スーパーバイザーを雇うセンターが増加するなど，プレイセンターも新たな局面を迎えている．しかし，だからといって親の負担ばかりに着目する必要はない．筆者がインタビューした親たちは，プレイセンターの運営や協働保育を通じて，「親としての自信獲得」や「幼児教育に対す

る貢献」を実感したと語っていた．また，親だけではなく，政府の教育機関評価局である ERO（Education Review Office）も多くのプレイセンターを「質の高い幼児教育施設」として評価しており，A センターやC センターのように，常に待機児童を抱えているプレイセンターも多数存在している．

親をはじめとした地域成員一人ひとりのマンパワーが集結することは，当該地域の教育力を高め，互恵的なコミュニティの形成へとつながっていく．わが国では，親を幼児教育サービスの利用者として捉えることが多いが，ニュージーランドのプレイセンターの事例は，親こそが教育や保育の質を向上させる上で重要な存在となることを我々に示してくれている．

参考文献

福本みちよ（1997）「ニュージーランドにおける学校理事会に関する考察——学校の教育活動に対する父母・地域の教育要求の反映の視点から」『比較教育学研究』第 23 号：49-64

Hornby, G.（2011）*Parental Involvement in Childhood Education: Building Effective School-Family Partnerships,* Springer Science + Business Media, New York

池本美香（2003）「保育制度を考える——ニュージーランドとスウェーデンの改革を参考に」『Japan Research Review』日本総合研究所，2003 年 1 月号：77-129

公益法人協会（2005）「総務省委託調査事業・オーストラリア及びニュージーランドの非営利法人制度に関する調査研究」財団法人 公益法人協会，平成 17 年 3 月

Powell, K.（ed.）（2005）*The effect of adult Playcentre participation on the creation of social capital in the local communities: A report to the New Zealand Playcentre Federation submitted by Massey University College of Education research team in collaboration with Children's Isssues Centre.* Palmerston North: New Zealand Playcentre Federation

佐藤純子（2012）『親こそがソーシャルキャピタル——プレイセンターにおける協働が紡ぎだすもの』大学教育出版

島津礼子（2012）「ニュージーランド プレイセンターの特質と課題——Parental Involvement の視点から」『広島大学大学院教育学研究科紀要』第三部，第 61 号：207-213

Somerset, G.（1990）*How Playcentre works,* New Zealand Playcentre Federation ＝（2011）佐藤純子訳『プレイセンターの運営』日本プレイセンター協会

Woodhams, M. (2013) *Playcentre as Professional System: Professinalism in Early Childhood,* Playcentre Journal, Issue 146, Autumn: 22-24

第 11 章

カナダ：保育の品質保証のための親の参画

池本美香

1　幼児教育・保育における親の参画の現状

1.1　カナダの保育政策の概要

　カナダの幼児教育・保育施設は，幼児教育施設としての幼稚園と，親の就労支援等を主な目的とする保育所および家庭的保育から成る．カナダは10の州と3つの準州があり，保育政策は州によって異なっている．

　幼稚園と保育所・家庭的保育の所管省庁は，13の州・準州（以下，州とする）のうち7州では，教育もしくは教育を含む担当省庁によって一元的に所管されている（CRRU 2013b）．幼稚園が半日となっているのは5州で，8州はフルタイムである．幼稚園は5歳から（一部の州では3, 4歳から）通うことができ，小学校入学は6歳である．

　カナダは，母親の就業率が，末子3歳未満の母親で69.7％，3～5歳で76.6％と高い（CRRU 2013b）．しかし，保育所の整備は遅れており，公的な認可を受けた保育所・家庭的保育の定員は，0～5歳児の22.5％（2012年）にすぎない．1992年の11.5％から上昇しているものの，母親の就業率と比較して非常に低い．また，保育料は基本的に利用者の負担となっており，低所得者向けの補助も限定されている．保育所（含む学童保育）の定員のうち，保育料の補助を受けている割合は4割に満たず（2010年），その割合は低下傾向にある（CRRU 2013a）．幼児教育・保育施設への公的補助の水準も，GDPの0.2％（2009年）で，OECDの平均0.7％を大きく下回っている（OECD Family Database Data Chart PF3.1A).

　保育所の設置・運営主体は，カナダ全体では，保育定員のうち非営利の施設が占める割合が高く，営利の施設は29.4％である（CRRU 2013b）．ただし，営利の割合はプリンスエドワードアイランド州では80％と高いのに対して，サスカチュワン州では0.1％と，州によって状況は異なっている．営利目的の施設は，すべての州で認可を受けることが可能だが，公的な補助金については，いくつかの州で非営利・営利で差を設けており，営利には全く補助しない州もある．営利の保育定員の割合は，1992年の30％から2004年には20％に低下したが，その後上昇に転じている（CRRU 2013a）．

1.2　幼児教育・保育施設における親の会

　幼児教育・保育施設の運営に親が参画する方法として，親の会の設置を法律で義務付けている州もある．

　サスカチュワン州では，すべての幼児教育・保育施設に親理事会（parent board of directors）もしくは親諮問委員会（parent advisory committee）を置くことが，保育法（Child Care Act）によって定められている（Saskatchewan Ministry of Education 2009）．サスカチュワン州では1971年から1982年にかけて，州知事（Allan Blakeney）が，非営利の協同組合方式を中心に保育所の整備を積極的に進めた経緯もあり，施設の運営への親の参画が重視されている．1970年代に協同組合方式の保育所が多く設置され，それらが現在も広く利用されており，州の認可を受けているフルタイムの保育所の27％が，協同組合方式によるものとなっている（CCA 2007）．サスカチュワン州は，営利団体の保育所に対して補助金を出しておらず，前述のとおり，保育定員に占める営利の施設の割合は0.1％となっている．

　ケベック州でも，法律によって，親の会の設置が義務付けられている（CCA 2007）．すべての幼児教育・保育施設（Centers de la petite enfance/CPEs）には，親が3分の2を占める理事会を置かなければならず，親理事は毎年選挙によって選出される．幼児教育・保育施設は，私的なセクターではなく，社会的企業（social economy enterprise）とみなされており，親理事が施設の運営の決定に関与することにより，利用者である親によって民主的に管理することが重要だ

と考えられている．ケベック州も，保育定員に占める営利の施設の割合が22％と，全国平均の29.4％を下回っている（CRRU 2013b）．

1.3　親が設置・運営する幼児教育・保育施設

CCA（2007）によれば，カナダの保育所の定員の9％は協同組合方式の保育所であると推計している．協同組合方式には，親が運営するもの，保育者が運営するもの，親・保育者など複数のステークホルダーによって運営されるもの，既存の協同組合が新たな分野として運営するものなどがあるが，カナダでは協同組合方式のほとんどは，親が運営するものとなっている．いくつかは親のほかに職員を加えているが，カナダには職員協同組合の施設は確認されていない．これは，親が施設の運営や子どもの教育に関与したいという要望が強いためとされている．

親協同方式の保育所については，次節で詳述する．

1.4　その他の親の参画

幼児教育・保育施設への親の参画に関しては，親の会の設置や親運営の施設以外にも，様々な方法があり，それらを州政府が推奨する動きもみられる．

ブリティッシュコロンビア州が出している親向けの保育所に関するガイドブックでは，保育所の選択に関する情報提供に加えて，保育所を利用し始めた後に，親が保育施設をモニタリングすることの重要性についても説明されている（British Columbia 2009）．州が認可している施設は定期的に監査されているが，監査する人は親ほど頻繁にその施設を訪問しているわけではなく，無認可の施設は親以外にその質をチェックできる人はいないため，日常的に保育者と話す時間を取り，疑問を感じたことはすぐに質問すること，子どもから保育所の話をよく聞くようにして，保育所に行きたがらない，傷があるなど，子どもの様子にも十分注意することが必要だとしている．保育所での虐待などの疑いがある場合には，自治体へ報告すべきことや，無料で相談できる電話番号も紹介されている．

親が保育の質をモニタリングするためには，親が質のよい保育とはどういうものかを知っている必要がある．これについては，保育に関する調査や情報提

供を行う非営利団体（CRRU）が，ウェブサイト「質の良い保育をみつける」（Finding Quality Child care）を設置し，なぜ質が重要なのか，質とは何かについて情報提供をしている[1]．情報提供は文字情報に加え，親向けにビデオを作成し，それをウェブ上でみられるようにもなっている．

ニューファンドランド・ラブラドール州の保育施設の基準では，子どもの家族とのオープンで協同的な関係を築き，維持することが，15ある基準の4つめに挙げられており，その具体的な方法が紹介されている（Government of Newfoundland and Labrador 2004）．親はその子どもについて最も多くの情報を持っており，一方保育者は子どもに関する幅広い情報を持っていることから，双方の情報を生かすことが，子ども，親，保育者すべてにとってよいことだと考えられている．

具体的な方法として，家庭訪問の実施，保育所の運営に関して文書化した親向けハンドブックの作成，親向けの掲示板やウェブサイトの設置，土曜日の家族ピクニックの企画，食事，しつけ，おもちゃなど親の関心のあるテーマで夕方に会を設定し，親同士の交流を図る集まりの設定，親がいつでも保育所に来て，保育に参加したり，一緒にお昼やおやつを食べられるようにすること，遠足への親の参加，ギター，読み聞かせ，料理など親の得意分野を生かして保育に参加してもらうこと，諮問委員会や理事会に親が参加することなどが紹介されている．ここでは，親は一般的に大変忙しい生活をしていて，施設の活動に費やすことができる時間やエネルギーは，親によって大きく異なるため，親の参画の方法については，多様な選択肢があるべきだ，としている．

このように，親の参画に関する様々な方法が紹介されているのは，親の参画が，質の高いサービスを提供する上で，非常に重要な要素だとみなされているためである．親と施設の交流が増えることが，両者の間の信頼関係を深め，そのことが一層情報の共有や理解を深めることにつながるとされる．

以上，カナダの幼児教育・保育施設における親の参画について概観してきたが，次節では，親が設置・運営する幼児教育・保育施設の状況についてみていきたい．

2 親が設置・運営する幼児教育・保育施設

2.1 親協同保育の歴史

カナダにおける最も古い親協同保育は，1937年にトロントで始まったとされる（Manor Road Co-operative Nursery School）が，これはアメリカの親協同保育がカナダにも広がったものである．1943年にオタワでスタートした親協同保育（Bettye Hyde Cooperative Nursery School）は，現在まで70年以上も続いている．1940年代には，ブリティッシュコロンビア州で親協同保育の団体が発足し，オンタリオ州やケベック州でも，インフォーマルに親のグループが交流していた．その後，1964年には，アメリカの親協同保育の団体の名称が，カナダからも参加者があったことから，親協同保育インターナショナル（Parent Cooperative Preschools International/PCPI）に変更された．オンタリオ州では1980年までに，親協同保育の施設は225，20,000家族が参加するまでに拡大し，親協同保育の団体（Organization for Parent Participation in Childcare and Education, Ontario/OPPCEO）が設立された．1991年には，バンクーバーで開かれたPCPIに参加したカナダのメンバーにより，カナダの全国レベルの親協同保育の団体（Association of Canadian Child Care Co-operatives）が発足したが，この団体は資金的な援助がなかったことから，1999年に解散している．

2.2 親協同保育の現状

2005年時点で，カナダには協同組合が運営する保育施設が410，そのほかに協同組合ではなく非営利団体としての法人格のもとで，親が運営している保育施設が116あり，親協同保育の実態のある施設数が526となっている（CCA 2007）．

ただし，親協同保育の施設数は，州によって大きく異なっている（図表11-1）．もっとも多いのはオンタリオ州の270で，全体の半数を占めており，これにサスカチュワン州の104，ブリティッシュコロンビア州の68を加えると，親協同保育の84％がこの3州に集中している．

保育協同組合の数の推移をみると，80年代から90年代にかけて増加傾向が

図表 11-1 カナダにおける親協同保育の施設数（2005 年）

	保育協同組合（政府への届け出があるもの）	実質的に協同組合方式で運営されている施設	合計	
ブリティッシュコロンビア州	0	68	68	(12.9)
アルバータ州	0	16	16	(3.0)
サスカチュワン州	104		104	(19.8)
マニトバ州	42		42	(8.0)
オンタリオ州	238	32	270	(51.3)
ケベック州	15		15	(2.9)
ニューブランズウィック州	3		3	(0.6)
ノバスコシア州	3		3	(0.6)
プリンスエドワードアイランド州	1		1	(0.2)
ニューファンドランド・ラブラドール州	4		4	(0.8)
合計	410	116	526	(100.0)

注：3つの準州には保育協同組合および協同組合方式の施設はない．
資料：CCA（2007）

みられ，その後 2000 年頃から減少傾向にあったが，2012 年には保育協同組合の数は 450 とされており，若干の増加傾向もみられる（図表 11-2）．ただし，カナダの保育施設数が増えていることを考えれば，保育施設全体に占める保育協同組合の割合は低下している．

　保育の質をスコア化した研究によれば，営利の施設より非営利の施設の方でスコアが高く，質がよいと指摘されており，親協同も一般に保育の質が高い施設だと考えられている[2]．

　以下，ブリティッシュコロンビア州とオンタリオ州の状況について紹介する．

2.3　ブリティッシュコロンビア州の親協同保育

①親協同保育の団体

　ブリティッシュコロンビア州には親協同保育の団体が2つある．いずれも70 年以上の歴史があり，1945 年発足の CPPPBC（Council of Parent Participation Preschools）には 38，1949 年発足の VICPA（Vancouver Island Co-operative Preschool Association）には 14 の親協同保育施設が加盟している．加盟している施設は，3，4歳児を対象とする半日の施設が中心である．ブリティッシュコロンビア州の協同組合法では，組合員に配当しない非営利の協同組合が認められていないため，非営利を掲げる親協同保育施設は法律上は協同組合ではな

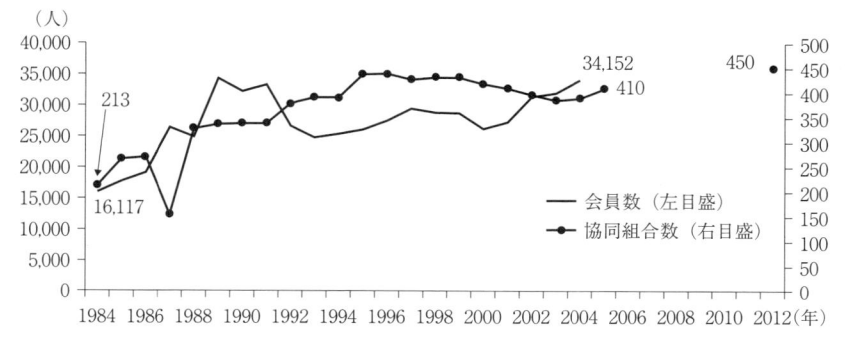

図表11-2　カナダの保育協同組合数の推移

資料：CCA（2007）

く，非営利法人として活動している．

5歳児が通う幼稚園以外の幼児教育・保育施設は，子ども・家族・保健省の管轄にあり，一定の基準を満たした施設を州が認可する仕組みとなっており，親協同保育施設も州の認可を受けた施設である．親協同保育の2つの団体は，州の基準を上回る独自の基準を定めており，加盟している施設の質が高いことを強調している．

親協同保育の団体の役割は，親協同保育施設の立ち上げ支援や，親協同保育施設同士の交流を図り，加盟施設が質の高い保育を提供できるように支援することにある[3]．同時に，多くの施設・家族が集まることで，行政などに対する発言力が強まることも狙っている．CPPPBC加盟施設で働く教員は，自動的に教員の団体（Parent Participation Preschool Teachers' Association/PPPTA）に加入する仕組みにより，教員同士の交流も図られており，同時に教員が集まることで，賃金・雇用条件などについて教員側の発言力が保たれている．

CPPPBCに加盟するメリットとして挙げられるのは，①教員の団体との間で雇用条件についての交渉が行われるため，教員との契約が公正なものとなること，②グループとなることで保険の費用が安くなること，③運営に関するハンドブックや親の学習会の講師のリストなど，様々な情報提供が受けられること，④何か問題が発生した場合に，相談に乗ってくれること，⑤親協同保育について様々な機会で広報し，他の団体とも連携しながら，政府や議員などとも

接触し，政策にも影響を及ぼすことができること，である[4]．そのほかの支援としては，各施設の会計や代表，親の学習担当者などに対するワークショップの開催，抽選くじの実施がある．抽選くじ（Win Win Win raffle）とは，CPPPBCが1枚1,000円程度のくじをつくり，それを各施設が販売し，その販売金額の40％を施設の運営に使えるという仕組みで，各施設での寄付集めをサポートしている[5]．

CPPPBCには，加盟施設の運営に関する方針書（CPPPBC 2009）がある．ここではCPPPBC加盟施設の基準として，大人1人に対する子どもの人数や，入園前の親向けのオリエンテーションの内容などが定められているほか，CPPPBCのルールとして，基準を満たさない施設には1年の猶予が与えられるが，1年たっても基準を満たせない場合は，加盟を取り消されることや，当番の親の育児休業のルールなどの説明がある．また，教員の採用，教員のオリエンテーション，親の当番，教員の評価，役員会などについてのガイドラインも示されている．文献リストとして，さらに個別の項目についての詳細なガイドラインや，各施設のハンドブックのひな形などが紹介されている．この方針書は，親協同保育に参加するすべての人が読むべきとされ，各施設に少なくとも4冊は置くことが求められている．

②親協同保育施設の事例

次に，ブリティッシュコロンビア州のパイド・パイパー親協同保育施設（Pied Piper〈ハーメルンの笛吹き男〉Parent Participation Preschool[6]）の親向けのハンドブック[7]をもとに，実際に親協同保育施設がどのように運営されているのかをみてみたい．この施設は，1966年にスタートし，1991年に小学校敷地内に移転，2009年にはCPPPBCの最優良施設に認定されている．定員は3，4歳児あわせて35人で，3歳は週2日，4歳は週3日，いずれも半日の活動となっている．

親向けハンドブックは50ページを超す分量があり，最初に所属団体CPPPBCの説明があり，CPPPBCの信条として，親協同保育施設は，「お互いを信頼している人々によって創設され維持されている施設であるがゆえに，子どもたちの環境として優れている」という考え方や，「子ども，親，教員，地

域すべてにとって価値がある」という考え方が示されている．続いて，親協同保育施設の定義，パイド・パイパー保育施設の歴史，親に求められることとして 17 の項目について詳しい記述がある．その一部を以下に紹介する．

1) すべての親は施設に入る前に，10 時間のオリエンテーションに参加しなければならない．これは，ブリティッシュコロンビア州が求めている基準である．
2) すべての親は，健康であることについて，医者の証明書をもらって提出しなければならない．
3) 2011 年の州の法律により，ボランティアとして保育に参加する親についても，犯罪歴に関する公的な書類の提出が必要となった．
4) 子どもが予防接種を受けている証明を提出しなければならない．
5) アナフィラキシーの可能性のある子どもの親に対して，薬に関して医者の指示書を提出することや，エピペンを施設に常に置いておくことのほか，メディックアラートブレスレット（Medic Alert bracelet[8]）が強く勧められている．
6) 保育当番の親は，教員のアシスタントという位置づけであり，教員の指示に従うこと，その日のおやつは保育当番が自宅で準備してくること，その際には細かく切るなど調理法への配慮も求められている．
7) アレルギーに関する情報は，すべての親で共有し，施設内にリストを掲示する．パイド・パイパーは「ナッツ・フリー（nut free）」の保育施設であり，製造過程での混入がある食品についても，施設内への持ち込みが一切禁じられている．自宅でのおやつの準備の際にも同様の配慮が求められており，施設での親たちの会合の際の持ち込みも認められていない．
8) 月に 2，3 回保育参加の当番があり，すべての親の参加が義務付けられている．都合がつかない場合は，自分で代わりの親を探し，みつけられない場合は規約に定められた金額の支払いを求められる可能性がある．
9) すべての親に仕事が割り振られるほか，全員が施設の修繕の日やクリスマスパーティー，施設公開の日などに協力しなければならない．
10) すべての親は寄付を集める活動に参加しなければならない．毎年，施設

としての寄付集めの目標金額が決められ，それに向けて何らかの寄付集めの活動に参加が求められる．

11) すべての親は毎月開かれる総会への出席が必須である．州の基準で，すべての親に対して月1時間半の学習が求められているため，この毎月の総会のあとに親の学習の時間が設けられている．総会では，運営に関して様々なことが話し合われる．

12) 親の学習の時間では，ゲストスピーカーを招いたり，ビデオをみたりして，子どもに対する理解を深める．学習のテーマは，参加者の意向を反映して計画される．

13) 総会の手順も，細かく決められている．話し合いたいことがあった場合には事前に届け出ることや，総会での採決の具体的な手順，家族で1票であることなどが説明されている．

14) 総会のほかに役員会がある．役員会には役員以外の出席も可能である．

15) すべての親は，最低年に一度は，総会の際にコーヒーや軽食の準備，机や椅子の後片付けなどを担当しなければならない．

16) 親はそのほか，毎月末の掃除と年度末の掃除にも，分担して参加する．

親向けのハンドブックでは，さらに具体的な手順の詳細についても書かれており，保育参加の当番の時には，保育開始前，保育中，保育終了後にどのような役割が期待されているか，絵の具のふたを閉めるといった細かな具体的なことまで説明されている．また，役員についても，代表，クラス代表，会計，秘書，教員担当，入園担当，オリエンテーション担当，親の学習担当，財務担当，事務担当の具体的な仕事の内容が書かれている．役員以外の仕事としては，掲示板，図書室，緊急時対応，遠足，渉外，教員支援，施設管理，調理，リサイクル，洗濯，ニュースレター，ウェブサイト，写真，広報などがあり，それぞれについて仕事の内容が説明されている．

ハンドブックではさらに，緊急時，プライバシー，虐待の疑いがある場合の通報など，運営上の様々なルールについて20ページにわたって記載されている．特に，親の参加については，月1回の総会および親の学習の時間については，年度に2回までしか欠席が認められていない．また，親の学習については，

州の基準で必須となっていることから，欠席した場合は，レポートを提出するなどで調整する必要がある．こうした調整をしなければ，保育への参加が認められず，その結果保育施設の認可自体が取り消される可能性がある．このため，年度に2回以上欠席し，学習について必要な調整をしない人は，退園を迫られる．ハンドブックの最後には，規約が掲載されている．

2.4 オンタリオ州の親協同保育

オンタリオ州には，2005年時点で，275の協同組合組織の保育施設が登録されている（CCA 2007）．このうちフルタイムの保育施設（daycare co-ops）は20ヵ所にとどまり，半日の保育施設（preschool co-ops）が255ヵ所と大半を占めている．フルタイムの保育施設は，半日の施設と比べて，親の参加が一般に少ない．そのほかに，協同組合として登録はしていないが，親が参画している施設が32ヵ所あり，これらを合わせると，参加者は8,000家族，雇用されている職員は500人以上となり，オンタリオ州はカナダで最も親協同保育施設が多い州である．しかし，認可を受けた施設は20,000ヵ所以上あるため，認可施設に対する割合で見れば，親協同保育は1％と非常に少ない．

オンタリオ州では，親協同保育施設が1930年代からあり，1950年代にできた最初の保育法（Day Nurseries Act）に，協同組合法（Co-operative Corporations Act）によって法人化された保育施設のことが書かれている．

ほとんどの親協同保育が，インフォーマルなかたちではなく法人化している理由は，第1に負債に対して個人が責任を負わなくてよいこと，第2に保険をかけられることである．オンタリオ州でも，親協同保育施設は州の基準を満たす必要があり，毎年州の監査を受けている．

親協同保育は，数家族によって運営されるごく小規模なものから，何百人もいる学校のような組織まである．また，単独で運営しているもののほか，大学や病院などの職員のための保育施設が，親協同保育のかたちで運営されるケースもみられる．

オンタリオ州には，親協同保育の団体が7つあったが，現在は3つが残っている[9]．もっとも加盟施設数の多いOPPCEOでは，200施設が加盟しており，おもちゃの貸し出し，親向けの資料センター，学童保育なども展開している．

オンタリオ州の親協同保育の団体は，先に紹介したブリティッシュコロンビア州の2つの団体とともに，アメリカを拠点とする親協同保育の国際団体（Parent Cooperative Preschools International/PCPI）に加盟している．

3　日本への示唆

　カナダでは，幼児教育・保育施設における親の参画が，州によりその方向性は異なるものの，保育の質を高める上で重要だという考え方が広く行き渡っている．本章では，協同組合という法人形態の施設が多くあるオンタリオ州，非営利団体として法人化して実質的に親が運営している施設が多いブリティッシュコロンビア州，親が運営している施設は少ないが，すべての施設に親が参加する運営委員会の設置を義務付けているケベック州，協同組合の施設が多く，かつそれ以外の施設には運営委員会の設置を義務付けているサスカチュワン州のほか，親運営の施設も少なく，運営委員会の設置も義務付けていないものの，施設運営の基準として親の参画を重視しているニューファンドランド・ラブラドール州について紹介した．カナダでは，幼児教育・保育施設の整備に公的な関与が非常に少ないため，親協同保育が発展してきた面もあるが，その際，親の学習にも重点が置かれ，親の参画を保育の質の向上につなげていくという考え方が強いことがうかがえる．そして，親の参画で保育の質を高めるという観点から，親の学習の義務付けや，犯罪歴などのチェックなど，様々なルールが設けられていることも興味深い．親の就労のための保育施設ではなく，幼児教育施設を中心に親協同がみられることも，子どもの教育が強く意識されていることを示している．

　日本では，親が幼児教育・保育施設を所有して運営するという方法も，運営委員会を通じて親が施設の運営に参画する方法も，いずれもほとんどみられず，親が施設を選ぶ際に，親の負担が少ない施設を選ぶ傾向も指摘されている．一方で日本の保育者は，親の就労支援，子育て支援が重視されるなかで，親にとにかく負担をかけてはいけない，という圧力が強まっている．カナダでは，親に毎月1時間半の学習が求められたり，施設の掃除からおやつの準備，会計，広報，保育当番，資金集めまで，本当に多くの仕事をこなしている親たちがい

ることは驚きであり，またいつでも親が施設に行って，保育に参加したり，子どもたちと一緒におやつを食べたりできることや，親の特技を生かして，調理や楽器の演奏などを行うことが推奨されていることも，日本の感覚とはかなり異なっている．

しかし，日本にも，こうしたカナダのような取り組みをうらやましいと思う親は少なくないものと思われ，本当はカナダのように親と一緒に保育を創りたいと思う保育者も多いのではないだろうか．そして，行政側がこうした親や保育者の思いに応えていくことは，限られた財源のなかで，質の高い保育を増やしていくことにもつながる．

注
1) http://findingqualitychildcare.ca/（2014 年 4 月 21 日最終閲覧）．
2) CCA（2007）では，保育の質を示すスコアが，営利施設が個人経営で 61.0，法人経営で 56.0 であるのに対して，非営利の施設では，独立非営利団体で 62.3，親協同で 60.3 との調査結果を紹介している（The Quality Gap: A Study of Nonprofit and Commercial Child Care in Canada, December 2004, Gordon Cleveland and Michael Krashinsky, University of Toronto at Scarborough）．
3) http://www.cpppreschools.bc.ca（2014 年 4 月 21 日最終閲覧）．
4) CPPPBC Fact Sheet #5 What is the CPPPBC
5) 2013 年のくじの 1 等は 20 万円近い金額の旅行券で，そのほか最も多くのくじを販売した施設には 1 万円程度，最も多くのくじを販売した人には 5,000 円程度のギフト券が贈られている．CPPPBC の機関誌（The PPP Partner May/June 2013）では，1 等から 6 等に当せんした人の名前が紹介されている．
6) http://www.piedpiperppp.com/（2014 年 4 月 21 日最終閲覧）．
7) Pied Piper Preschool Parent Handbook（2013）．
8) 子どもの意識がなくなったときなどに，どのような対処をすべきかを教えてくれる電話番号とその子どもの ID が刻印されたブレスレットで，アメリカでスタートした非営利の活動である．カナダでは，月 5 ドルの会費を払って子どもの医療情報を登録しておくと，いざというときに 24 時間電話での指示が受けられる．
9) OPPCEO（Organization for Parent Participation in Childcare and Education, Ontario），PCPC（Parent Cooperative Preschool Corporation），OnCoop（Ontario Co-operative Association）．

第Ⅲ部　親が運営する幼児教育施設

参考文献

British Columbia (2009) *Parents' Guide to Selecting and Monitoring Child Care in BC*

Canadian Co-operative Association (CCA) (2006) *Child Care Co-operatives: A Place in Canada's Universal Child Care Plan*

Canadian Co-operative Association (CCA) (2007) *Child Care Co-operatives in Canada 2007*

Childcare Resource and Research Unit (CRRU) (2013a) *The State of Early Childhood Education and Care in Canada 2010: Trends and Analysis*

Childcare Resource and Research Unit (CRRU) (2013b) *Early Childhood Education and Care in Canada 2012*

Counal of Parnt Participatim Preschools in BC (CPPPBC) (2009) *Policy Book: Our Rules and Regulations*

Government of Newfoundland and Labrador (2004) *Standards for Early Childhood Programs in Centre-Based Child Care*

Ontario Co-operative Association (On Co-op) (2010) *Special Edition: Focus on Co-operative Child Care,* On Co-op e-newsletter

Ontario Co-operative Association (On Co-op) (2010) *Starting a Childcare Co-operative: A Guidebook*

Ontario Co-operative Association (On Co-op) (2013) *Child Care Co-operatives,* Factsheet SS04

Saskatchewan Ministry of Education (2009) *Guide to Developing a Child Care Centre in Saskatchewan*

第 12 章

アメリカ：親と子と保育者が共に学ぶ保育

池本美香

1 幼児教育・保育における親の参画の現状

1.1 アメリカの幼児教育・保育制度の概要

アメリカの義務教育開始年齢は州によって異なるが，一般的に小学校入学は6歳で，ほとんどの公立小学校には入学前1年間の就学前クラス（K学年）が置かれているため，多くの子どもが5歳から就学している．0～4歳の幼児教育・保育プログラムについては，公的な関与は限定的で，大部分は市場型ビジネスによって提供されている．

施設の大半は州の認可を受けているが，認可の基準に大きなばらつきがあり，3分の1の州では基準が非常に低いために，子どもたちの身体的安全と健康が脅かされている状態にあるとの指摘もある（OECD 2006=2001：488-495）．また，低所得家庭の子どもの在籍率が高所得家庭と比べて非常に低く，5歳未満の子どもの2割が貧困状態にあるなど，格差の問題も深刻だとされる．このため，職員と子どもの数の比率の規定を厳しくするなど，規制を強化する動きや，公的な財源を増やす動きなども報告されている．以前は州政府が，認可している施設に関して把握している情報を公開していなかったり，あるいは事務所まで出向いて請求しなければ閲覧できないことが多かったため，親たちは施設の質についての情報がないまま，子どもを預けるほかなかったが，現在は，アメリカの全50州のうち，31の州で，施設の監査レポートがインターネット上で公表されている（Child Care Aware of America 2013）．

1.2 親の参画に関する法制度

各州の幼児教育・保育の法制度の指標となる連邦政府レベルの法律（Child Care and Development Block Grant Act）では，親の参画に関して，①施設は，保育中に親が来た場合，どんなときでも子どもに会えるようにすること，②州政府は親の苦情について記録し，その情報について公開すること，の2つを定めているだけで，親が施設の運営に参画するための運営委員会等の設置や，親が設置・運営する施設に関する定めはない．

親の参画に関する法制度は，州によって異なっている．保育中の子どもに親がアクセスできることは，50州すべてで求められているが，そのほか，日常的な親とのコミュニケーションを求めている州や，施設の運営に関して文書を作成して親に示すことを求めている州も多い（図表12-1）．半数の州では，親の参画を促進すること（Encourage Parent Involvement）を求めている．21の州では，この親の参画に関する4項目すべてを求めているが，一方で4つの州では，保育中の子どもへのアクセスの保障のみしか求めていない．

また，親の苦情に関する対応については，苦情に関するレポートをインターネット上で公開している州が28州となっている（Child Care Aware of America 2013）．

前述の親の参画に関する4項目すべてについて定めがあり，苦情に関するレポートもオンラインで公開しているペンシルベニア州では，幼児教育・保育施

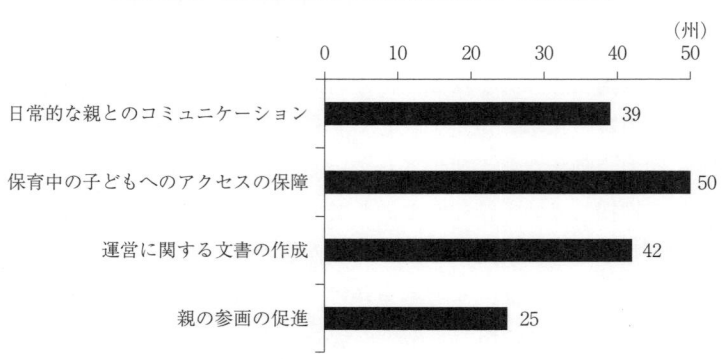

図表12-1　州が幼児教育・保育施設に求める親の参画

項目	州数
日常的な親とのコミュニケーション	39
保育中の子どもへのアクセスの保障	50
運営に関する文書の作成	42
親の参画の促進	25

資料：Child Care Aware of America (2013)

設の質を星1つから4つでランク付けしている（Keystone STARS）．そして，その評価の基準として，①スタッフの教育，②子どもの学びの環境，③リーダーシップとマネジメントに加えて，④親や地域住民とのパートナーシップが挙げられている．親や地域住民からアイディアや意見を積極的に取り入れている施設や，親の参画が進んでいる施設ほど，質が高いと評価される仕組みとなっている．

なお，アメリカでは5歳から学校に通うことが一般的だが，学校に通わずに家庭を拠点に学習するというホームスクール（homeschool）という選択肢が，すべての州で認められている．2007年に151万人，5〜17歳の2.9％がホームスクールを選択しており，その数は1999年の85万人，1.7％から急増している[1]．日本の幼稚園の年長に当たる5歳児でホームスクールを選択している子どもの数も，1999年の9万2千人，2.4％から，2007年には11万4千人，3.1％に増えている．ホームスクールは，英才教育，宗教的な理由，いじめなど学校の安全に対する不安，学校が近くにないなど，その選択理由は様々である．

1.3 親の参画を促進する方法

アメリカでは，幼児教育・保育施設における親の参画について，国の法律で規定されていることは少ないが，保育の質の向上を目指す上で，親の参画は重要な要素と考えられている．このため，幼児教育・保育施設に対して，具体的に親の参画を促進するにはどのような方法があるのかに関する情報も提供されており[2]，親の参画を進める上で考えるべきポイントとしては，①コミュニケーション，②ボランティアの機会，③委員会・諮問委員会，④親への情報提供が挙げられている．

①のコミュニケーションについては，親に親向けのハンドブックを読むように促し，運営方針についての理解を得ること，定期的に子どもの成長について話し合う面談の機会を設けること，掲示板やニュースレターやウェブサイトで親への期待について情報提供すること，子どものその日のできごとについて簡単に報告すること，家での重要な出来事について親に話してもらうようにすること，誕生日や休暇の過ごし方について親にたずねること，親が英語を家で話していない場合には通訳が必要かをたずねることが挙げられている．

②のボランティアに関しては，「多くの親は子どもたちの活動の手伝いをしたいと思っている」とした上で，様々なボランティアの機会を親に提案することが勧められている．例として，子どもへの読み聞かせや調理活動，園芸活動などの手伝い，遠足の時の車の運転や付添い，ニュースレターの編集，施設の改善プロジェクトの手伝い，行事の企画（祭り，掃除の日，謝恩会，文化的なイベント），ウェブサイトのデザインや更新，クラスでの特技や家族の歴史の紹介が挙げられている．ボランティアに関しては，ボランティアをする人に対して研修の場を提供することや，期間，予算などを施設側が明確に示すことが必要だとしている．また，子どもと直接接するボランティアに対しては，犯罪歴のチェックが必要とされている．アメリカでは，2012年3月より，すべての州で，幼児教育・保育施設で子どもと接する人（保育者のほか，バスの運転手，調理担当者，守衛，ボランティアなども含む）について，何らかの犯罪歴チェックが行われている．ボランティアに対しては，子どもとの適切なかかわり方に関する情報提供も必要だとしている．

　③の委員会・諮問委員会では，親は委員会や諮問委員会に貴重な意見をもたらすとしており，親の専門的な知識（経営，マーケティング，法律関係，資金集め）を施設の運営に生かすこと，親が施設の代表として地域の団体などに参加すること，出資者や政治家に対して施設のために交渉することなどが考えられるとしている．

　④の情報提供では，子どもの作品の展示，家での教育に関する情報（年齢に応じた活動のあり方，問題行動の背景や対処法など），地域のイベントや親の学習の機会に関する情報などが紹介されている．

　このように，幼児教育・保育施設において親の参画を進めるねらいは，第1に，親とのコミュニケーションを活発化することで，共通理解が深まり，よりよい保育が実現できること，第2に，親がボランティアとして保育活動や委員会などに参加することで，限られた予算のなかでより効果的な施設運営が可能となること，第3に，親がボランティアとして，また子どもの教育者として力を発揮できるようにするために，親が力をつけるための情報提供や学習の機会を提供していくこと，にあると考えられる．そして，そうした方向を，施設の側だけでなく，親の側も望んでいると考えられている．

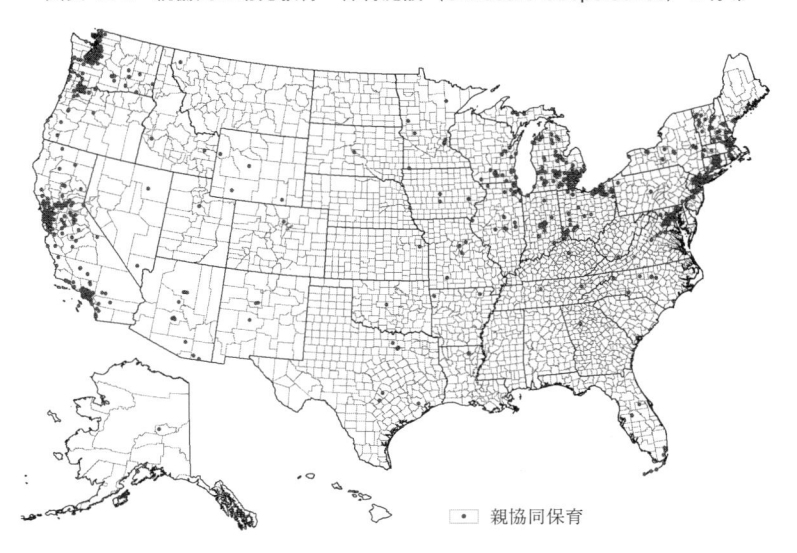

第 12 章　アメリカ：親と子と保育者が共に学ぶ保育

図表 12-2　親協同の幼児教育・保育施設（Childcare Cooperatives）の分布

・　親協同保育

資料：http://reic.uwcc.wisc.edu/childcare/　2014 年 4 月 21 日最終閲覧

1.4　親が設置・運営する幼児教育・保育施設

　アメリカでは，親の参画がさらに進んだかたちとして，親が設置・運営する幼児教育・保育施設も多く存在する．親協同（parent cooperative/parent participation）の幼児教育・保育施設について，法律上の規定はないが，一般的に内国歳入法典第 501 条 C 項 3 号の規定に基づき，連邦法人所得税免除や寄附税制上の優遇措置などの対象となる免税非営利公益法人として運営されている．

　ウィスコンシン大学の調査（UWCC 2009）によれば，親協同の幼児教育・保育施設が 563 確認されており，約 8,000 人が雇用されていると推計されている（2005-2006 年度）．次節では，親協同の施設の歴史や現状について，さらに詳しくみてみたい．

195

2 親が設置・運営する幼児教育・保育施設

2.1 アメリカの親協同保育施設の歴史

アメリカの最初の親協同（parent cooperative）保育施設は，1916年に，シカゴ大学職員の妻たちが立ち上げたものである（Coontz 2003）．設立の動機は，幼児教育の機会，母親が赤十字のボランティアに参加する際の子どもの預け先，よりよい親になるための学習の機会の確保の3つであったとされる．その後，カリフォルニア州で，テイラー博士（Katharine Whiteside Taylor）が1927年に親協同保育施設を立ち上げ，その施設は現在も利用されている（Children's Community Center）．1948年には，カリフォルニア州に親協同保育の団体が設立され，1953年までにはニュージャージー州，ミシガン州のほか，バージニア州・メリーランド州・コロンビア特別区に合同で，同様の団体が設立された．テイラー博士は1958年に，世界の親協同保育運動のバイブルとなる本（*Parents and Children Learn Together*）を出版し，1960年には親協同保育の全国団体（American Council of Cooperative Preschools）を設立した．この団体にはカナダからの参加もあったことから，1964年には国際組織として名称を変更し，現在に至っている（Parent Cooperative Preschools International（PCPI））．

テイラー博士は親協同保育の意義について，核家族化が進み，女性たちが孤立していく状況に対して，親協同保育によって，家族同士をつなぎ，大家族のようにお互い助け合う関係性を築くことを重視していた．そして，親が力をつけることが，子どもの教育に重要だと考えられた．こうした親協同保育の考え方や活動は政策にも影響を与え，1964年にスタートした連邦政府の低所得家庭の子ども向けの幼児教育プログラム「ヘッドスタート（Head Start）」には，親の参画が重要な要素として盛り込まれた．その後，家族や社会の価値観が変化するなかで，テイラー博士は1981年の著書改訂の際，共働きやひとり親家庭のために，半日ではなく全日の保育が必要であることや，父親の参加が重要であることなども論じている．

2.2 親協同保育の現状

このように，アメリカにおける親協同保育の歴史は長く，広く普及しているものの，幼児教育・保育施設数全体に占める割合でみれば，ごくわずかである．親協同保育の活動が活発なカリフォルニア州の団体（CCPPNS/California Council of Parent Participation Nursery School）でも，施設登録数は171で，利用者は10,000家族にとどまる．カリフォルニア州の保育施設数9,784（2013年）に対する割合でみると，1.2％にすぎない．

しかし，親協同保育が長く存続している背景には，アメリカでは保育の質，量，保育料の高さが問題となっていることがある．通常，親が保育の質を評価することは難しいが，親協同の施設では，親が保育の質を直接観察することができる．より透明性が確保されている点が支持されている．多くの施設では，保育者を雇うほかに，親が当番で保育活動に加わるため，子どもの人数に対する大人の人数が多く，保育の質が高いとされる．質の問題に対して，親協同の施設では，親が自分たちで改善することができる点が大きな魅力となっている．親のボランティアは，保育料を安く抑えることにもつながる．

また，核家族化や地域のつながりが希薄化するなかで，子育ての方法を知らない親たちにとって，親協同保育では子育ての方法を学ぶことができ，子育ての不安やストレスが減ることも大きな魅力である．親協同保育では，親が定期的に保育に参加するので，保育者のやり方をみながらその方法を自然に習得することができる．さらに，親同士のコミュニケーションの機会が多いため，他の親の経験からも学ぶことができる．また，親向けに，よりフォーマルな学習の場を設けている施設も多い．

そして，こうした様々なメリットのある親協同保育を支えるために，地域レベル，州レベル，全国レベルの団体がある．カリフォルニア州の団体（CCPPNS）は，15の地域レベルの組織をもっており，親や親協同保育で働く保育者たちの相談の受け付け，情報交換や学習の機会を提供している[3]．各種ハンドブック，マニュアル，ニュースレターの発行，親や保育者向けセミナーの開催，保険の提供のほか，共通のロゴマークの入ったバッジの販売なども行っている．そのほか，施設の拡張や資金的に苦しい時に，加盟している施設に対して無利子での貸し付けも行っており，各施設のために政治的な運動も行う．

さらに，全国レベルの団体（PCPI）からも，親協同保育を立ち上げる方法に関するガイドブックが発行されている．

2.3 親協同組合施設の設置・運営の方法

PCPI発行のハンドブック（PCPI 2004）では，どのように親協同組合の幼児教育・保育施設をつくるのか，どのように運営するのかについて，詳しく説明されている．最初に，協同（cooperative）とは何かについて，「サービスを利用している人のために，サービスを利用している人によって所有される組織であり，ほかの人のために進んで仕事をする，協力を特徴とする」ことを確認している．そして，親協同保育と言われるが，親のための施設ではなく，子ども，親，教師がともに学ぶ場所であるということを強調している．親協同保育の長い歴史において，基本的な哲学は図表12-3のように示されてきたとしており，子どものために，親と教師が協力し，子どもとともに親と教師も学ぶという考え方になっている．

図表12-3　アメリカの親協同保育の哲学

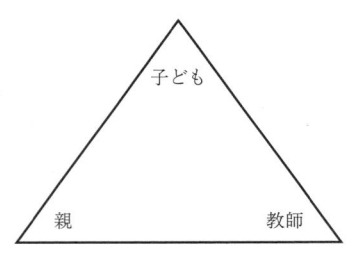

（三角形の図：頂点に「子ども」，左下に「親」，右下に「教師」）

資料：PCPI（2004）

考えなければならないこととして，なぜ親協同でやるのか，その特徴を十分に理解したうえで，施設が成立するだけの子どもが近所にいるのか，まわりの保育施設の空き状況や，不動産屋や教育委員会などからも情報収集し，協同組合や親協同保育の団体があれば，そこにも相談しながら進めるとしている．関心をもつ家族が10〜12あれば，先に進むことができ，まわりの施設を見学して，どんな施設にするのかのイメージをつくって行ったり，自治体の認可基準を確認したり，そのほか対象とする子どもの年齢，半日か全日か，あるいは半

第 12 章　アメリカ：親と子と保育者が共に学ぶ保育

日を基本として別途追加で保育をつけるのか，障がいのある子どもを受け入れるのか，親の参加の頻度をどの程度にするのか，当番ができない場合には支払いを求めるのかなど，運営スタイルを決める必要もある．お金の問題もあり，教会などが場所を提供してくれる可能性がないか，自治体で立ち上げに当たって補助が受けられないかなどの調査も必要となる．施設の理念も重要だとしており，PCPI では「遊びを通じた学び」を強く推奨している．幼児教育の様々なアプローチについて検討したうえで，教員の採用の前に，施設の保育理念を文書化する必要がある．

　こうして設立に向けての方向性が固まったら，初回の会合を計画し，商店や図書館，教会，病院などに掲示して，会合への参加を呼びかける．その際に，小学校の会合などの日と重なっていないかなどにも配慮し，会議の進め方についても十分な用意が必要だとしている．初回の会合では，場所の確保，教員の採用，入園者の確保，広報などについての担当を決め，2 回目の会合では，施設の名前や対象年齢，運営時間などを確定し，できればその時には教師の採用も決定していることが望ましい．その後，親の参加の頻度や定例会などについても決めていき，最後の会合は実際の保育施設で行い，備品などの確認を行う．

　運営体制に関しても，詳しく説明されている．まず，親の中から役員（もしくは理事）を選出する必要がある．役員には代表，副代表，会計，事務局などが置かれる．そのほかに，多くの委員会が置かれる．必要な委員会としては，施設・認可，入園・登録，広報・マーケティング，法人化・規約，教員採用，財務，保険，親当番，資金集め，備品管理，教育内容，ハンドブック，ニュースレター，交流・親睦，親の学習，人事，オリエンテーションなどが挙げられている．

　最後に，親協同保育の展開として，事業所内保育施設に可能性があるとしている．場所を提供してもらえる可能性が高く，親にとっても職場に近いため，子どもと一緒に昼食をとることもでき，空き時間に当番として保育に参加しやすい．フレックスタイムなどでない場合には，週末の施設の整備や理事会のメンバーとなることなどで代替したり，当番の頻度により保育料に差を設けるという方法もある．例えば，アメリカ国立衛生研究所（NHI）のキャンパスにある 2 つの保育所は，いずれも親が運営しているもので，その 1 つ（ChildKind）

では，フルタイムで登録している親は，月に3時間，保育への参加などの仕事が義務付けられており，義務を果たさない場合には，一時間当たり35US$（月105US$）を支払うルールとなっている．そのほか，親協同保育の新しい展開として，親運営の小学校や学童保育も紹介されている．

3　日本への示唆

アメリカの状況をみると，株式会社がチェーンで展開する保育所なども増えるなかで，その質に不満や不安を感じている親も多いことから，保育の質を自分でチェックしやすく，またコントロールもできる親協同保育が一定の支持を得ている．また，親協同保育は，親も子どもとともに学ぶ場だという考え方が広く行き渡っており，核家族化などで子育ての方法がわからずに虐待などが増えるなかで，親が学ぶ場としても重要な役割を果たしている．その意味で，親協同保育は，単に質が高いというだけでなく，「ファミリーズ・ファースト（families-first）」，つまり家族をまず支えるということが重視されている．そして，そうした親協同保育の価値を知る人たちが，立ち上げや運営の際の苦労や工夫についての情報を蓄積し，ハンドブックなどにまとめたり，親や保育者が情報交換できる定期的な会合を設定するなど，様々なサポートを行っている．特に，アメリカ，カナダ，イギリス，ニュージーランドなどは，言葉の壁がないこともあって，国の枠を越えて，親協同保育にかかわる人びとが学び合ってきた歴史もある（PCPI 1998）．

アメリカと比べれば，日本は行政によって幼稚園や保育所が整備されてきたために，これまでは保育の質に対する不安も少なく，三世代同居の割合もアメリカと比べれば高く，親が子育てについて学ぶ必要性も低かったかもしれない．しかし，今後保育の公的財源が限られるなか，急増する保育所の質に対する不安や不満が高まったり，子育ての方法がわからない親が増えていくことが予想され，親が保育の質をコントロールできることや，親が子育てについて学ぶ場が求められている．子どもの虐待によって生じる社会的な経費や損失が，2012年度に日本国内で1兆6千億円にのぼるという試算もある[4]．日本でも，親協同保育の可能性を検討する時期に来ているのではないだろうか．

注

1) U.S. Department of Education（http://nces.ed.gov/programs/digest/d11/tables/dt11_040.asp　2014 年 4 月 21 日最終閲覧）.
2) http://childcareaware.org/child-care-providers/program-planning/family-involvement（2014 年 4 月 21 日最終閲覧）.
3) http://www.ccppns.org（California Council of Parent Participation Nursery Schools, Inc.　2014 年 4 月 21 日最終閲覧）.
4) 日本子ども家庭総合研究所の和田一郎氏の試算．朝日新聞 2013 年 12 月 7 日「虐待　社会的損失 1.6 兆円」による．

参考文献

Child Care Aware® of America（2013）*We Can Do Better: Child Care Aware® of America's Ranking of State Child Care Center Regulations and Oversight: 2013*

Coontz, E.K.（2003）*Bringing Families Together: A Guide to Parent Cooperatives,* Center for Cooperatives, University of California

OECD（2006）*Starting Strong II : Early Childhood Education and Care*＝（2001）星三和子・首藤美香子・大和洋子・一見真理子訳『OECD 保育白書——人生の始まりこそ力強く：乳幼児期の教育とケア（ECEC）の国際比較』明石書店

Parent Cooperative Preschools International（PCPI）（1998）*Global Connections through Parent Cooperative Preschools International*

Parent Cooperative Preschools International（PCPI）（2004）*How to Start a Preschool or Child Care Cooperative*

University of Wisconsin Center for Cooperatives（UWCC）（2009）*Research on the Economic Impact of Cooperatives*

終 章

日本の幼児教育・保育制度に親の参画をどう生かすか
保育の消費者から共同生産者へ

池本美香

本章では,調査を行った12ヵ国の幼児教育・保育制度における親の参画の現状や議論の動向を整理し,日本の今後のあり方について考えてみたい.

1 調査対象国における親の参画の現状

本書の調査で明らかになった12ヵ国および日本の幼児教育・保育制度における親の参画の状況として,①各施設に親が参加する運営委員会が設置されているか,②親が運営する施設がどのくらいあるか,の2点についてまとめたものが,図表終-1である.以下,それぞれについて,調査対象国の状況を整理する.

1.1 親が参加する運営委員会
①施設レベルでの運営委員会

運営委員会といっても,決定権をもたない諮問機関のようなものから,運営上の意思決定機関と位置付けられるものまで,国によりその役割は様々であるが,概していえば,親の意向を施設運営に反映させることをねらった会の設置を,すべての幼児教育・保育施設に対して義務付けている国が多くあり(ノルウェー,デンマーク,ドイツ,オランダ,スウェーデン,韓国),またすべての施設で義務付けまでは行っていないが,学校系列の施設に限って義務付けられている国も多い(イギリス,フランス,イタリア).あるいは,義務付けは行っていないが,法律で設置を推奨している国(フランスの保育所),一部の州で義務

203

終　章　日本の幼児教育・保育制度に親の参画をどう生かすか

図表終-1　本書の調査対象国の幼児教育・保育制度における親の参画の状況

	親が参加する運営委員会	親が運営する施設
ノルウェー	親の会と協働委員会の設置義務.	施設数の11.8％（2010年）．私立保育所として公的補助．
デンマーク	親評議会の設置義務（公立）．親の意見反映の規定（私立）．	施設数の8.6％（オーフス市）．私立保育所として公的補助．
オランダ	親委員会（保育所）・参加協議会（4歳からの学校）の設置義務．	ボランティアによるプレイグループ廃止の議論．
イギリス	親理事会（公立幼稚園），アドバイザリー・ボード（子どもセンター）の設置義務．	プレイグループ14,000（2011年），協同組合運営80（2005年）など．
フランス	学校委員会（保育学校）の設置義務．保育所委員会・保護者委員会の設置推奨	3歳未満単機能型通常保育利用者の2.5％（2010年）．一定の公的補助．
スウェーデン	親の会（討論会）開催義務．	利用児童数の4.3％（2012年）．私立保育所として公的補助．
韓国	運営委員会の設置義務.	保育施設数の0.3％（2012年）．国の補助なし．
イタリア	学校評議員会の設置義務（国立幼稚園）．	社会的協同組合の一部にみられる．
ドイツ	親の集会と親評議会の設置義務．	施設数の8.3％（2013年）．公的補助は州により異なる．
ニュージーランド	法律上の規定なし．	利用児童数の12.0％（プレイセンター7.3％，テ・コハンガレオ4.8％）（2012年）．公的補助あり．
カナダ	一部の州で親理事会・親諮問委員会の設置義務．	保育所定員の9％（2007年推計）．私立保育所として公的補助．
アメリカ	法律上の規定なし．	1,096（2009年推計）．1.2％（カリフォルニア州・2013年推計）
日本	社会福祉法人以外の私立認可保育所など一部に運営委員会の設置義務．	施設数不明．公的補助は法人形態等による．

資料：各国の報告をもとに筆者作成

付けを行っている国（カナダ）などもみられる．そのほか，法的には規定されていないが，学校系や非営利の施設を中心に，実際には運営委員会のような組織が多くみられる国もある（ニュージーランド，アメリカ）．これに対して，日本では，学校系列の幼稚園にも，非営利の社会福祉法人立の認可保育所にも，親の意向反映のための運営委員会の設置が義務付けも推奨もされておらず，他方，株式会社等が運営する一部の保育所に設置を義務付けている点で，ユニークな位置にあるといえる．

②親の会

運営委員会の親の代表を選出したり，親同士の親睦を深めたり，親の意向を集約して親の代表に伝えるなどの目的で，運営委員会とは別に親の会の設置を

義務化もしくは推奨している国もある．例えば，親の会の設置が義務化されているノルウェーでは，施設を利用する親は自動的に親の会のメンバーとなり，そこで運営委員会の親代表を選出したり，親同士の交流を深めつつ，親の意向を集約する機能がある．イギリス（スコットランド）でも，親評議会の代表を選出する親フォーラムが置かれ，親は自動的に子どもが入学した学校の親フォーラムのメンバーとなる．親代表個人の意見ではなく，すべての親の意向を運営委員会に反映させる工夫として注目される．

　また，イギリスの公立幼稚園では，親の意向を学校運営に反映させる仕組みとして，親をメンバーに含む学校理事会があるが，これとは別にPTAがある．PTAの目的はイベントを通じて寄付集めをして，子どもたちの環境改善に役立てることと，寄付集めのイベントを通じて親同士の交流を促進することである．

　このように意思決定への親の参画を目的とする組織だけでなく，その土台として親の交流や子どもの環境改善を目的とする組織を置くことで，それぞれの会の役割が明確になっているといえる．

③親の意向を行政に伝える仕組み

　さらに一部の国では，施設レベルの運営委員会のほかに，自治体に対して親の意向や要望を伝えるための組織が置かれている．スウェーデンでは，自治体によっては，親の代表が集まって自治体の学校のあり方について討議する親協議会が設置されている．韓国では，地域ごとに親モニタリング団が置かれ，親が専門家と共に保育の質をチェックし，管轄の自治体に情報提供を行う仕組みがある．フランスでは，各施設に運営委員会を置くのではなく，地区にある複数の保育所から選出された親代表と区長，保育に関する職員などによって構成される地区保育所委員会の設置が推奨されている．そのほか，組織としてではないが，イギリスでは，インターネット上で，国や自治体の施策や施設に対する親の意見を求める例もみられる．

　日本でも，保育所の父母会が集まって父母連を形成し，父母連が行政に対して要望するという活動がみられるが，あくまで自主的な活動であり，制度上，行政との協議も保障されていない．

④親の意向反映の促進に向けた情報提供

一部の国では，運営委員会を設置するだけでなく，運営委員会の活性化に向けて，親に情報提供する動きもみられる．ノルウェーでは，国レベルで，保育園親委員会が設置され，親に情報やアドバイスを提供することで，保育園への親の参画を促進する動きがある．デンマークでは，自治体レベルで親評議会メンバーが連携して私的な組織として「親の会」を作る例があり，「親の会」に有料でメンバーになると，行政の動きなど様々な情報が「親の会」から提供される．イギリスでも，学校理事の全国組織がある．運営委員会の設置を義務化したばかりの韓国では，運営委員会の活性化が課題となっている．

ノルウェーの保育園親委員会は，「家庭と保育園の協働の意味」「多様化する親たち」などの様々なテーマで，保育園の職員，親，特に代表となった親に情報を提供し，親の参画を保育の質向上に結び付けようとしている．そのために多言語での親への情報提供にも取り組んでいる．単に運営委員会を設置するのにとどまらず，そこが実質的に機能するように，親に情報提供を行う取り組みが行われている．

1.2 親が運営する幼児教育・保育施設

①施設数・利用児童数

次に，調査対象国において親が運営する幼児教育・保育施設の状況をみると，統計が限られているものの，ニュージーランドでは利用児童数の12.0％，ノルウェーでは施設数の11.5％，カナダでは保育所定員の9％，ドイツでは施設数の8.3％，スウェーデンでは利用児童数の4.8％と，そのシェアは大きいとはいえないが，一定の割合を占めていることがわかった．

これに対して日本では，親が運営する施設は，幼稚園・保育所が不足していた時代には多くみられたが，現在はほとんど残っていない．

②制度上の位置づけ

多くの国では，親が運営する施設が，私立施設の１つの種類として認識されており，ほかの私立施設と同じように公的補助を受けているが（ノルウェー，デンマーク，ドイツ，スウェーデン，ニュージーランド，カナダ），公的補助がな

い韓国や，ほかの私立施設より公的補助が少ないフランスでは，親が運営する施設が法律に規定され，施設数が公的な統計で把握されているものの，そのシェアは非常に小さくなっている．

全体的な傾向として，親運営の施設より，株式会社等の施設数の伸びが大きい．親がボランティアで運営してきた施設の存続が難しくなっている国（オランダ），協同組合運営が普及しているものの，親ではなく職員による協同組合が多い国（イタリア）などもある．

日本では，親が運営する施設は制度上，特に定義されておらず，統計でも把握されていない．

③親が運営する施設が増えてきた背景

日本では，主に施設の不足を背景に，親が運営する施設がつくられてきたが，調査対象国では，施設の不足も背景にあるものの，それ以外の動機が強いことがうかがえる．

第1に，アメリカ，カナダ，ニュージーランドにおける幼児教育系の親運営の施設は，親が孤立し，子育ての方法がわからないという状況のなかから，親同士が助け合って子育てすることや，親も学ぶことが組み込まれた親運営の施設が生まれ，広がってきた．そこでは，親も子どもとともに学ぶ，さらには保育者も学ぶという基本理念がみられる．

第2に，親が保育の質をチェックしたい，保育のあり方を親が自分たちでコントロールしたいという思いから，支持されるケースである．フランス，スウェーデン，ドイツ，韓国などは，親たちがもっと保育に関わりたい，質の高い，あるいは希望に合った保育を利用したいという思いから，支持されている．一方，アメリカ，カナダ，イギリスでは，他国と比べて保育料が高く，質に不安のある施設も多いことから，親が運営する施設が，質をチェックでき，親の参画で保育料も抑えられるという観点から支持されている．

第3に，保育者の側が，理想の保育を実現したい，親とともに保育をしたいという思いから立ち上げるケースである．イタリアでは，保育者側が協同組合をつくって運営するケースが多く，そのほかスウェーデン，イギリスなどでも，職員が立ち上げるケースがみられ，職員が立ち上げる場合も，民主的な運営が

重視され，親の意向が反映されやすい傾向がみられる．自治体の施設の場合，保育者が希望しても，親の意向を反映した柔軟な運営をすることが難しく，企業が運営する施設も，保育者にとって自由度が低く，離職率が高い傾向もみられる．

　このように，親が運営する施設が広がっている背景には，孤立した親をつなげて，親をエンパワーメントするという側面と，親および保育者にとって，既存の施設の質や運営の柔軟性等に対する不満を解消できるという側面がある．

④親が運営する施設が抱える課題

　このようなメリットがありながら，親が運営する施設は大きく増えてはいない．施設数が増えない最大の理由は，就労する女性が増え，まず幼児教育系の施設の担い手が減っていることがある．保育施設についても，フルタイムで働く人が増えていることから，親に時間的な余裕がなくなってきていることや，株式会社の参入により施設数が増えているため，量的な不足を理由に立ち上げる必要がなくなっていることもある．

　さらには，ボランティアで自由に自主的に運営していた時代と比べて，補助金を受ける際の書類の提出や，保育の質の管理に関する様々な規制や報告など，新たな作業が親に求められ，そのことが親の負担となっていることも伝えられている．オランダでは，資格のある有給の保育者を置くべきだとして，無給のボランティアで運営する施設の閉鎖を求める動きも報告されている．カナダやニュージーランドでは，親が運営する施設の質を維持するために，親に学習が求められ，親の学習への参加が認可の条件となっている．親が運営する施設は，保育者の資格などのわかりやすい指標で，保育の質を説明できないという問題がある．

2　親の参画が政策上重視される社会的背景

2.1　調査対象国が親の参画を重視する理由

　では，調査対象国において，なぜ親の参画が進んでいるのか，その社会的背景について考えてみたい．序章で紹介したように，OECDが親の参画に注目

終　章　日本の幼児教育・保育制度に親の参画をどう生かすか

しているのは，保育の質の向上が重要な政策課題となっているためである．OECD は保育の質の向上を図る5つの政策手段の1つとして親の参画を挙げている．

なぜ保育の質の向上が重要な政策課題となっているのか．これについては，大きく①人道的な要請と②経済的な要請の2つがある．

①の人道的な要請としては，第1に保育を受ける子どもの権利，第2に保育を利用する親の権利がある．第1の子どもの権利については，子どもの基本的人権を国際的に保障するために，1989年に子どもの権利条約が国連で採択された．この条約は，子どもの安全や安心，教育を受ける権利，意見を表明する権利などについて細かく規定したもので，条約を批准した国は，子どもの権利の実現に向けて国内の制度の見直しが求められる．子どもの権利条約の締約国・地域の数は193で，未締約国は3ヵ国（アメリカ，ソマリア，南スーダン）のみとなっている．

本書の調査対象国では，子どもオンブズマン，子どもコミッショナーなどと呼ばれる，子どもの権利の保護・促進のために活動する独立した第三者機関が設置されており，未締約国であるアメリカでも，州によって設置されていると

図表終-2　調査対象国の子どもの権利条約締約と子どもオンブズマン導入の時期

国名	子どもの権利条約締約年月	オンブズマン導入年	名称（英語名）
スウェーデン	1990年6月	1993年	Barnombudsmannen (The Children's Ombudsman)
フランス	1990年8月	2000年	Défenseure des enfants (Defender of Children)
ノルウェー	1991年1月	1981年	Barneombodet (The Ombusman for Children)
デンマーク	1991年7月	1994年	Børnerådet (National Council for Children)
イタリア	1991年9月	2011年	Istituzione dell'Autorità Garante per l'infanzia e l'adolescenza (Ombudsman for childhood and adolescence)
韓国	1991年11月	2006年	아동권리모니터링센터 (Chidren's Rights Monitoring Center)
イギリス（イングランド）	1991年12月	2005年	Children's Commissioner for England
カナダ	1991年12月	州で設置	
ドイツ	1992年3月	州で設置	
ニュージーランド	1993年4月	1989年	Office of the Children's Commissioner
日本	1994年4月	未設置	
オランダ	1995年2月	2011年	de Kinderombudsman (Ombudsman for Children)
アメリカ	未締約	州で設置	

資料：各種資料をもとに筆者作成

終　章　日本の幼児教育・保育制度に親の参画をどう生かすか

ころがある（図表終-2）．このため，保育の質が，子どもの権利の観点から検討されている．

　第2の親の権利については，本書の調査対象国では，学校教育において親の参加が制度上確立していることがうかがえる．本書の調査は乳幼児期を対象としており，学校教育における親の参画について確認できていない国もあるが，例えばドイツでは親の教育権が憲法上の権利となっており，1970年代よりすべての公立学校に，教師・生徒・父母の代表により構成される「学校会議」が置かれている（林 1990）．フランスでは1989年の教育基本法で，父母の代表を通して学校委員会や管理委員会に参加することが法定されたとされ（小野田 1998:290），イタリアでは1973年に，教育行政における親・生徒・地域住民の参加が実現し，各学校に教員と親が同数の学校運営評議会を設けることが法律で規定された（佐藤 1990）．イギリスでは1980年教育法で，公立学校の学校理事会に少なくとも2人の父母代表理事が含まれていなければならないとされ，86年教育法では学校理事会の構成において父母代表理事と地方当局指名理事を同数とする原則を規定するなど，地方当局の権限縮小と学校理事会の権限強化が図られ（窪田 1993:135, 177），ニュージーランドや韓国でも合議制の学校運営制度が導入されはじめたとされる（小野田 1998:284）．このように，本書の調査対象国では，学校教育において，親の教育権が重要視されているため，幼児教育・保育施設においても，親の教育権という観点から保育の質を検討することが求められているといえる．子どもの権利や親の教育権といった新たな権利概念に照らして，保育の質向上が迫られている状況がある．

　一方，②の経済的な要請には，少子高齢化や国の財政逼迫という社会経済環境の変化に伴って，将来の労働力となる子どもの能力向上への期待が強まっていることがある．女性労働力活用の観点から，保育の量的拡大が進められているが，それらは子どもの発達を促す良質なものであることが求められている．特に，子どもの発達にマイナスの影響を及ぼすような施設に，限られた公的財源を投入することは認められない．財政逼迫のなか，公的投資の正当性の観点からも，保育の質向上の要請が強まっているといえる．

　本書の調査対象国の親の参画をめぐる動向をみると，もっぱら①の人道的な要請から親の参画が進んでいる国と，むしろ②の経済的な要請から親の参画が

終　章　日本の幼児教育・保育制度に親の参画をどう生かすか

進んでいる国に，大きく分けることができる．前者は，ノルウェー，デンマーク，オランダ，フランス，スウェーデン，イタリア，ドイツで，公立や非営利団体の施設が多く，幼児教育・保育施設の全部もしくは3歳以上など大部分が学校担当省庁で所管されており，学校においてすでに確立している子どもの権利や親の教育権の観点からの教育参加制度が，幼児教育・保育制度にも適用される動きがある．

　一方，後者の経済的な要請から保育の質向上が求められている国としては，イギリス，韓国，ニュージーランド，カナダ，アメリカがある．公立の幼児教育・保育施設が限定的で，営利企業によるものも多いことから，まずは子どもの発達にマイナスとなるような施設をなくすことが課題となっている．イギリス，ニュージーランド，韓国は，現在では，幼児教育・保育への公的投資の対GDP比が，OECD平均を上回っているが，以前は公的投資が少なく，保育の質が低かった国であり，この分野に新たに財源を確保するに当たって，公的投資の正当性の観点からも，保育の質向上が求められた．イギリス，ニュージーランドでは，国の機関が定期的にすべての施設の保育の質をチェックし，その評価レポートをウェブ上で公開しており，韓国でもすべての施設に国の機関の評価を受けることを義務化する方向が検討されている．

　これらの国でも，子どもの権利や親の教育権といった人道的な要請は当然意識されているが，前者の国と比べれば，子どもの発達にふさわしい保育の質や，公的投資の正当性といった経済的な観点から，保育の質が議論される傾向が強い．

　このように，調査対象国では，人道的な要請，あるいは経済的な要請から，保育の質向上に取り組まなければならない状況があり，その一つの手法として親の参画について，様々な検討がなされているといえる．

2.2　調査対象国と比較した日本の状況

　以上，本書の調査対象国における親の参画の状況と，親の参画が求められる社会的背景について確認したが，これらの国と比較して日本の状況はどうか．
　まず，親の参画の現状として，親が参加する運営委員会も，親が運営する施設も，日本ではごく一部に限定されており，幼児教育・保育施設の運営への親

の参画は，大きな議論となっていない．その背景として，そもそも日本では，保育の質がこれまで大きな議論となってこなかったことがある．その理由は，第1に，子どもの権利や親の教育権といった権利概念がないこと，第2に，幼稚園も保育所も公立の割合が高く，営利企業の参入もこれまで認められていなかったことから，保育の質に対する不安が強くなかったことがある．

　第1の点について，日本は子どもの権利条約を批准してはいるものの，国レベルで子どもオンブズマンが設置されておらず，子どもの権利の実現に向けた制度改正の議論が遅れている．日本政府に対する国連の児童の権利委員会の最終見解（2010年6月20日）では，「国家レベルで条約の実施を監視するための独立したメカニズムの欠如に懸念を表明する」とあり，特に，「高度に競争的な学校環境が，就学年齢にある児童の間で，いじめ，精神障害，不登校，中途退学，自殺を助長している可能性があることを懸念する」，「児童を，権利を有する人間として尊重しない伝統的な価値観により，児童の意見の尊重が著しく制限されていることを引き続き懸念する」，「児童を監督・保護する責任にある多くの機関が，特に，職員数及びその適性並びに監督及びサービスの質において適切な基準を満たしていないことを懸念をもって留意する」などとあり，子どもの権利の観点から保育や学校教育のあり方について十分な検討が行われていない状況がある．

　親の教育権についても，序章で紹介したとおり，諸外国では整いつつある学校教育における親の参加が制度上保障されておらず，小野田（1998:292-293）は日本の現実を，「父母や生徒は，学校あるいは教育行政に対する意見表明という面では無権利状態に等しく」，「『教育参加の後進国』と揶揄されている状況」と表現している．「子どもの権利条約は，子どもは保護の対象ではなく，権利の主体であると明記」しており，「親は子どもの権利を保障する第一次責任者であり，その責任を履行する親権者」であるというのが国際常識であり，日本において「父母」「親」よりも「保護者」という言葉が広く使われていることに対して，「国際常識以前であるばかりでなく，親権という最も基本的な厳粛な権利を忘れている」との指摘もある（坂本2007:361）．

　日本において親の参加が制度上保障されていない理由について，西原は，1947年に制定された旧教育基本法において，「当時の親たちはみんな，軍国主

義教育を受けて」きたため,「教育基本法を定めた人たちは,親に優先的な権利を認めた場合,子どもに民主主義の精神を伝える上で邪魔が入ることを危惧」して,「教育に関する専門家が教育のあり方を独占的に決められる体制が目指され」たとする(西原 2008:93).1948年に採択された世界人権宣言の26条3項で「親は,子に与える教育の種類を選択する優先的権利を有する.」とあり,子どもをどのように育てるのかを決めるのは親の権利だというのが当時の世界の一般的な認識であったが,「旧教育基本法は,子育てを行う親の立場に関する規定を一つもおいて」おらず,これは「諸外国の規定と比べても極めて不自然」で,「旧教育基本法が親独自の権利を無視したのは(……)戦略的な決断」(西原 2008:90-92)であったと指摘されている.そして,「家庭に対しては,いったんすべての親を排除した上で,PTAなど教師の目が行き届く組織の中で,民主教育にとって役に立つ親にだけ選択的に発言を認めていこう,という戦略」(西原 2008:94)が選ばれ,現在に至っているのである.

　このように日本では,調査対象国にみられた子どもの権利や親の教育権といった権利概念が未成熟であるため,人道的観点から,親の参画を通じて保育の質を高めていくという動きを期待することは,極めて困難であるように思われる.

　ただし,保育の質に対する不安という点では,状況が変わりつつある.子ども・子育て支援新制度により,株式会社の参入促進の方向は明確になり,一方で保育士不足が深刻化している.消費税増税により,保育の量的拡充に向けた予算は確保される見通しだが,保育士の処遇改善の予算は限られている.このため,新制度によって保育の質はどうなるのかという不安が生じつつある.これまでのように,保育の質向上を保育士の能力向上のみに頼ることは難しい.よって,必然的に,保育の質向上をどう図るかが改めて議論され,そのなかで親の参画が注目される可能性が考えられる.株式会社の保育所に限って,親が参加する運営委員会の設置を義務付けられたのも,保育の質に対する不安があったためと推察され,今後はそれが株式会社以外の施設にも必要になってくるという流れである.

2.3 「権利なき親の参画」という問題

親の参画は，本来，子どもの権利や親の教育権といった権利概念の成熟により実現することが望ましいが，日本の現状を考えれば，経済的な要請から，つまり財源の制約の下で保育の質を維持・向上させなければならないという理由から，親の参画が進む可能性の方が高いように思われる．しかし，たとえ経済的な要請からであっても，親の参画が進むことは，日本の幼児教育・保育制度にとって歓迎すべきことだと考える．ただし，重要なことは，それが「権利なき親の参画」とならないようにすることである．

坂本は，「文部科学省の言う『開かれた学校』も，学校評議員制度も地域運営学校も，権力による直接的間接的学校・教師支配のカムフラージュ，文部省流欺まんに過ぎないことを看破する必要がある」（坂本 2007:396）と指摘する．序章でみたように，確かに地域運営学校の委員は教育委員会の任命であって，親の代表の選出が抜けている．先に紹介した OECD の分類（本書 4 ページ図表序 -1）で，日本は「意思決定過程における親の参画」がある国とされているが，そうみえるだけで，実態は必ずしもそうではない．予算の制約から，親に仕事を割り当てるような上からの参画の要請は，親を疲弊させ，親の教育権や子どもの権利の実現にはつながらない危険性がある．

今橋は PTA の現状について，「父母が最も関心をもち，悩んでいる具体的・個別的で切実な教育問題，子ども・生徒の学習権・一般的人権の保障・侵害・救済をめぐる問題，学校教育の根本的問題を具体的に扱い，検討することは，回避される傾向をもち，一般的教育講演会とか，家庭・地域の教育環境の問題性の指摘とか，さらには校舎の窓ふき・校庭の草取り等の労働奉仕とか，リクレーション，教師の送別金の支出，宴会とかにとどめられることが，現代日本の一般的水準ではなかろうか」と指摘し（今橋 1983:229），父母の教育権の確立のために，学校父母会議[1]の結成を提起している（今橋 1990）．

窪田は，親の教育権について，「あるべきでない状況の是正を要求する権利が前面に出され易く，それだけにその要求が集団化されるとなると，それはいわば学校と対抗・対立する勢力としてとらえられがちである」（窪田 1988:132）と指摘する．確かに序章でみたように，過去には要求する父母会の活動を行政が制限する動きもみられたが，「親の教育権とは，本来，親同士また親と教師

とが協力・協働して子どもたちの教育を創造していくための権利ととらえられるべき」であり，「問題状況に対していかに対処するかといった設定ではなく，日常的に学校教育をいかに創っていくか」(窪田 1988:132) という観点から親が参画する権利ととらえるべきである．

今後，日本においても，幼児教育・保育の質の向上の観点から，親の参画を促進していくことが期待されるが，それと並行して，こうした親の教育権や子どもの権利についての議論を深めることが極めて重要であることを，ここで確認しておきたい．

学校教育への親の参画を促進する観点から 1985 年に発足した欧州親連合会 (European Parent Association=EPA) は，1992 年に 9 つの親の権利と義務の組み合わせを確認しており，その中には，「親は子どもの学校の施行する政策に関して，影響力を行使する権利をもっている」とある一方で，「親は彼らの子どもの学校の教育におけるパートナーとして自身を委ねる義務を負っている」とある (OECD 1997=1988:20-21)．親と幼児教育・保育施設の関係も，親の義務ばかり，あるいは権利ばかりを強調するのではなく，権利と義務のバランスが重要である．

3 幼児教育・保育の共同生産に向けて

最後に，本書の 12 ヵ国の調査をふまえて，日本の幼児教育・保育制度における親の参画の今後のあり方について，取り組むべき課題を中心に考えてみたい．

3.1 親の参画を通じた保育の質向上への着目

日本では，保育の量的拡充に議論が集中しており，質の向上に向けた議論は活発でない．しかし，今後は日本でも，世界一の少子高齢社会において，経済活力や社会保障制度を維持するためには，一人ひとりの子どもの能力を最大限伸ばすことが求められ，かつ財源の制約の下で，公的投資の正当性が問われる．保育の量的拡充のみならず，子どもの能力向上にふさわしい保育の質の確保が重要な課題となってくるだろう．

そして，質の向上をどう図るかについても，これまで日本では，保育者の資格や処遇向上，もしくは保育の市場化を進め，親が幼児教育・保育施設を選べるようにすることなどが中心で，親の参画が保育の質向上の手法としてほとんど注目されてこなかった．

しかし，今後，保育者の資格や処遇向上に必要な財源が十分に確保される見通しは立っていない．また，保育所を選べるようにするといっても，子どもの数が少ない地域では施設は一ヵ所しかないというケースも多く，都市部であっても小さな子どもが毎日通うことができる距離には限度があり，遠くの施設がよいと思っても，実際には近くの施設を選択せざるを得ないこともある．利用してみて問題があるからといって，ほかの施設に移ればその問題が解決されるかどうか判断も難しく，ほかの施設に移って子どもも親もまた人間関係を作り直さなければいけないなどの負担も生じる．

このため，海外では，保育の質を高める手法として，親が利用する施設を変える（switch）だけでなく，利用している施設が改善されるように発言（voice）できるようにすることも重要と考えられ，親の発言が認められている運営委員会の設置や親が自ら運営する施設が，保育の質の向上の観点から注目されているのである．

日本においては，保育者の専門性を高める方向や，親を「消費者」ととらえ，親がサービスを選択できるようにすることで，保育の質や親の満足度を高める方向がこれまで注目されてきたが，これからは親を「共同生産者[2]」と位置付け，親の参画を通じて保育の質を高める方向に着目すべきである．今後の日本の保育政策の議論は，保育の量から質へ，親の「選択」から「参画」へ重点が移っていくものと考えられる．

3.2 国と自治体の役割

2015年度より子ども・子育て支援新制度が本格的にスタートすることとなり，幼児教育・保育施設の整備は自治体を中心に行われることとなるが，国としては今後も引き続き，保育の量的拡充および質の向上にむけた検討が求められる．新制度の検討にあたって，質の議論は十分ではなく，とりわけ親の参画についてはほとんど議論されてこなかった．本書の諸外国における親の参画をめぐる

動向をふまえ，日本においても親の参画を保育の質向上にどう生かすか，政府レベルで今後具体的な検討を期待したい．

多くの国で実施されている運営委員会の設置義務化は，予算もほとんど必要なく，質の向上に資することが期待できる．また，フランスや韓国のように，親が運営する施設に法的な位置づけを与え，統計で把握するなどにより，国が親の参画を支援するという姿勢を明確にすることも期待される．

さらには，運営委員会を活性化させるための親に対する情報提供や，親代表を支える組織，あるいは保育者の側に，親の意向を反映して保育を創っていく方法についての情報提供や研修の機会なども必要である．親が運営する施設については，立ち上げ支援や立ち上げ後の運営支援，親が運営する施設を利用する親に対する研修，親が運営する施設の保育者のための研修など，具体的により詳細な検討が求められる．また，親の意向が行政の施策に反映されるように，自治体レベルで親の代表と行政が幼児教育・保育施設のあり方について議論する会の設置を推奨もしくは義務化することも考えられよう．

まずはイギリスのように，日本における運営委員会や親が運営する施設の実態についての調査研究を行い，そこから今後の施策を検討することが期待される．

なお，新制度においては，保育の整備については基本的に自治体が責任を持つという考え方になっており，保育所の基準も自治体が独自に決めることができる．国の検討を待たずに，自治体レベルで，保育者に対して親の参画促進に向けた研修を行うことや，施設における親の会の設置奨励や設置義務化，自治体レベルで親代表が集まって行政と幼児教育・保育施策のあり方について議論する会の制度化，親が運営する施設の設置・運営に関する支援など，積極的な取り組みが期待される．

3.3 保育者のあり方

序章でも触れたとおり，現在，日本では保育者養成において，親の参画を促進して保育の質を高めるという観点からの養成は十分とはいえず，保育者は園児の親との関わりについての研修を求めている．親の参画を促進する上で，親の参画という観点からの保育者の養成や研修が極めて重要である．

終　章　日本の幼児教育・保育制度に親の参画をどう生かすか

　保育者の意識として，保育指針の改定などにより，苦情対応，虐待の危険性のある親などへの対応などは，重要と考えられているが，親のアイディアや思いを汲み取り，共に保育を創っていくための工夫などはあまり考えられていない．本書のドイツの報告（P.156）で「我が国では『保護者対応』という言葉に象徴されるように，保護者は教員や施設側にとって『対応』の対象であっても，十分な『対話』の相手となっていないのではないだろうか」との指摘があったが，日本において保育者が親への「対応」あるいは「支援」の方法だけでなく，親との「対話」の方法について学ぶ必要がある．この点，児童福祉法における「保護者に対する保育に関する指導を行うことを業とする者」という保育士の定義や表現がふさわしいのかどうかも，検討する必要があるように思われる．

　また，学校教育の状況について，坂本は「日本の教師は先進国では珍しいほど苦しい状況に置かれている．……日本のような教師に対するすさまじい抑圧，管理が行われている先進国はない」（坂本 2007:449）のであり，「行政によって教育内容を隅々まで統制されるとき，授業について親の意見を求める積極的動機はなくなる．……つまり，教育内容の官僚統制こそ，教師と親，子どもを分断する作用をもつ，と言えるのである」（坂本 2007:366）と指摘している．この点，保育者は学校の教師のような抑圧，管理はないものと思われるが，保育所保育指針の 2008 年改定では，これまでの局長通知から厚生労働大臣による告示となり，新制度の議論において，施設長の設置義務化が取り上げられるなど，保育者に対する管理が強まる可能性もある．

　親とともに保育者が保育を創っていくという観点からは，確かに，保育者に自由やゆとりが保障されていることも重要である．本書のデンマークの報告では，園ごとに親が投票して弁当か給食かを決める例が報告されていたが，行政がどこまで保育者や園に自由度を与えるかも，親の参画を左右する要素といえる．

3.4　親のあり方

　国や自治体が制度を整え，保育者側の体制も整ったとして，では果たして日本において親の参画により保育の質を高めることは可能なのか．この点については，現状，否定的な見方が多い．

終　章　日本の幼児教育・保育制度に親の参画をどう生かすか

　第1の見方は，親は忙しく余裕がないというもので，確かに海外でも，長時間労働や共働きの増加，離婚に伴うひとり親や再婚家庭の増加などで，親のストレスの増加，経済的な余裕のなさ，時間的な制約などが，子どもの教育への親の参画の障害として挙げられている（Hornby 2011:23）．序章で紹介した通り（p.15），実際日本の労働時間は非常に長い．しかし，3歳未満には短時間勤務制度が企業に義務付けられるなど，政府もワーク・ライフ・バランスを重要な課題と認識しており，今後は参画が可能な親も増えていく可能性がある．幼児教育・保育制度への親の参画促進の観点からも，労働時間の短縮や柔軟性確保など，ワーク・ライフ・バランスへ向けた一層の議論が期待される．

　第2の見方は，日本で親の発言を認めれば，保育の質を高めるどころか，大変なことになる，というものである．確かに調査対象国の親は，すでに自らが生徒の立場で学校運営への参画を経験しているが，日本の親にはそうした経験が全くない．運営委員会や親が運営する施設ができても，民主的なルールの下で運営のあり方を決めていくことはできず，自分の子どものためだけに施設に要望ばかりする親が増え，現場が大混乱になる可能性も考えられる．

　ノルウェーの子どもは，保育園にいるときから，施設側に希望や意見をいうことができ，自分の親が保育者と対等に話し合っている姿もみながら育っている．日本の子どもは，保育園や学校のあり方について意見を求められた経験はおそらくなく，親からも保育園や学校の指示通りにするようにいわれて育ってきたものと思われる．親として幼稚園や保育所の運営に参画するといっても，イメージがわかない．

　しかし，この点は調査対象国でも，親への情報提供に力を入れていることが確認されている．親が参画することにはどのような意味があるのか，どのような参画の方法があるのか，親代表となった場合，親が運営する施設を立ち上げる場合など，きめ細かな情報提供によって，日本でも親の参画を保育の質の向上に結び付けることは不可能ではない．日本でも株式会社の保育所に設置された運営委員会が，最初はその機能が親たちに十分理解されていなかったが，そこで親の要望を出せることがわかると，親代表に立候補者が出たり，活発な意義のある話し合いが行われるようになったという例も聞いた．坂本は，「教師，子ども，親の自由と権利，自治を尊重しながら，異質な三者が連帯して，学校

終　章　日本の幼児教育・保育制度に親の参画をどう生かすか

自治共同体をつくり上げること……は夢ではない．欧米ではすでに，着々と法制化され，実現されつつある」（坂本 2008:445）と指摘しているが，実現している背景にある法制化以外の様々な条件を，日本でも整えていくことが必要であり，日本だけは無理と決めつけるべきではない．

　また，親の意向を運営に反映させる前の段階として，親の意向を集約することや，親同士の交流促進によって過度に施設に負担が生じることを防ぐという観点から，親の会を別途設ける国がみられる．日本では，「学校の運営には干渉しない」というルールのPTAに，親の意向を運営に反映させる機能をもたせるという方向もありうるが，保育所の父母会が，行政に対して要求する圧力団体とみなされ，活動が制限され，父母の交流自体が困難になる例もある．調査対象国では，親同士の交流を深める親の会と，運営について親が意見を出す場を分けることで，両者がそれぞれの活動に集中できるというメリットがあり，日本でも参考にすべきと考えられる．

　大宮は，東京都の保育サービス評価システムの利用者調査票に，「なぜ，保護者会に関する評価項目がないのか」について，「親をお客とみる視点，いい換えると保育園を消費の場としてみる保育観に基づいてつくられたもの」だと指摘する（大宮 2006:119-121）．日本では，交流を目的とする親の会があることのメリットが一般に認識されておらず，序章で紹介したように，むしろ行政からは要求活動を展開する団体，親からは役員の負担が重いなど，マイナスのイメージでとらえられている．しかし本書の調査対象国では，親の交流を目的とする親の会の設置が義務付けられているところも多く，そこには親が個々ばらばらに保育サービスを消費するのではなく，親がコミュニティを形成し，保育者とともに子どもを育てていくという基本的な考え方がうかがえる．

　日本でも，国もしくは自治体が親の会の設置を義務化，もしくは推奨する，あるいは園レベルで設置することにより，親同士の関係性が強まることで，保育者に頼らなくても子育ての悩みが解消されたり，延長保育を保育園に求めなくても，親同士の預かり合いでカバーできることもありうる．そして，そうした交流によってつくられる親同士の仲間意識が，その後の学校教育にも役立っていくことに加え，孤独に悩みを抱えて施設に過度の要求をする親，いわゆるモンスター・ペアレントも減っていくだろう．親の意向を運営に反映させる運

営委員会とは別に，親のコミュニティづくりの場としての親の会の重要性についても注目すべきである．

親のもう1つの参画の形態として，得意分野などを生かして保育に参加したり，施設の維持管理の作業に協力することが，本書の調査対象国で多くみられた．これについては，海外においても，子どもの安全性確保の観点から，親であっても園児と接する際には犯罪歴等のチェックを求めるなどの例もあり，一定の配慮が求められるようになりつつある．しかし，親は自分の子どものために何かしら役に立ちたいと思っており，そうした親の意欲を，保育の資源として生かしていくことは，親の満足度を高め，保育の資源を豊かにすることになる．親の保育への参加は，一方で格差を生む面もあるが，格差が生じた場合には行政としてカバーすればよく，格差が生じるからといって親の参加を制限すべきではないだろう．

3.5 子どもの意見の反映

最後に，幼児教育・保育施設における子どもの意見の反映についてもふれておきたい．前述の通り，本書の調査対象国において親の参画が進んでいる背景として，保育園や学校において子どもの意見を反映する仕組みがあり，親にとって自らが利用している施設のあり方について意見を出すことが，決して特別なことではなく，当たり前のこととなっているという事実がある．つまり，日本においても，幼児教育・保育施設における親の参画を進めるためには，親になる前の保育園や学校において，子どもたちが意見を出す機会を保障していくことも極めて重要である．

ノルウェーでは保育園から子どもの意見が尊重されており，ほかの多くの国でも生徒の意見を学校運営に反映する仕組みがあるが，これは，国連の子どもの権利条約において，子どもは自分に関係のある事柄について自由に意見を表したり，集まってグループをつくったり，活動する権利があるとされているからである．前述の通り，日本は国連から「児童の意見の尊重が著しく制限されている」との指摘を受けている．

日本でも，今後親の参画によって，保育の質を高めていくためには，そうした能力を備えた親を育てていくことも必要であり，そのためには幼児教育・保

育施設において，子どもの意見を運営に反映させる取り組みも同時に始める必要がある．そして，そうした幼児教育・保育施設での取り組みが，学校教育における生徒の意見尊重にも影響を及ぼしていくことを期待したい．

注
1) 学校父母会議とは，「父母の教育権」と「父母の学校参加」の思想と権利性を組織的に，一般的にも，個別問題を通じても父母自身が提起し続けるための，父母による独自の組織とし，出発点は全国組織とし，メンバーが増えていくなかで都道府県，市町村単位に組織ができ，さらに各学校にできていくとしている．例として，アメリカのボストン市の学校父母会議のパンフレットの文章「ここはあなたの学校です．あなたの税金で雇用されている人々と話すのをためらわないでください．そして，質問する父母はでしゃばりではないのです．あなたは必要な情報を得る権利を持っています．……ボストン父母会議は，あなたを応援します．……」が紹介されている（今橋 1990）．
2) 共同生産という概念については，Pestoff（1998=2000）に詳しい．

参考文献
林量俶（1990）「『子どもの権利条約』と父母——西ドイツにも触れて」『世界』1990 年 5 月号：48-54

Hornby, G.（2011）*Parental Involvement in Childhood Education: Building Effective School-Family Partnerships,* Springer New York Dordrecht Heidelberg London

窪田眞二（1988）「学校教育における親の教育権」真野宮雄・桑原敏明編『教育権と教育制度』第一法規

窪田眞二（1993）『父母の教育権研究——イギリスの父母の学校選択と学校参加』亜紀書房

今橋盛勝（1983）『教育法と法社会学』三省堂

今橋盛勝（1990）「学校父母会議（父母組合）の結成を！——父母の教育権確立のために」『世界』1990 年 5 月号：22-36

西原博史（2008）『子どもは好きに育てていい——「親の教育権」入門』（生活人新書 255）NHK 出版

OECD（1997）Parents as Partners in Schooling=（1998）中嶋博・山西優二・沖清豪訳『親の学校参加——良きパートナーとして』学文社

大宮勇雄（2006）『保育の質を高める——21 世紀の保育観・保育条件・専門性』ひとなる書房

小野田正利（1998）「教育参加制度の展望——日本とフランス」市川須美子・安達和志・青木宏治編『教育法学と子どもの人権』三省堂

Pestoff, V.A (1998) *Beyond the Market and State: Social enterprises and civil democracy in a welfare society*, Ashgate Publishing Limited, Aldershot, U.K.=（2000）藤田暁男・川口清史・石塚秀夫・北島健一・的場信樹訳『福祉社会と市民民主主義——協同組合と社会的企業の役割』日本経済評論社

坂本秀夫（2007）『戦後民主主義と教育の再生——いま，教育に何が求められているのか？』明石書店

佐藤一子（1990）「参加と自治の一環として」『世界』1990年5月号：63-68

あとがき

　本書の出版に際して強く思うのは，もっと早い時期にこのテーマで調査を行うべきだったということである．ニュージーランドに親が運営するというユニークな幼児教育施設「プレイセンター」があることを知ったのは，90年代半ばのことであり，その後スウェーデンにも親協同組合保育所が，フランスにも親保育所と呼ばれるものが存在することを知った．スウェーデンの保育所視察の際に，特別に親協同組合保育所の利用者へのインタビューの機会をつくっていただいたり，フランスの子育てを取り上げるテレビ番組の企画にかかわった際にも，親保育所の取材をお願いして放送していただいた．プレイセンターについては日本にもつくりたいという思いで，普及活動も行ってきたが，日本ではこうした親が運営する施設は，あくまで「特殊な取り組み」とみなされ，ほとんど注目されず，広がってもいかなかった．

　2012年に子ども・子育て関連3法が成立し，保育所への株式会社参入促進が確実となったことから，諸外国における株式会社参入の動向について調査する機会があり，そこで再び，親が運営する幼児教育・保育施設が，ニュージーランド，スウェーデン，フランス以外にも，多くの国に広く存在することを知った．同時に，親が直接施設を運営はしないが，親の意向を施設の運営に反映させることを目的として，親をメンバーに含む運営委員会の設置を義務付けている国があることも知り，日本にも運営委員会がほしいと強く思った．

　というのは，私自身，通算7年，公立保育所に子ども2人がお世話になっているが，いまだに保育所の運営について改善してはどうかと思うことを，一体どうやって園に伝えたらよいのかがよくわからないためである．実際に保育士の対応について，極めて重大な問題だと感じて，やや感情的に園長に直訴したこともあったが，それが正しかったのかどうか，効果的だったのかどうか未だによくわからない．父母会がないため，親同士がつながる機会があまりに少な

あとがき

く，子どもの友達の名前もわからないことに寂しさを感じ，お迎えのときに少しゆっくり園に滞在して子どもが友達と遊ぶのをみていたら，安全管理上の理由からすぐに帰宅するよう指導されたこともあった．保育所が，どうしたらもっと親や子どもにとって良い場所になるのか，いろいろアイディアがあっても，それを親として園にうまく伝えられずにいる．

下の子の入所の際には待機児童となり，2月の寒い時期に1歳の息子にスキーウエアを着せて自転車に乗せ，連日遠くまで認可外保育施設を探すこととなった．そのときに，区の保育所整備課にベビーカーで乗り込み，苦情をいったものの何の解決策にもならず，待機児童となった親がいかに孤立し，無力であるかを痛感した．もし区の職員が，家の近くにいる，同じく待機児童となっている人を集めて，保育者を紹介し，誰かの自宅などで保育所を立ち上げてはどうかと親同士をつなげてくれたら，と思ったものである．とりあえず見つかった認可外保育施設では，布オムツは使用できないといわれ，親が望む保育はどこまで実現できるのか，考えさせられたこともある．

こうした実体験から，親は保育所がほしいと思っても，保育所をもっとよくしたいと思っても，それを実現する方法がないのだということを感じていた．だから，海外ではそうではなく，保育所をつくることも，保育所をよりよくすることも，日本よりずっと容易にできるということを知ったとき，このことをどうしても調査して，広く伝えなければという思いが強まった．

こうした私の思いに，生協総合研究所の近本聡子さんが応えてくださり，研究会の立ち上げや出版への助成など，全面的にバックアップしていただいたことで本書の出版は実現した．本書のおもな内容は，生協総合研究所の2013年度のプロジェクト「幼児教育・保育施設における親の参画に関する国際比較調査」の成果である．また，執筆者の方々には，突然のお願いにもかかわらず，本当にご多忙のなか，各国の調査をお引き受けいただいた．そのほか，本書で紹介した以外にも，取材や資料の提供などで本当に多くの方にご協力をいただいた．すべての方のお名前を挙げることはできないが，この場を借りて厚くお礼を申し上げたい．また，今回も勁草書房の松野菜穂子さんに大変お世話になった．

本書は総勢10人で執筆したが，序章および終章については，執筆者の間で

あとがき

の議論をふまえたものではなく，あくまで編著者個人の私見である．子ども・子育て支援新制度の2015年度からの本格施行の前に，親が幼児教育・保育施設の消費者ではなく，生産者となる取り組みもあるのだということを，広く知ってほしいということで出版を急いだため，各国のご担当の方には短期間での調査をお願いすることとなってしまったが，いずれの国のご報告からも，親の参画を重視する背景として，よりよい保育を実現したいという親，保育者，行政の思いが伝わってきた．本書で一番伝えたかったことは，先進諸外国における親・保育者・行政の保育の質を高めたいという強い思いと，その実現のために親の参画が注目されているという事実である．

　日本はもはや4人に1人が65歳以上という世界一の超高齢社会に突入している．労働力不足も，公的財源の制約も，今後一層深刻化することが予測されている．このことは保育の質の向上にとってマイナスに働くと考えられがちであるが，一方では，親の参画が保育の質を高める可能性に，政府が注目せざるを得ない環境になりつつあるともいえる．本来，親の参画は，親の教育権や子どもの権利の観点から，促進されるべきものであり，実際，多くの国ではそうした観点から促進されてきた．しかし，今回の調査で明らかになったように，日本は他国と比較して，親の教育権や子どもの権利に関する議論があまりに不足している．財政難という切迫した状況は，親の参画の可能性に光が当たり，親の教育権や子どもの権利の実現につながる可能性を秘めているという意味で，むしろ歓迎すべきことのように思う．ただし，同時に，親の教育権や子どもの権利の議論がないままに，権利なき親の参画が推し進められることがないよう，注視していくことが必要である．

　子ども・子育て支援新制度がまもなく本格的にスタートする．幼児教育・保育については，これまでの延長線上ではなく，本当の意味で新しい制度となるように，本書の議論が生かされることを期待したい．

2014年7月26日

池本美香

［編著者紹介］

池本美香（いけもと　みか）はしがき，序章，第 4 章，第 11 章，第 12 章，終章，あとがき
　1966 年生まれ．1989 年，日本女子大学文学部英文学科卒業．2000 年，千葉大学大学院社会文化科学研究科博士課程修了／博士（学術）
　現　在　（株）日本総合研究所調査部主任研究員
　主　著　『失われる子育ての時間』（勁草書房，2003 年），『子どもの放課後を考える』（編著，勁草書房，2009 年）

［執筆者紹介］（執筆順）

上掛利博（かみかけ　としひろ）第 1 章
　1954 年生まれ．1978 年，京都府立大学文学部社会福祉学科卒業，1985 年，立命館大学大学院経済学研究科博士後期課程単位取得修了．
　現　在　京都府立大学公共政策学部教授
　主　著　『世界の社会福祉⑥　デンマーク・ノルウェー』（共編著，旬報社，1999 年）

永井暁子（ながい　あきこ）第 2 章
　1965 年生まれ．2002 年，東京都立大学大学院社会科学研究科博士課程単位取得満期修了．
　現　在　日本女子大学人間社会学部准教授
　主　著　『対等な夫婦は幸せか』（共編著，勁草書房，2007 年），『結婚の壁』（共編著，勁草書房，2010 年）

太田和敬（おおた　かずゆき）第 3 章
　1948 年生まれ．東京大学大学院教育学研究科博士課程満期退学／教育学博士
　現　在　文教大学人間科学部教授
　主　著　『統一学校運動の研究』（大空社，1992 年），『オランダ――寛容の国の改革と模索』（共著，子ども未来社，2006 年）

木下裕美子（きのした　ゆみこ）第 5 章
　1975 年生まれ．2005 年，東京工業大学大学院社会理工学研究科博士後期課程単位取得満期退学．
　現　在　大阪市立大学女性研究者支援室特任助教
　主　著　「家族の記憶：親の離婚を経験したフランスの青少年を対象とした事例の一考察」『現代社会理論研究』15 号（現代社会理論研究会，2005 年），「ケベック州の保育現場におけるリーゾナブル・アコモデーション」『cosmica』42 号（京都外国語大学，2013 年）

浅野由子（あさの　よしこ）第 6 章
　1975 生まれ．1999 年，日本女子大学家政学部児童学科卒業．2008 年，日本女子大学大学院人間生活学研究科人間発達学専攻博士課程単位取得満期修了／博士（学術）
　現　在　日本女子大学学術研究員
　　　　　スウェーデン王国オレブロ大学客員研究員

韓松花（はん　そんふぁ）第 7 章
　1982 年生まれ．横浜国立大学大学院国際社会科学研究科博士課程修了／博士（経済学）
　主　著　『子どもの放課後を考える』（共著，勁草書房，2009 年），「中小企業における企業保障としてのワーク・ライフ・バランス制度分析」（横浜国立大学博士論文，2013 年）

近本聡子（ちかもと　さとこ）第 8 章
　1960 年生まれ．1983 年，早稲田大学政治経済学部卒業．2002 年，早稲田大学文学研究科博士後期課程単位取得退学．
　現　在　公益財団法人生協総合研究所研究員
　主　著　『生活の協同――排除を超えてともに生きる社会へ』（共著，日本評論社，2007 年），「子育て支援と生活の協同――福井県民生協の取り組みから」東京大学社会科学研究所紀要『社会科学研究』第 65 巻 1 号（2014 年）

佐久間裕之（さくま　ひろゆき）第 9 章
　1963 年生まれ．1991 年，玉川大学大学院文学研究科教育学専攻博士課程後期単位取得満期修了．
　現　在　玉川大学教育学部教授
　主　著　『教職概論』（編著，玉川大学出版部，2012 年），『ドイツの教育のすべて』（共訳，東信堂，2006 年）

佐藤純子（さとう　じゅんこ）第 10 章
　1973 年生まれ．2010 年，早稲田大学大学院人間科学研究科博士課程単位取得満期修了／博士（人間科学）
　現　在　淑徳大学短期大学部准教授
　主　著　『親こそがソーシャルキャピタル―プレイセンターにおける協働が紡ぎだすもの』（大学教育出版，2012 年），『新・よくわかる福祉事務所のしごと』（共編著，ぎょうせい，2013 年）

親が参画する保育をつくる　国際比較調査をふまえて

2014年8月30日　第1版第1刷発行

編著者　池　本　美　香

発行者　井　村　寿　人

発行所　株式会社　勁　草　書　房
112-0005 東京都文京区水道2-1-1　振替 00150-2-175253
（編集）電話 03-3815-5277／FAX 03-3814-6968
（営業）電話 03-3814-6861／FAX 03-3814-6854
本文組版 プログレス・平文社・松岳社

©IKEMOTO Mika　2014

ISBN978-4-326-60267-4　Printed in Japan

〈(社)出版者著作権管理機構 委託出版物〉
本書の無断複写は著作権法上での例外を除き禁じられています。複写される場合は、そのつど事前に、(社)出版者著作権管理機構（電話 03-3513-6969、FAX 03-3513-6979、e-mail: info@jcopy.or.jp）の許諾を得てください。

＊落丁本・乱丁本はお取替いたします。

http://www.keisoshobo.co.jp

池本美香	失われる子育ての時間	2200円
池本美香編著	子どもの放課後を考える	2800円
松田茂樹	少子化論	2800円
永井暁子・松田茂樹編	対等な夫婦は幸せか	2400円
松田茂樹	何が育児を支えるのか	2800円
恒吉僚子	子どもたちの三つの「危機」	2200円
中西泰子	若者の介護意識	2600円
元森絵里子	「子ども」語りの社会学	3200円
高久聡司	子どものいない校庭	3200円
濱中淳子	検証・学歴の効用	2800円
矢澤澄子他	都市環境と子育て	2800円
目黒依子他編	少子化のジェンダー分析	3500円
杉本貴代栄	福祉社会のジェンダー構造	2700円
本田由紀編	女性の就業と親子関係	3100円
武石恵美子	雇用システムと女性のキャリア	3200円
本田由紀	「家庭教育」の隘路	2000円

＊表示価格は2014年8月現在。消費税は含まれておりません。